江汉大学中国语言文学重点学科资助项目
湖北省人文社会科学重点研究基地
江汉大学武汉语言文化研究中心资助项目

江汉大学中国语言文学学术文库（第一辑）主编 彭松乔 吴艳

邓斯博 著

佛道文化视野下明代曲家及其剧作研究

中国社会科学出版社

图书在版编目（CIP）数据

佛道文化视野下明代曲家及其剧作研究/邓斯博著. —北京：中国社会科学出版社，2020.11

（江汉大学中国语言文学学术文库．第一辑）

ISBN 978-7-5203-6626-7

Ⅰ.①佛… Ⅱ.①邓… Ⅲ.①戏曲家—人物研究—中国—明代 ②戏曲史—研究—中国—明代 Ⅳ.①K825.78②J809.248

中国版本图书馆 CIP 数据核字（2020）第 096430 号

出 版 人	赵剑英
责任编辑	刘 芳
责任校对	冯英爽
责任印制	李寡寡

出 版	中国社会科学出版社
社 址	北京鼓楼西大街甲 158 号
邮 编	100720
网 址	http://www.csspw.cn
发 行 部	010-84083685
门 市 部	010-84029450
经 销	新华书店及其他书店
印 刷	北京君升印刷有限公司
装 订	廊坊市广阳区广增装订厂
版 次	2020 年 11 月第 1 版
印 次	2020 年 11 月第 1 次印刷
开 本	710×1000 1/16
印 张	14.5
插 页	2
字 数	226 千字
定 价	85.00 元

凡购买中国社会科学出版社图书，如有质量问题请与本社营销中心联系调换
电话：010-84083683
版权所有　侵权必究

《江汉大学中国语言文学学术文库》学术委员会

（以姓氏笔画为序）

庄桂成　吴艳　肖敏　张贞　黄珏　彭松乔　曾丹　潘世松

总　　序

"苟日新,日日新,又日新。"在今天这个"比历史上任何时期都更接近中华民族伟大复兴"梦想的时代,先进文化的积极引领,对于丰富人民精神世界,增强民族精神力量显得尤为重要!适逢这样文化昌明的盛世,作为有担当的高校学术研究者,我们理应以优秀文化的赓续者为己任,守正创新,不断推动学术研究走向深入。正是在这一文化筑梦的历史际遇时期,历经多年学术积累和孵化,"江汉大学中国语言文学学术文库"终于破壳而出。

"求木之长者,必固其根本;欲流之远者,必浚其泉源。"作为历史并不太长的地方性高校一级学科,江汉大学中国语言文学学科经过几代学人的不懈建设,在学术上取得了长足进步,但我们深知坚守学术命脉的重要性,因此,不为时世左右,注重学术积淀,扶持优秀人才,积极探索创新,始终是我们立足学科建设的初心和动力。正是由于坚守学术命脉,近年来本学科先后出版"文艺生态探索丛书""领域语言研究丛书"和"武汉作家论丛",在学术界产生了较好的影响。

当然,这并不是说,我们的学科建设就止步于此!我们深知,在这个"大众创业,万众创新"的时代,传统如"中国语言文学"学科也必须在"创新"的熔炉中浴火重生!这不仅意味着学术研究需要新的视野、新的思路、新的方法、新的材料和新的发现,而且亟须我们在中西兼容、古今汇通、语言与文学并包的多元立体的格局中寻找新的学术生长点。在练好专业内功的同时,积极介入当下思想文化建设与社会改革潮流,发挥大学人文学科应有的"思想库"和"文化智囊"的作用;在条件趋于成熟的前提下,加大横向文化整合力度,创建跨学科、跨语际、跨文化的学科群；在尊重学术个体独立性、创造性和学术多样化的基础上，探寻熔个人与团体于一炉的新型学术运行机制，整体推出对社会产生重大影响的标志性成果。

正是秉持这样的学术理念，江汉大学中国语言文学学科（武汉市重点建设学科）和江汉大学武汉语言文化研究中心（湖北省人文社会科学重点研究基地）联手推出"江汉大学中国语言文学学术文库"丛书。丛书第一辑共十本，其内容相当广泛，涉及中国语言文学学科的多个二级学科。十本专著的共同特点是材料较为扎实、具有一定的跨学科与开放性，所阐释的观点或尖锐、或公允、或有待商榷，但都力避平庸，力求有所发现，有所创新。至于其学术价值，则仁者见仁智者见智，无须我们赘言。为了保证丛书选编的公正、公平和公开，我们专门成立了学术委员会对丛书进行了遴选，大家坚守学术命脉的初心，提出了很多建设性的修改意见，这是值得特别提及的。

丛书的出版得到江汉大学校领导的支持与指导，得到人文学院领导班子的呵护与扶持，也得到了中国社会科学出版社的支持和帮助，借此机会我们表示由衷的感谢！与此同时，我们也希望，这套丛书出版后能得到方家的指导、同人的关注和读者的喜爱，并希望有更多更新的成果延续出版，以推出丛书的第二辑乃至更多辑。所谓薪火相传，生生不息是也。

"春阴垂野草青青，时有幽花一树明。晚泊孤舟古祠下，满川风雨看潮生。"在信息化和全球化的时代浪潮下，漫步于诗和远方的中国语言文学学科正面临着前所未有的挑战，也赶上了千载难逢的机遇。愿我们不辜负伟大时代的召唤，乘着学术创新的东风，把江汉大学中国语言文学学科引向更加美好的未来。

彭松乔　吴　艳
2016 年 8 月 21 日

目　录

引　言 …………………………………………………………（1）

绪论　明代戏曲的佛道文化语境 ……………………………（8）

第一章　明代亲佛近道曲家及其剧作研究 …………………（26）
　　第一节　明代前期亲佛近道曲家及其剧作引论 ……………（27）
　　第二节　明代后期亲佛近道曲家及其剧作引论 ……………（44）
　　第三节　汤显祖与佛道文化 …………………………………（48）
　　第四节　"临川四梦"与佛道文化 …………………………（53）

第二章　明代嘲佛讽道曲家及其剧作研究 …………………（86）
　　第一节　明代嘲佛讽道曲家及其剧作引论 …………………（86）
　　第二节　冯惟敏及其剧作研究 ………………………………（89）
　　第三节　沈璟及其剧作研究 …………………………………（95）

第三章　明代佞佛崇道曲家及其剧作研究 …………………（103）
　　第一节　明代佞佛崇道曲家及其剧作引论 …………………（103）
　　第二节　屠隆及其剧作研究 …………………………………（106）
　　第三节　汪廷讷及其剧作研究 ………………………………（111）

第四章　佛道文化视野下明代宫廷曲家及其剧作研究 ……（120）
　　第一节　佛道文化视野下明代宫廷曲家及其剧作引论 ……（120）

第二节　明代宫廷仙佛剧研究 ……………………………（130）
　　第三节　明代宫廷庆赏剧研究 ……………………………（137）

第五章　佛教文化视野下明代僧侣曲家及其剧作研究 …………（146）
　　第一节　佛教文化视野下明代僧侣曲家及其剧作引论 ……（146）
　　第二节　明代僧侣曲家及其剧作研究 ……………………（147）

第六章　佛道文化视野下明代藩王曲家及其剧作研究 …………（159）
　　第一节　佛道文化视野下明代藩王曲家及其剧作引论 ……（159）
　　第二节　朱权及其剧作研究 ………………………………（161）
　　第三节　朱有燉及其剧作研究 ……………………………（171）
　　第四节　《元宫词》作者考辨献疑 …………………………（195）

主要参考文献 ……………………………………………………（212）

引　言

一　研究问题的背景

自 20 世纪 80 年代学界兴起文化热之后,从文化的角度研究戏曲成为一种研究路径。从佛道文化的角度来研究明代曲家及其剧作一方面是对戏曲文化研究路径的延续,另一方面也是基于明代戏曲有着丰富的宗教色彩这一历史现实层面的考量。因此,在佛道文化的视野下探讨明代曲家及其剧作,为我们了解、洞悉明代戏曲提供了另外一个有意义的维度。

二　研究动机与目的

（一）研究动机

本书在佛道文化的视野下研究明代曲家及其剧作,其研究动机有以下几点。第一:通过探讨宗教与明代曲家及其剧作之间的关系,透视古代戏曲与宗教内在的一致性。中国古代戏曲将诸多艺术融汇一炉,无论在文本形态还是在演剧形态上都实现了对诸多艺术样式的兼收并蓄。因此,通过考察佛道文化与明代曲家及其剧作之间的关系,可以从更深一层发掘戏曲作为一门艺术与宗教的内缘性,使书稿具有了一定的深度。

第二,书稿着眼于从佛道文化的角度来考察明代曲家及其剧作,是基于对明代戏曲"周流三教"历史情况的考量。由于明代三教融合达到前所未有的高度,各派公开追求"儒帽、僧衣、道人鞋"的风尚。在这一社会氛围下,明代戏曲深染时风,出现了大量崇佛尚道的作品,也涌现出很多嘲佛讽道的作品。这些独特的现象值得引起我们注意。从佛道文化的角度来考察明代曲家及其剧作，既能深入透析明代戏曲的时代特点，又避免单一地从佛教或道教的角度来研究戏曲而可能带来的偏颇，最大限度地将明代戏曲中具有佛道文化因子的作品纳入考察范围，使书稿具有了一定的广度。

第三，佛道文化作为一种强有力的文化力量影响着明代社会各个阶层，表现在文人身上则是出现了一种"集体文化心理"，特别是佛道文化意识。从明代戏曲作家群来看，明代有一批戏曲作家与佛道文化有着极其深厚的渊源。譬如，汤显祖的祖父笃信道教，父亲却是个儒士，同时，他又深受李贽、达观和尚、徐良傅等人的影响。因此，从佛道文化的角度系统地剖析明代戏曲，对厘清某些重要的戏曲作家复杂深邃的精神世界或有裨益。

（二）研究目的

本书主要探讨佛道文化如何对明代曲家及其剧作产生作用，进而影响其精神面貌和艺术表现。这一研究不仅能进一步厘清佛道文化与明代戏曲之间的关系，更能帮助我们深入了解明代戏曲作家的精神世界，同时也是对"艺术与宗教"这一宏大命题做出的回应。

三　国内外研究现状

自王国维"巫觋说"提出戏曲起源于宗教仪式之后，戏曲与宗教的关系一直为学界所关注。就学界而言其研究现状表现如下。第一，从宗教的角度宏观把握古代戏曲与宗教的关系。譬如郭英德《世俗的祭礼——中国戏曲的宗教精神》、叶明生《宗教与戏剧研究丛稿》、周育德《中国戏曲与中国宗教》等皆从宏观上把握戏曲与宗教渊源问题。这类研究长于整体把握和宏观思维，从理论框架上确定了古代戏曲与宗教的深刻关系；又如康保成《中国古代戏剧形态与佛教》、倪彩霞《道教仪式与戏剧表演形态研究》等，从佛教或道教角度进一步分析古代戏曲形态，佛教或者道教成为其单一的文化考察视点；再如郑传寅《传统文化与古典戏曲》第三编"宗教文化与古典戏曲"充分考虑到我国古代儒释道三教合流的现实，将宗教文化视为一个整体，发掘戏曲与宗教文化的内在联系，其文化学研究视角值得借鉴。第二，以剧作为中心，具体分析古代戏曲与宗教的因缘。如沈敏博士学位论文《明代

"神仙剧"研究》、唐昱《元杂剧宗教人物研究》、毛小雨博士学位论文《虚幻与现实之间——元杂剧"神佛道化戏"论稿》、杨毅博士学位论文《宗教与戏剧的文化交融——元杂剧宗教精神的全面解读》等,这类研究着力于神仙剧、神仙道化剧、宗教剧等不同类型的剧作研究,强化了古代戏曲宗教题材剧作的类型意义。在戏曲与宗教文化的理论框架下,宗教类型剧研究愈加多样化。第三,以剧作家为中心,研究明代某些著名剧作家与宗教文化的内在因缘。譬如吴新苗《屠隆研究》中的"屠隆三教融合论"、刘易《屠隆研究》中的"屠隆的佛道活动与佛道思想",赵伟《晚明狂禅思潮与文学思想研究》里涉及汤显祖戏剧与晚明禅宗思想。这类研究从某一剧作家入手,通过对其生平和作品的细致分析,研究剧作家与宗教文化的内在关系。明代戏曲与宗教的关系成为研究热点。不少中国台湾学者关注明代戏曲与宗教的关系,譬如赖慧玲博士学位论文《明传奇中宗教角色研究》、林智莉博士学位论文《明代宗教戏曲研究》都关注到明代戏曲与宗教的关系,其研究成果或是拘于明传奇或明杂剧的戏曲样式之限,或是囿于单纯讨论明代宗教剧。

海外研究现状主要体现为两个方面:其一,在研究方法上独具匠心。如日本学者田中一成《中国的宗教与戏剧》、牛津大学教授龙彼得《中国戏剧源于宗教仪式典考》运用田野考察的方法厘清戏曲源流与宗教之关系;麦卡琳(Karin Elizabeth, Myhre)博士学位论文《北杂剧中的鬼魂形象》(The Appearances of Ghosts in Northern Drama)通过宗教祭仪和宗教文本来阐释戏曲活动中的宗教信仰和艺术表现,其综合运用多种社会科学理论的研究方法令人耳目一新。其二,以具体剧作家为研究对象,譬如荷兰学者伊维德《朱有燉的杂剧》中的第四章"庆寿"谈到"关于以超度为题的杂剧",涉及明代曲家与宗教文化的关系。

四 研究的内容与方法
(一)研究内容

在佛道文化视野下研究考察明代曲家及其剧作,首先必须对明代整体的宗教文化语境有所了解。明代统治阶级对佛教和道教的态度经历了从严格控制、合理利用,到崇佞沉迷,听之任之的发展过程。明代佛道二教在与统治阶级热烈拥抱的同时,自身理论创新能力下降,三教趋同日益明显。

本书分六章，前三章从历史的角度考察明代曲家与佛道文化的因缘，认为明代曲家大抵可以分为三个类型。一则是亲佛近道曲家。从元末明初一直到明末，这类曲家贯穿整个明代，可谓最大宗者。由于这类曲家占大多数，因此又分为前后两个时期，就前期亲佛近道的曲家而言，根据其与佛道文化的关系，大致可分为以下三类：第一类曲家崇玄慕佛，其剧作表现出一定的佛道信仰；第二类曲家被佛道文化中某种超然出尘的精神气质所吸引，虽然本人对佛道并无强烈的信仰，但其剧作却反映出某种超然出世的情怀；第三类曲家并不是坚定的佛道信仰者，却善于利用佛道智慧创作剧本。因此可以从佛道信仰、佛道情怀、佛道智慧三个方面展开。明代后期亲佛近道的曲家及其戏曲作品中充斥着大量佛道色彩，最具代表性的当属汤显祖及其"临川四梦"。此一章分别论述《紫钗记》《牡丹亭》《南柯记》《邯郸记》与佛道文化之间由浅到深的关系。

随着明政权对佛道二教的管控日益松散，明代佛道二教对世俗的吸附力愈强，其污行秽状引起部分曲家不满，因此嘲佛讽道者日益增多，于是出现第二类嘲佛讽道曲家。从批评的程度和对象来看，这一时期曲家多集中在佛教嘲讽上，尤其着重从"色""财""杀"三方面进行批判。明代曲家中所谓嘲佛讽道者究其根本是基于两个原因，其一是因为其耿直狷介的性格，这类曲家对一切不平之事皆不能不言，故对佛堂道观里的窳滥现象不能不持猛烈批评的态度；其二是站在维护封建正统的角度，斥佛骂道，这类曲家的动机仍是肃清流毒以维护封建社会肌体的健康。

第三类曲家则是佞佛崇道者。这类曲家执着于飞身丹霞，托以永世的白日梦，直至生命的尽头，其戏曲作品也充满荒诞不经的玄怪之色。剧作中无论是情节还是人物都表现出明显的"自况"色彩，由于在其戏曲作品中表现出强烈的宣教布道热情，所以其剧作常常成为宣教的传声筒从而丧失了戏曲的艺术魅力。

如果说第一章至第三章是以明代曲家与佛道文化的关系为考察重点，那么第四章至第六章则是摘选三种个案，深入分析明代曲家中三种有代表性的创作主体，即宫廷曲家、僧侣曲家和藩王曲家。这三种创作主体出于某种明确的目的，有意识地利用佛道文化进行戏曲创作。大体而言，宫廷曲家多为宫廷宴乐服务，因此其剧作常借用佛道文化表现祈福增寿等情节，为执政者歌功颂德；僧侣曲家为广大信众服务，其剧作带有鲜明的佛教仪轨，剧作宣教意图明显；藩王曲家身份特殊，其剧作一方面娱情娱己，具有很强的娱乐性，另一方面也借离尘绝世之想点缀富贵闲暇的生活，向执政者释放其无心向政的信号。可以说这三种曲家与佛道文化的关系都带有目的性，因此具有典型意义。

（二）研究方法

本书采取文本细读的方法，从明代戏曲文本中积累感性阅读经验，并结合已有研究成果对研究对象展开进一步分析和研究；采用文献法对已有研究资料进行梳理，对明代戏曲中的某些悬而未决的问题进行考证。

五 文献综述

本书所使用文献大抵包括以下三个方面。第一，史料和宗教文献资料。本书所用史料主要是明史，特别是历代明皇帝的实录是佐证观点的重要材料。《明实录》（"中央研究院"历史语言研究所校印，1968年版）中的《明太祖实录》《明太宗实录》《明英宗实录》《明孝宗实录》是引用率较高的文献。尤其是涉及明朝宗教政策和明历代帝王对宗教态度的材料是本书关注的重点。此外张廷玉的《明史》（中华书局1974年版）、王鸿绪《明史稿》（文海出版社1962年版）亦是引证明代史料的重要资料。

本书立足于佛道文化的角度来分析明代曲家及其剧作，因此必须先对明代宗教有所了解。卿希泰主编的《中国道教史》（四川人民出版社1996年版）和任继愈主编的《中国道教史》（上海人民出版社1990年版）等是了解道教发展历程的重要文献。任宜敏《中国佛教史：明代》（人民出版社2009年版）、郭朋《明清佛教》（福建人民出版社1982年版）等则是认识明代佛教的重要资料。书稿需要引用大量的佛教和道教文献，所用道教资料主要有张继禹主编《中华道藏》（华夏出版社2004年版）、胡道静等选辑《道藏要籍选刊》（上海古籍出版社1989年版）、《道藏》（文物出版社、上海书店、天津古籍出版社1988年版）

等，而常用的佛教经典文献则包括《大正新修大藏经》（河北金智慧文化传播有限公司2005年版）、陈士强编《大藏经总目提要·经藏》（上海古籍出版社2007年版）、蓝吉富主编《禅宗全书》（文殊文化有限公司1989年版）等。明代寺庙道观最集中地当属帝都，杜洁祥主编的《中国佛寺史志汇刊》（明文书局1980年版）成为我们了解明代寺庙经营、僧众活动的重要文献，尤其是其中收录的葛寅亮《金陵梵刹志》更为我们提供了很多关于明代大都市里庙宇道观的资料。

由于晚明出现了著名的"四大高僧"，其门下聚集了不少曲家信众，因此这四大高僧的论著成为我们了解明代曲家与佛教徒交游的重要资料。关于这四大高僧的论著可见由曹越主编、孔宏点校，北京图书馆出版社2005年版的系列书：《憨山老人梦游集》《竹窗随笔》《紫柏老人集》《灵峰宗论》。由于明代后期出现了独特的释氏曲家——湛然、智达，尤其是前者湛然圆澄法师，他是明代禅宗之云门系的开创者，其《慨古录》以整顿晚明丛林乱象为出发点，具有重要的引证价值。

第二，戏曲文献资料。本书所引戏曲文本资料主要依据《古本戏曲丛刊》委员会编《古本戏曲丛刊》（四集、五集）（上海商务印书馆1968年版、1986年版）、王季烈编《孤本元明杂剧》（中国戏剧出版社1958年版）、傅惜华著《明代传奇全目》（人民文学出版社1959年版）和《明代杂剧全目》（作家出版社1958年版）、沈泰编《盛明杂剧》（民国十四年董氏诵芬室刻本）等。对于一些不容易查找的戏曲作品可从《续修四库全书·集部·曲类》（上海古籍出版社2002年版）中查询，吴梅编《奢摩他室曲丛》（商务印书馆，影印排印本，1928年版）、日本东京大学东洋文化研究所收藏的双红堂戏曲抄本也收录了不少明代稀有的戏曲版本。在时间有限的情况下，要对全明戏曲有一个整体了解，则据李修生编《古本戏曲剧目提要》（文化艺术出版社1997年版）和董康编《曲海总目提要》（人民文学出版社1959年版）等。本书从佛道文化的角度来考察明代曲家的精神风貌，因此必须对一些重要的明代曲家生平资料有详尽的了解。这方面的文献材料则有赵景深、张增元编《方志著录元明清曲家传略》（中华书局1987年版）、徐朔方编著《晚明曲家年谱》（浙江古籍出版社1993年版）等。书稿还涉及古代戏曲理论和戏曲批评，这部分的资料主要参考中国戏曲研究院编

《中国古典戏曲论著集成》(中国戏剧出版社1959年版)等。

第三，与本书相关的研究论著。其中包括宗教类研究专著，如马西沙、韩秉方《中国民间宗教史》(中国社会科学出版社2004年版)为我们提供了解明代民间宗教的活动情况；谢重光、白文固《中国僧官制度史》(青海人民出版社1990年版)、周齐《明代佛教与政治文化》(人民出版社2005年版)、赵轶峰《明代国家宗教管理制度与政策研究》(中国社会科学出版社2008年版)则从政治、政策的层面梳理明代佛教与政治的关系；陈永革《晚明佛教思想研究》(宗教文化出版社2007年版)、陈霞编《道教生态思想研究》(巴蜀书社2010年版)则勾勒出佛道二教内在的思想特征。与本书相关的文献资料则包括明代文学、明代文化、明代戏剧类研究论著，如孙昌武《佛教与中国文学》(上海人民出版社1988年版)、黄兆汉《道教与文学》(学生书局1994年版)、詹石窗《道教与戏剧》(厦门大学出版社2004年版)、郑传寅《古代戏曲与东方文化》(武汉大学出版社2007年版)等论著中都涉及明代戏曲与宗教的话题。此外，还有一些国外与宗教相关的理论书籍，如［英］詹姆斯·乔治·弗雷泽《金枝：巫术与宗教之研究》(徐育新等译，大众文艺出版社1998年版)、［德］乔·威·弗·黑格尔《宗教哲学》(魏庆征译，中国社会出版社1999年版)等都对宗教的本质和特征有比较深入的理论阐释。

绪论　明代戏曲的佛道文化语境

在佛道文化视野下考察明代曲家及其剧作，必须对明代整体的佛道文化语境有所了解。事实上任何一个朝代宗教的发展都与政权密不可分。而明代统治阶级对佛教和道教的态度经历了从严格控制、合理利用，到崇佞沉迷，听之任之的发展过程。明代佛道二教在与统治阶级热烈拥抱的同时，自身理论创新能力下降，三教趋同日益明显。

一　明代佛教的基本面貌

佛教非中原本土宗教，在经历了达摩、慧可、僧璨、道信、弘忍、慧能六位大师的薪火相传后，最终在华夏大地落地生根，生生不息，成为中华民族重要的文化血脉。佛教在与中原文化几番深度切磋之后，发展至明代又出现了新的变化，这主要表现在以下几个方面。

第一，一方面在明政权的扶植下佛教快速发展，另一方面其对政权的依附性更加明显。

从开国皇帝朱元璋起，历代明朝统治者对佛教都有着难解难分的情感。朱元璋在青少年时期曾寄身佛门，由于灾荒连年，不得不四处托钵游食。在化缘中，他目睹了各种民间宗教组织聚众起义，加深了他对各种宗教的了解，这对他登基之后制定一系列宗教措施提供了切实的依据。在开国之初，朱元璋就特别重视佛教安抚人心的作用。由于元末战事频仍，社会经济受到重创。江淮南北之名蓝望刹，多遭兵火。此时社会需要休养生息，人民也需要安抚备受战争摧残的心灵。于是朱元璋请来各路高僧聚集京城，为"有生之类不得正命而终"者追荐亡魂。此举一方面为他赢得民心，另一方面也表现出其仰僧善道，感化人伦的宗教态度。

朱元璋非常重视佛教"阴翊王度""暗助王纲"的作用。他说："昔释迦之为道，孤处雪岭，于世俗无干，及其道成也，善被两间，灵通上下，使鬼神护卫而听从，故世人良者愈多，顽恶者渐少，所以治世人主每减刑法而天下治，斯非君减刑法，而由佛化博被之然也。"[①] 在朱元璋看来，佛教不仅有劝善治心的作用，而且更因其果报说"有补于世"，能发挥比法律纲常还重要的导民向善的作用。

明朝统治者和历代封建帝王一样，希望佛教能保佑国运昌祚，因此重视其护佑之功。中国佛教源自印度佛教，印度《毗尼母经》就明确提过佛法和王法不可违。佛教典籍中还有"护国经"，讲护国之道。印度佛教寻求国王庇护，这一思路被中国佛教吸收并接受。历史上著名的佛教徒要么离群索居，幽居山林；要么则积极参政，以其独特的方式为政权服务。在明代以佛教徒身份服务当权者不少，至明后期僧人奔走京城的现象尤盛。晚明士人王元翰在《凝翠集》中描写道："京师僧海也，名蓝精刹甲宇内"，"故十方缁流，咸辐辏于是。"他将奔走京师的僧人分为三类：上者，参宿访耆，证明大事；次者，抱木挨单，文字润泽；下者，趋鹜宰官，营办衣食。[②] 可见，僧人奔走京师至晚明已然成为一道风景。这从侧面也说明明代佛教与政权的紧密关系。

由以上种种分析不难发现明代统治者非常重视佛教的作用，因此大力扶持佛教的发展。其表现如下。

首先，大兴佛寺。从洪武中期开始，明太祖修缮、新建以灵谷寺、天界寺、天禧寺、能仁寺、鸡鸣寺为代表的国家五大寺庙。[③] 明太祖这一举动开启明代隆修佛寺的滥觞。以明代重要的政治文化中心南京为例，南京五城之一的中城就修建了五十所寺庙，这些寺庙比邻而立，相距不过一二里。《金陵梵刹志》记载安隐寺"北接高座（寺），南连宝光（寺），东对永宁（寺），皆冈陇之间，林木森郁，楼宇掩映，南朝

---

① 朱元璋：《论僧纯一》，葛寅亮《金陵梵刹志》卷1，杜洁祥主编《中国佛寺史志汇刊》第1辑，明文书局1980年版，第81页。
② 参见陈垣《明季滇黔佛教考》卷3，中华书局1962年版，第130页。
③ 参见何孝荣《明代南京寺院研究》第2章"兴废和分布"，博士学位论文，南开大学，1998年。

旧迹，依稀可见"①。无怪乎明人感叹道："都城以南，花宫兰若，芙蓉相衔，呗声连起，晨夕铃鼓相闻数十里，此何减天竺招提也。"②

其次在隆修佛寺的同时，明代统治者还采取一系列措施加大对佛教的管理。具体包括以下几个方面。

其一，明代统治者通过行政手段将佛教组织分为禅、讲、教三类。所谓禅者，即不立文字，必见性者方是本宗；所谓讲者，务明诸经旨义；所谓教者，演佛利济之法，消一切现造之业，涤死者宿作之愆，以训世人。③ 佛教寺僧向来是以自身宗派进行分类。直到明代，统治者首次运用政令对其进行划分，强化了王权对佛教的干预和控制。其结果是动摇了佛教"离世"的根本，削弱了其超然出世的独立性。明初统治者特别重视对教僧的管理，明太祖就曾颁布"申明佛教榜册"，其中详细规定了教僧施经布咒以及陈设佛像、香灯和供给的价格。其规定唱一部《严华经》，需钱一万文；唱一部《般若经》，需钱一万文；唱内、外部《真言》，每部钱两千文；而陈设诸佛像、香灯、供给阇梨等项劳役钱，需一千文。明朝统治者甚至对教僧的具体收入也有详细的规定："瑜伽僧，既入佛刹已集成众，赴应世俗所酬之资，验日验僧。每一日每一僧，钱五百文；主磬、写疏、召请三执事，每僧各一千文。"④ 政府出面制定全国统一的佛事活动价目表实属罕见，由此亦可见明代统治者对佛教深入细致的管理。然而这种管理却使佛教团体的经济活动更加依赖政权，日渐丧失其独立性。

其二，统治者建立完善的僧官体系，将佛教完全纳入政权体系中。明太祖即建立"善世院"来管理佛教事务，随后又按照明朝政权的制式建立了僧道衙门，以掌其事。僧官不仅有品秩和俸禄，而且还赋予管理僧籍、铨选和考核僧人、签发度牒、检束僧行、裁判教内争讼等职能。虽然这套体制是自成体系的僧官系统，但是它隶属礼部，同时又制

---

① 葛寅亮：《金陵梵刹志》卷34，杜洁祥主编《中国佛寺史志汇刊》第1辑，明文书局1980年版，第1268页。

② 俞彦：《静海寺重修疏序》，《金陵梵刹志》卷18，杜洁祥主编《中国佛寺史志汇刊》第1辑，明文书局1980年版，第834页。

③ 参见释觉岸、释幻轮《释氏稽古略、释氏稽古略续集》卷2，江苏广陵古籍刻印社1992年版，第681—682页。

④ 同上书，第696页。

辖于地方官吏，因此不具备完全的职能。如此官僚化的管理体制使佛教牢牢地依附于当朝政权，其自主处理教团内部事务的能力日渐丧失。

其三，制定一系列具体法规检束僧行，净洁佛教形象。明初天下大定，明太祖即道："僧道之教以清净无为为本，往往斋荐之际，男女溷杂，饮酒食肉自恣。已令有司严加禁约。"① 可见建国伊始，明朝统治者就非常重视维护佛教形象。洪武年间，统治者又制定一系列关于僧人行止的"趋避条例"，强调不许僧俗混淆，清理僧人有眷属问题等。一个特别的现象是，明代统治者为了彻底隔绝僧俗，特设砧基道人管理寺院里钱粮出纳，应付官府俗务等。可以说统治者设置这半僧半俗的砧基道人一职就是为了严防僧俗溷杂所可能引起的社会混乱。明朝统治者以其强权手段不遗余力地维护和净洁佛教形象，其根本目的仍是利用佛教辅助王纲，同时避免因佛教团体管理不善而可能引起的社会动荡。

最后，除了花大力气在器物（佛寺）和制度上管理佛教外，明朝统治者还重视从文化的层面扶持佛教。这可从表层和深层两个方面来分析。就表层而言，明朝统治者注重修缮和整理佛经典籍，以国家力量推广佛教文化。譬如，明太祖于洪武十年，诏天下沙门，讲《心经》《金刚》《楞伽》三经。一时间，佛教中的三经被天下士子奉为经典，佛教文化进一步进入儒林视野。明成祖也非常重视佛教经典文化，他不仅敕修了《永乐南藏》《永乐北藏》，而且还亲制经序十三篇、佛菩萨赞跋十二篇入藏。尤其值得注意的是，明成祖下令刊刻了中国历史上第一部内府版藏文《大藏经》，具有深远的文化意义。此外，明成祖还下令刊刻了大量单行本佛教经典，同时编纂《诸佛世尊如来菩萨尊者神僧名经》《诸佛世尊如来菩萨尊者名称歌曲》《神僧传》《金刚经集注》等。其中《诸佛世尊如来菩萨尊者名称歌曲》五十卷取佛经所载诸佛如来菩萨尊者名称，著为经曲。据统计共有南北曲调344种，2177首。明成祖不仅令宫廷时常演习传唱，且颁示中外，使人人受持讽诵，修因作善，是谓一时之风。由此亦可见，明成祖不遗余力地推广佛教文化，使社会之释风更加浓厚。

就深层而言，明朝统治者非常注重从儒家伦理文化的内部寻找与佛

---

① 《明太祖实录》卷73，《明实录》第1册，"中央研究院"历史语言研究所校印，1962年版，第1353页。

教文化的契合点，希冀使儒释文化共同为政权服务。明太祖撰写《三教论》，就是为了调和三教，他认为："天下无二道，圣人无两心。三教之立，虽持身荣俭之不同，其所济给之理一。然于斯世之愚人，于斯三教有不可缺者。"① 虽然三教鼎足而立，但在利济万物的宗旨上是一致的，因此儒释道是可互补的。明朝统治者继承了历代统治者以儒治国，以佛治心的智慧，不仅利用佛教导民向善，而且强调佛教与儒家文化的内在一致性。基于三教调和的立场，明代统治者重视儒僧的政治功能，拔儒僧入仕。明太祖曾作《拔儒僧入仕论》《拔儒僧文》等，大肆鼓吹儒僧入仕。在他看来，无论是士子还是僧人都要实现自己的人生价值，堂堂七尺男儿忍辱含垢修行，如果不能得进朝堂，岂不毫无意义。因此，他号召儒僧应入仕辅佐君王，可见在明朝统治者眼里，辅助君王成就自己的人生理想才是真正的"善行"。明代统治者通过调和儒释，从而改变佛教内在的文化品格，使佛教在精神层面上更加依赖当朝政权。

第二，虽然明代政权对佛教管理加强，但丛林窳滥情况严重，佛门污行受世人诟病。

如前所述，明代统治者对佛教的管理可谓空前细致和严格。这一方面出于统治者对佛教掌控和利用的统治需要，另一方面由于明代佛教现实情况不容乐观，引起了社会的不满。明初统治者将佛教僧团分为禅、讲、教三类，因官方鼓励法事活动并能从中获利，不少教僧逐步沦为宗教商贩。到天顺年间，僧人不耕而食，不蚕而衣，不货殖而财用有余的现象已经非常普遍。一方面旱涝频仍，百姓生活维艰；另一方面，托钵游食之人不可数计。这些人求财索食，沿街塞路。张挂天神佛像，擅言祸与福。他们以盖造寺观为名，务图肥己，而且不守佛律，饮食酒肉，宿歇娼妓，无所不为。更有甚者燃脂焚香，刺肤割股，惊骇人目，煽惑人心。到了晚明，丛林窳滥情况愈加严重，丛林之规扫地尽矣。

有学者通过研究晚明和尚湛然的《慨古录》，分析指出当时丛林的种种弊端。概括起来包括以下几点②：其一，师徒、同门之情不存。以

---

① 朱元璋：《三教论》，葛寅亮《金陵梵刹志》卷1，杜洁祥主编《中国佛寺史志汇刊》第1辑，明文书局1980年版，第200页。

② 参见江灿腾《晚明佛教改革史》第2章"《慨古录》所见的晚明丛林诸问题"，广西师范大学出版社2006年版，第14—16页。

前师徒之间亲于父子。而明代丛林师徒动辄相讥，师父自行不端，徒弟便更加疑禅。更有甚者，若师父训诫过严，或道友议论不和，徒弟便欲杀身报复。其二，出家人为了名利不择手段。有些宵小之徒不知禅为何物，就出家，苟图声誉，以为己任。他们汲汲于名利之场，或私创山居，或神庙家祠，男女共住；或典赁民房，漫不可稽。还有为谋衣食者，不择身份拜人为父母。勿论富贵贫贱，或妓女丐妇，或大士白衣，但有衣食可资，拜为父母。弃背至亲，不顾廉耻。其三，僧伽队伍龙蛇混杂，"或为打劫事露而为僧者。或为牢狱脱逃而为僧者。或为妻子斗气而为僧者。或为负债无还而为僧者。或夫为僧而妻戴发者，谓之双修。或夫妻皆削发，而共住庵庙，称为住持者。或男女路遇而同住者。以至奸盗诈伪，技艺百工，皆有僧在焉"①。其四，出家人没有真才实学，诳唬人者大有人在。这些人讲禅说理，大似戏场优人。虽本欲加半字不得。学者不审皂白，听了一遍，已谓通宗。

由于教僧的功能和世俗生活贴得很近，以至于教僧成为一种报酬颇丰的职业。这导致教僧队伍良莠不齐，教僧所代表的佛教形象，与世人对佛教高尚净洁的形象认知相去甚远。这不仅引起佛教界有识之士的愤慨，更引起世人的批判。在明代戏曲里就有不少批判丛林乱象的剧作。譬如《歌代啸》讲庙里的两个和尚，一个姓张，是个扯谎的班头，他贪财慕利，偷开菜地以获私利；一个姓李，是个偷情的领袖，他与有夫之妇吴氏私通。一日，李和尚与吴氏私通，被吴氏母亲撞见。吴氏谎称李和尚是贩冬瓜的，并能为吴氏母亲医治牙疼。李和尚乘机故弄玄虚，称有神奇针灸专治牙疼。如果丈母娘牙疼，只需在女婿脚跟上灸三灸。此时，吴氏亲夫王某回来，被一众人按着施针。相互推扯中，王某发现藏于吴氏袖中的李和尚的帽子。王某知道妻子偷情，要去告官。只是那帽子其实是李和尚从张和尚那偷来的。李和尚和吴氏设计陷害张和尚，认定是张和尚强奸未遂被吴氏夺下帽子。张和尚有口难辩，被捕入狱。此时衙役后院失火，原来州官与丫鬟偷情被正妻发现。正妻一怒之下烧了后院。百姓闻讯纷纷来扑火。火势熄灭，百姓却被诬告明火执仗，聚

---

① 圆澄：《慨古录》，蓝吉富主编《禅宗全书》第33册，文殊文化有限公司1989年版，第130页。

众喧哗。百姓只得悻悻离去。该剧虽然表现了"只许州官放火不许百姓点灯"的主题,但更为重要的是,该剧反映了明代佛教窳滥的现实。首先,剧中两个和尚一个贪财,一个耽欲,剧作极尽之能事地摹写了两张被欲望扭曲的面孔,也反映出明代僧人不守清规,与世俗同污的现象;其次,剧中两个和尚之间尔虞我诈、钩心斗角的剧情反映了明代僧团中不和谐的面貌;再次,李和尚装神弄鬼、假装治病的情节也反映了部分明代教僧没有真才实学,靠诳唬人度日的情形。

此外还有黄方胤的《淫僧》、冯惟敏的《僧尼共犯》、孟称舜的《伽蓝救》、傅一臣的《没头疑案》和《截舌公招》、沈璟的《起复官邅难身全》、许自昌的《灵犀佩》、许恒的《二奇缘》、路迪的《鸳鸯绦》、李开先的《打哑禅》……相当一批剧作着眼批判丛林污行,这与明代佛教自身地位下降,窳滥的现实不无干系。

第三,佛教团体萎缩,佛教理论创新能力下降,其世俗倾向日益明显。明太祖笃信因果报应说有助于敦笃教化,因此格外重视能够演绎佛事活动的教僧。他一方面提倡发展教僧,另一方面对讲、禅二类的僧人进行限制。不仅限制他们的活动范围,更严格控制他们的人数规模。有学者通过地方志对江南三类寺院的比例进行分析发现,教寺的数量比讲寺和禅寺之和还多。[①] 因为相较于教僧而言,讲僧和禅僧不仅能看经说教,更有可能具有一定的独立意志。这与明代统治者的强权政治格格不入。因此,这两类僧人被严加管束甚至裁撤是极自然的事情。人才的凋敝导致佛教理论创新能力下降。同时,从佛教自身发展情况来看,唐代以后中国佛教逐渐以禅宗为主流。然而主张不立文字、直指人心的禅宗更加注重实践而非义理,这同样导致研究佛教义理的人才剧减。明代佛教团体萎缩,理论创新能力下降,表现为以下几个方面。

其一,佛教人才凋敝。曾经人数众多的佛教宗派至明代面临后继无人的窘境,有些宗派即便仍有传人,但影响甚微,遑论其理论创新?明代佛教以禅宗和净土宗两家尤盛。就禅宗而言,其门下五个支派中,沩

[①] 龙池清:"湖州府,教寺三十七,讲寺六,禅寺二十四……姑苏府,教寺七十一,讲寺二十三,禅寺三十一",《明太祖的佛教政策》,张曼涛主编《现代佛学丛刊》(15),大乘文化出版社1979年版,参见周齐《明代佛教与政治文化》,人民出版社2005年版,第121页。

仰、云门、法眼几乎断了香火，仅有曹洞、临济一息尚存。就净土宗而言，虽然有"莲宗八祖"袾宏、"九祖"智旭以及袁宏道等僧俗名流著书立说，大力宣扬，但他们并没更多的理论创新。至于华严宗、法相宗、律宗等其余宗派，都已奄奄一息，仅存形式而已。

其二，佛教理论创新匮乏。在仅存的各佛教派别中，理论融合现象非常明显。这尤其表现在禅宗和净土宗的理论融合上。明代著名的佛教高僧往往是禅、净双修。被誉为明朝"国初第一等宗师"的梵琦，虽是禅僧，但亦兼倡净土。他曾做过多首《净土诗》表达了自己对"净土"思想的推崇。又如临济宗中的代表人物德宝，将参禅变为念禅，甚至详细具体地规定了念禅时的鼻息、齿唇、眼睛等运作方法，将净土宗的一套修行方式完全移植到禅宗里来，足见禅净合流的历史趋势。

其三，佛教理论向儒道取暖。除了佛教团体内部在理论上因袭融合外，明代佛教更极力倡导三教调和论。袾宏就提倡会通儒释，他认为"儒与佛不相病而相资"，"不相交而相赞"。他说："凡人为恶，有逃宪典于生前，而恐堕地狱于身后，乃改恶修善。是阴助王化之所不及者，佛也。僧之不可以清规约束者，畏刑罚而弗敢肆，是显助佛法之所不及者，儒也。"① 他从儒与佛彼此监督的功能角度阐释了两者"交相赞"的关系。明代另一位佛教大师真可同样认为三教"门墙虽异本相同"，他甚至以佛语释儒说。他说："南无'仁'慈佛！爱人如己，此心常不昧，如来即出世。南无'义'气佛！爱人必得所，临事不苟且，立地成正觉。南无'礼'节佛！事事要明白，长幼序不乱，世尊即是你。南无'智'慧佛！变通无滞碍，扶正不扶邪，化苦而为福。南无'信'心佛！真实无所改，一念与万年，始终常若一。"② 如此变通儒家五常，以佛释儒还真是别出心裁。

明代佛教团体萎缩，理论创新能力下降，但并不意味着其影响力降低。相反，虽然明代佛教理论建树不多，但却更加深入地融入世俗生

---

① 袾宏：《竹窗二笔·儒佛交非》，蓝吉富主编《大藏经补编》第23册，华宇出版社1986年版，第215页。
② 真可：《五常偈》，曹越主编、孔宏点校《紫柏老人集》，北京图书馆出版社2005年版，第505—506页。

活，其世俗品格愈加明显。具体而言，可以从以下三个方面进行考量。

其一，从僧伽队伍来看，如前所述，由于明代统治者相信因果报应说能有效地阴翊王度，因此采用一系列措施大力发展教僧。在明代强权政策的干预下，明代教僧发展最快，这也导致教僧成为名副其实的宗教商贩。他们可以堂而皇之地与世俗生活广泛地接触，不可避免地染有更多的世俗气息。再加之受利益的驱使，教僧成为一个不错的职业。圆澄《慨古录》严厉批判了明代僧伽队伍良莠不齐，很多投入佛门的弟子并不是真心向佛，而是假托化缘骗人钱钞。明朝统治者也发现有的寺庙甚至成为藏污纳垢之所，很多寺庙里充塞着逃军逃囚之徒，这些无籍之徒，改名易姓，削发易冠，人莫识之。明代佛教僧伽队伍鱼龙混杂，使佛教不可避免地偏离了传统意义上超绝出世的形象，而愈加世俗化。日本学者间野潜龙指出："教僧的存在自宋代以来已可见其现象，但至明代被拉抬到与禅讲僧鼎立的地位，不得不引人注目。又（瑜伽）教寺与其他二宗的寺院相较，为数较多，此意味着僧院从以往的山林佛教倾向，转变成与社会深入接触的佛教性格。"[①]

其二，从佛事活动来看，明代法事泛滥。这一方面缘于明皇室佞佛之风日盛，上行下效，是有全民崇信佛法，喜弄法事；另一方面也因为教僧队伍庞大，教僧全方位地深入民间生活，使佛事活动更加普遍甚至泛滥。明太祖也肯定了这类佛事是为孝子顺孙慎终追远之道，但也担心法事泛滥造成社会隐忧，故特别重视教僧职能。统治者不仅限制私做佛事，更专门指定了做法事的场所，从政策层面上保证了法事活动的名正言顺。教僧除了为国家禳灾祈福外，更多的是为州里百姓祈禳申情。譬如，明初著名的"蒋山佛会"以佛礼、佛法祭祀鬼神，安顿民心。洪武五年，明太祖甚至率领文武百官躬临佛寺，其规模和规格极其盛大。此后法事活动泛滥开来。在民间，法事活动的形式也是多种多样。常见的有水陆法会、焰口施食等，主要是为满足人们超度亡灵、伏魔制邪、消灾祈福等祈求。由于法事的社会功能非常丰富，几乎涵盖人之生老病死等各种问题的祈愿，因此几乎成为一种社会习

[①] 间野潜龙：《明代文化史研究》，转引自陈玉女《明代瑜伽教僧的专职化及其经忏活动》，《新世纪宗教研究》2004年第1期，第52页。

俗，流行于社会的各个阶层。这种佛事法会将佛教往生转世轮回观念、道教的神仙方术与民间迷信思想相结合，使超度亡灵和孝养父母、净土往生以及现实利益合而为一，更容易获得广大的信众。虽然官方规定了寺僧赶经忏文的价格，但这一规定在民间执行起来却仅能作为参考。我们所能知道的是教僧因赴法会，收入颇丰。这也引起了讲、禅二类僧人的不满。袾宏就形容这类教僧赴法会，"汲汲如选官，请经师，忙忙如报喜。库头终夜计算，不过是分派应付钱财，担运逐日奔波，无非是买办道场货物"①。经忏法会已然成为佛寺最重要的活动，经忏佛教成为明代佛教的发展方向。由此可见，明代佛教因其法事活动的活跃，不可避免地趋向世俗化。

其三，从高僧大德与世俗的关系来看，明代佛教界出现了几个具有代表性的人物。他们或与政治联姻，或与文人交游，或为民请命，或调和三教，积极投身尘世俗务，成为明代佛教的侧影。

明代僧人拜官入朝侍奉君主者并不少见，他们或是通过僧伽管理体系被选拔入仕，或是受统治者"拔儒僧入仕"的政策鼓动而还俗为官。而被誉为"黑衣宰相"的明初第一功臣道衍禅师却是特别的个案。道衍禅师少读书，工诗文，颇负才名。他帮助朱棣成功登位，成为"论功以为第一"的功臣，并且以强大的执行力证明了自己的才干。他不仅担任最高军事参谋，成功地指导战事，又能教育太子，监修《太祖实录》、修《永乐大典》。他被皇室赋予的无上尊崇足以让他傲视同时代的任何人。他一生不毁戒行，常居僧寺，冠带而朝，退仍缁衣。就是这样一个有着强烈个人意识，又能清醒地做到"有所为而有所不为"的僧人，成为明代僧人入仕参政的典范。

明代高僧大德中有不少受过儒家教育而颇负才名者，除了上面提到的道衍禅师外，还有名僧德清和紫柏。钱谦益曾说："紫柏之文，雄健而斩截；大师（德清）之文，纡徐而悲惋。其为昏涂之炬火则一也。"② 二人因文获名，得到士林的重视。此二人集作中亦多有与文

---

① 袾宏：《警策·事直院等》，曹越主编、孔宏点校《竹窗随笔》，北京图书馆出版社2005年版，第466页。
② 钱谦益：《憨山大师梦游集序》，《牧斋有学集》第21卷，上海书店1996年版，第870页。

人相酬和的诗文，可见二人经常与文人交游。作为晚明丛林的改革家，德清为了重建金陵报恩寺，曾在京城与五台山四处拜会，广结僧俗，为的就是引起宫廷注意。当他刺血写经成功攀缘宫廷后，又借祈皇嗣而获皇室信赖。然而由于身陷宫廷祈储、建储之争，结果被捕入狱，充军岭南，流放二十几年，最后在广东曹溪中兴了南禅宗发祥地的祖庭。德清悲壮的丛林生涯，淋漓尽致地诠释了明代僧人在高压的政治环境中，为了实现自己的佛愿，不得不依傍政权，积极入世的人生轨迹。

而与紫柏尊者交游的文人中最引人注目的当属汤显祖（详见后文），他与汤显祖之间有不少的诗文交流，二人更多次晤面。紫柏认为汤显祖有慧根，愿度他入佛门。二人间的友谊延续了很久，直到紫柏为矿工争利，北上京城，最终被权贵宦官所害，死在狱中。

明代一批高僧大德以自己的言行积极参与社会，为明代佛教走下神坛，深入民间世俗生活做了最好的注脚。

二 明代道教的基本面貌

作为中国本土宗教——道教，其产生和发展的过程比较复杂。大抵而言，道教经历南北朝、唐朝、北宋三个时期的发展之后，至明代迎来了第四个重要时期。[①] 明朝历代帝王几乎个个与道教发生了深厚的联系。明太祖朱元璋起于微末，为了自神其身，他通过各种宗教手段来暗示自己是真龙天子。譬如《龙兴慈记》记载他祖父听从二道人的指点，得一龙穴，故才有朱元璋称帝。又如《皇朝本纪》记载朱元璋母亲吃了道人送的丹药后即诞子。此后，无论是攻城克敌还是除病解厄，朱元璋都离不开道士的指点。在为著名道人周颠仙所作的御制传记中，朱元璋还提及周颠仙送其丹药之事。此乃明朝历代皇帝服食丹药、崇信方术之滥觞。明成祖就曾因服食所谓的仙方而有损于体；明仁宗成为明代帝王中第一个因服食丹药而亡的帝王；明世宗一生无所为，过着不斋则醮，月无虚日的生活；就连"比隆三代"的明孝宗也迷恋方术，终因丹药而亡……总之，明代帝王对道教感情深厚。他们或是广设斋醮，或

[①] 任继愈："序"，任继愈主编《中国道教史》，上海人民出版社1990年版，第4页。

是笃信方术，或是崇信道士。① 具体而言，明代道教主要呈现出以下几个特征。

第一，道教借政治力量快速发展的同时，自身对政权的依赖更加深刻，逐渐失去了独立品格。

宗教之于政权而言犹如一把双刃剑，当帝王能理性掌控利剑时，宗教就能有效地为政权服务；而当利剑失控时，辄会有蠹政害民之患。明代道教之于政权就是一个极好的例子。朱元璋开国之初，就十分重视利用宗教的力量安抚人心。他不仅亲自制定了道教科仪乐章，还率领后宫皇子躬行斋醮。明太祖以务实理性的态度将道教视为"暗助王纲"的工具，他认为仙佛之道可以使人民"未知国法，先知虑生死之罪，以至于善者多，而恶者少"②。此后明代帝王、后宫十分优渥道士，道教亦借政治力量发展壮大自己。这首先表现在明王朝举全国之力大修宫观，客观上促进了道教的发展。

明朝历代帝王中不惜民力大修宫观的尤属明成祖朱棣。传说真武神在武当山修炼，修成正果之后负责镇守北方。朱棣自北方发兵，故笃信玄武阴佑之功。在成功登位之后，明成祖竭两朝物力大修武当山，仅天柱峰顶，就冶铜为殿，饰以黄金，是时天下黄金几尽。此外他还甄选道士200人洒扫武当道观，给田277顷，并耕户以赡之。笃信道教的明世宗朱厚熜建佑国康民雷殿，可谓雕梁画栋，文绣朱紫。然资费动辄亿万，耗尽国用。

此外，明朝统治者出台一系列措施，加大对道教的管理。明太祖虽然崇道，但他也意识到学佛、学道者若不循本俗，任由其发展，终将遗祸，于是制定了一系列严密的措施管理道教。首先，就道教管理体制而言，洪武元年，明太祖即"立玄教院，以道士经善悦为真人，领道教事"③。随后，明太祖又设道录司掌管天下道教，道录司以下参照行政

---

① 参见任继愈主编《中国道教史》第16章"明王朝与道教"，上海人民出版社1990年版，第588页。
② 朱元璋：《释道论》，葛寅亮《金陵梵刹志》卷1，杜洁祥主编《中国佛寺史志汇刊》第1辑，明文书局1980年版，第102页。
③ 《明太祖实录》卷29，《明实录》第1册，"中央研究院"历史语言研究所校印，1962年版，第500页。

衙门设立了一整套严格的等级制度。从京城到府、州、县逐层设立的道教管理体系隶属于中央礼部，这样，明代道教就从制度上完全被纳入中央集权，成为辅佐王纲的重要职能部门。

其次，明朝统治者也制定了一系列措施加强对道士的管理。譬如，为了严格控制道士的人数，规定县、州、府所能有的道士人数分别是20人、30人、40人。为了防止劳动力流失，明朝统治者还规定男人非40岁以上，女人非50岁以上，不得出家。同时统治者还制定了严格的度牒考试制度来保证道士的从业水平。而道士为了获得度牒，必须经过长时间的学习。只有14岁以上20岁以下，父母皆允许的情况下，欲入道观学习者才能到相关部门报到。邻里保勘无碍后得投寺观。习道者在道观学习5年后，诸经习熟，然后赴僧道录司考试。考试合格后，始立法名，给予度牒。如果不通经典者则要罢还为民。这些措施从量和质两个方面有序地管理道教，使道教完全纳入国家管理机构中。

最后，明朝统治者在隆修道观的同时，为了防止有人利用道观作乱，也制定了相关措施对道观进行管理。譬如洪武十五年，明太祖下令"乃令府州县止存大寺观一所，并其徒而处之，择有戒行者领其事"①。将诸多寺观合并，不仅是对原有寺观里的僧道进行重新清理以便于管理，也是防止为建寺观而蠹财耗民。因此，明统治者尤其严禁民间私建寺观。如果被发现私设道观，则悉毁灭。

值得肯定的是，明朝统治者运用国家行政力量整理刊行道教经典，推动了道教文化的发展。

唐宋时期即有《开元道书》《宝文统录》《大宋天宫宝藏》等道书，皆因兵火而遭焚毁，元代的《玄都宝藏》因僧道争辩失败而印版尽毁。明成祖即位之初，就敕令正一教天师张宇初主持编修道藏。永乐八年，张宇初卒，天师张宇清奉命继续编修，直至英宗正统九年，才完成刊版。后邵以正奉命督校，次年竣工，是名《正统道藏》。这部道书共5305卷，分480函，体系庞杂，内容宏富，对保存和推广道教起着重要作用。明神宗同样对道教文化的整理和传播发挥了重要作用。他印

---

① 《明太祖实录》卷86，《明实录》第3册，"中央研究院"历史语言研究所校印，1962年版，第1537页。

道藏480函，施舍给天下有名的道观。万历三十五年，他令张国祥编印《续道藏》180卷，称《万历续道藏》。这是继《正统道藏》之后又一次大规模的道书汇辑。明朝统治者运用国家权力整理和推广道教，从道教自身发展的角度来看，具有积极的历史意义。

此外，明朝帝王还以自己行为潜移默化地影响着道教的发展。譬如，明成祖爱斋醮，他甚至为斋醮亲自谱曲、写词。其作《大明御制玄教乐章》包括醮坛赞叹乐章、玄天上帝乐章、洪恩灵济真君乐章、大明御制天尊词曲，共有14首道曲。明成祖为斋醮亲自谱曲无疑扩大了道教文化的影响力。明朝统治者经常举行斋醮，而斋醮则离不开荐告神灵的青词。明世宗尤好青词，一时间，青词成为朝臣的晋身之阶。大臣夏言、严嵩、徐阶、袁炜、郭朴、高拱等皆以青词媚上而获宰位，人称"青词宰相"。由此可见，青词这样一种原本属于斋醮科仪的文化，因帝王的个人情感而被世人认知并获得重视，成为我们认识当时道教隆盛景象的重要材料。

明代道教在管理上被纳入政权机构，在制度上受制于当权者，在文化上依附于统治者，这使得道教越发失去独立性，沦为政治的附庸。关于明代道教对政权的依赖和谄媚，在明代戏曲中有着集中的表现。这主要体现在宫廷庆赏剧这一类戏剧中。这类庆赏剧多由内廷所作，内容是为皇帝或者达官贵人祝寿祈福，固有"庆赏"之名。这类戏剧中总是充斥着大量的仙佛道真，最后都以向皇帝或权贵谄媚为结语。譬如明杂剧《宝光殿天真祝万寿》剧末主人公热烈地为皇帝大唱赞歌，"因圣主心中慈善，贺长生洪福齐天。四夷伏都来朝见。任航海梯山来献。呀，对着这殿前静鞭，臣宰每意虔。万万载河清海晏"①。这一情节真实而深刻地反映了明代道教对当权者的依赖。

第二，由于教团发展不平衡，再加上受"走利如鹜"的社会风气影响，明代道教理论几乎无所创新，道教整体呈世俗化发展趋势。

道教至明世宗时期达到发展的高峰期，然而，道教在理论上并无更多的建树，此后逐渐萎缩。明代道教理论创新能力下降主要有两个原

---

① 无名氏：《宝光殿》，王季烈编《孤本元明杂剧》第4册，中国戏剧出版社1958年版，版内第13页。

因，第一个原因是明代道教教团发展不平衡，导致理论水平下降。明代道教承袭了元代道教的流派，大抵分为两大类，一曰正一教，一曰全真教。正一教擅长符箓道法，而全真教则重视内丹修炼。明太祖对宗教功能的认识非常清醒，他对全真教和正一教持有明显不同的态度。他认为全真教不过以修身养性为宗，仅为自己而已；而正一教专以超脱，特为孝子慈亲之设，益人伦，厚风俗，其功甚大。因此，正一教比全真教更能满足其敦纯民俗的政治目的。再加上元代全真教与皇室关系密切，明朝统治者颇为忌惮，有意打压。而明朝历代统治者几乎都崇信丹药，迷信方术。此为正一教之所长而全真教之所短。基于以上种种考虑，明太祖极力发展正一教，不仅封赐正一教道士天师、真人、高士等号，更命正一教天师掌管天下道事，正一教地位一跃超越全真教，俨然成为明代道教的代称。全真教在整个明代则相对沉寂。虽然全真教和正一教各有其教理、教义，但总体而言，全真教更注重对形而上的教理的研讨，而正一教则善于吸收各种民间信仰进而糅合成独特的道法。统治者出于自身政治需要，有意抬高正一教而抑制全真教，这使得全真教对社会和政治的影响力降低，全真教道士多隐修潜遁，传教宏道的热情不高。

第二个原因则是受整个社会风气的影响。明代社会出现资本主义经济的萌芽，人们更加追求现实的利益，对空泛抽象的道教理论兴趣降低，而对能禳灾祈福的道法更感兴趣。在现实的社会大环境中，玄门中人也按捺不住尘心，纷纷入世，成为职业的宗教从业人员。因此，愿意真正静下心来研讨道教理论的人少之又少。

明代道教理论创新能力下降具体表现在以下几个方面：首先，正一教和全真教两教理论相互融合。如明代正一教天师张宇初非常重视内丹修炼，他在《道门十规》中说："近世以禅为性宗，道为命宗，全真为性命双修，正一则惟习科教。孰知学道之本，非性命二事而何？虽科教之设，亦为性命之学而已。"① 虽然正一教唯习科教，但习科仪的根本仍是性命双修之道，因此称"坐圜守静"乃是入道之本，可见他非常重视全真教的修行方法。其次，明代道教附会儒释，高唱三教同源。张

---

① 张宇初：《道门十规》，《道藏》卷32，文物出版社、上海书店、天津古籍出版社1988年版，第148页。

宇初就说："行有余力，若儒之性理，释之禅宗，更能融通一贯，尤为上士。"① 由此可见张宇初强调修道之人三教会通方为上策。

明代道教虽然理论创新能力萎缩，但积极参与世俗生活，体现出世俗化的特点。

就道徒行状而言，由于受明朝统治者的政策导向影响，衣紫腰金的正一教道士远比清修苦练的全真教道士更让世人羡慕，于是有很多人入道修行并不是为了成仙果正，而是受到利益驱使。一时间，道士成为一个热门职业，吸引了大量从业人员。然而四方流徙之民甚多，三边战守之士尤缺，僧道太多几乎影响到国家的兵源。虽然明初制定了严格的政策限制僧道人数，但这一政策在之后几成一纸空文。至天顺时，僧道求财索食，沿街塞路，不可数计。在道流急剧扩张的同时，很多下层道士，尤其是擅长符法的正一教道士沦为宗教商贩。由于缺乏真诚的宗教信仰，明代道士行状颇引人诟病，这主要表现为出家人不守戒律，行止与俗人无异。有资料显示明代多条法律涉及道人娶妻、犯奸、私自剃度、私建道观，道士行止败坏已成为明代社会一个引人注目的话题。统治者只能三令五申，以"违者杀无赦"的严律禁戒。而道门中人同样对此焦虑不已。正一教天师张宇初撰写《道门十规》就是针对道教"玄纲日坠，道化莫敷，实表名存，领衰裘委"② 的现状提出的整治措施。他提出道观住持不能交结权贵、干预公事、私蓄俗眷，道士也不能借募化之名结交官贵商贾，招惹是非。这些规定恰好从一个侧面反映了明代某些道士几乎与俗人无异的现实。

就玄门理论发展走向来看，为了获得更多信徒，明代道教理论无不向着具体化、明了化的方向发展，同时和会理学，以赢得更多士林阶层的好感。张三丰就以内丹水火之理论解释儒家仁义之说，以证明儒道合流。在他看来，三教之源立于"道"，三教皆有补于世，因此三教是可会通的。全真道士何道全作《三教一源》诗，形象地描述了明代三教同源。"道冠儒履释袈裟，三教从来总一家。红莲白藕青荷叶，绿竹黄

---

① 张宇初：《道门十规》，《道藏》卷32，文物出版社、上海书店、天津古籍出版社1988年版，第151页。
② 同上书，第146页。

鞭紫笋芽。虽然形服难相似，其实根源本不差。大道真空元不二，一树岂放两般花。"① 在他看来，儒释道三教立足于相通的"道"，就如同红莲、白藕、青荷叶本是同根生一样，不过是三者形状外貌不同而已。

就对民间的影响来看，明代道教具有超强的渗透力，深刻地影响了明代的世俗生活。在明代宗教生活里有大量道教神灵成为祭祀对象。在朝廷的祭庙里就有三清三境，九天应元雷声普化天尊，又有金、玉阙真君、元君，神父，神母之祭；诸宫观中，又有水官星君，诸天诸帝之祭。在这些神灵中，有的是一直配享祭祀的道神，有的则是道教在向民间渗透的过程中，不断和民间信仰融合而创造出的俗神。譬如，金、玉阙真君，原型本是南唐徐温子知澄、知谔，宋代以来一直是闽县民间祭祀的俗神。明永乐帝病，祷之有验，于是备受崇信，成为配享庙祭的道神。

这些被创造出来的俗神一方面迎合了民间信仰心理，同时也深刻地影响了民间宗教生活，成为道教参与民间生活的重要例证。譬如，朝东岳本是民众自己组织的民俗活动，代代传习，遂成定制。每年三月二十八日为东岳大帝诞辰日，至明代，每一年的这一天都会举行大型祭祀，统治者不仅敕修东岳庙，而且举行国醮。是时人头攒动，鼓乐幡幢。行者塞路，呼声震地，更有甚者一步一拜，虔诚至极。道教在与民俗相结合的过程中，既扩大了自己的信众范围，又进一步融入民间世俗生活。

明代道教世俗化的一个显著特点是有许多道士走出庙堂，积极参政。《明太祖实录》记载，"上以道家者流，务为清净，祭祀皆用以执事"②，不仅让道士执行祭祀活动，而且还建神乐观，"命道士周玄初领观事，以乐舞生居之"③。于是道士成为国家祭祀、奏乐活动的重要参与者。更为独特的是，明宪宗设"传奉官"一职，大量任用道士参政。官员的升迁降黜全由传奉官说了算，这无疑助长了被帝王崇信的道士的

---

① 何道全：《随机应化录》卷下，《道藏》卷24，文物出版社、上海书店、天津古籍出版社1988年版，第139页。

② 《明太祖实录》卷122，《明实录》第3册，"中央研究院"历史语言研究所校印，1962年版，第1975页。

③ 《明太祖实录》卷128，《明实录》第3册，"中央研究院"历史语言研究所校印，1962年版，第2031页。

势焰。明成化年间道士李孜省颇受明世宗崇信，一路高升，八年间官至礼部左侍郎，掌通政司事。一时间缙绅进退，多出其口。此外，还有前述所谓的"青词宰相"因奉玄而得升迁。这些都是明代道教世俗化的典型例证。

值得注意的是明代道教在世俗化发展的过程中，愈加注重和各民间信仰结合，从而衍生出形形色色的民间秘密宗教。这些民间宗教或在思想观念上借鉴道教的内丹学说，譬如黄天教；或在宗教仪式上嫁接道教斋醮的手法，譬如红阳教、八卦教等。这些方兴未艾的民间秘密宗教以其通俗的宣教方法吸引了更多的下层民众，"它们的兴起虽使佛道二教更为衰微，但也以通俗的形式宣扬了经过改装的佛道宗教观念"。①

明代曲家因自身对待佛道文化的态度不同，而在笔端呈现出不一样的佛道文化色彩。就创作目的而言，大部分明代曲家创作戏曲作品是为抒己怀抱，即创作多是"为己"。相较之下，还有一部分曲家创作并非全然"为己"，可以说其创作具有佛道色彩的戏曲作品带有一定"为人"目的性。譬如，明代宫廷戏曲创作者，多为无名氏曲家，他们的作品多为宫廷应景之作，因此，其戏曲作品是在充分考量了官方需求的情况下而作；同样出于身份使然，僧侣曲家的戏曲创作更多考虑的是如何通过戏曲作品宣佛昌道，其服务的对象是佛堂道观的弟子和广大信众。当然比较特别的是明代藩王曲家，其戏曲作品所披拂的烟霞之志实则是彰显自己远离政权的护身符。于是本书分为两部分，或前三章从"为己"的角度考察了明代曲家与佛道文化的远近亲疏关系，厘分出嘲佛讽道曲家、亲佛近道曲家和佞佛崇道曲家三个类别；或后三章，从"为人"的角度考察了不同身份的明代曲家个案，以宫廷曲家、僧侣曲家和藩王曲家来勾勒明代曲家与佛道文化关系的侧影。

---

① 任继愈主编：《中国道教史》，上海人民出版社1990年版，第676页。

第一章　明代亲佛近道曲家及其剧作研究

从历史的角度考察明代曲家与佛道文化的因缘，大抵可以分为三个部分：一则是亲佛近道曲家。从元末明初一直到明末，这类曲家一直贯穿整个明代，可谓最大宗者，其中既有从元末就对政权保持一定距离，寄情佛道以求身心安顿者，又有受时风濡染，对佛道文化亲近却又不沉迷的曲家。二则是嘲佛讽道曲家。随着明政权对宗教的管控日益松散，明代佛道二教对世俗的吸附力愈强，其污行秽状引起部分曲家不满，因此嘲佛讽道者日益增多；与之伴随的则是第三类曲家——佞佛崇道者。这类曲家执着于飞身丹霞，托以永世的白日梦，直至生命的尽头，其戏曲作品也充满了荒诞不经的玄怪之色。

所谓亲佛近道曲家是指那些对佛道保持一定的好感和亲近，但在思想深处并不全然接受佛道思想的曲家。相较于嘲佛讽道者和佞佛崇道者，这类曲家是明代曲家中的大多数。正因为其数量多，所以情况相对复杂。这类曲家中既有亲佛者，又有近道者，亦有佛道皆好者。然而究其思想的底色仍是儒家思想。这种对佛道二教保持着亲近但不沉迷的态度，可以从众多曲家的字号、别署中探得一丝玄机。譬如兰茂字廷秀，号止庵，别号和光道人、玄虚子；康海字德涵，号对山，又号浒西山人、沂东渔父；李开先字伯华，自号中麓子、中麓山人、中麓放客，世称中麓先生；汪道昆字伯玉一字玉卿，号南溟，又号太函，晚年号函翁；王九思字敬夫，号渼陂，别署紫阁山人；梁辰鱼字伯龙，号少白，别署仇池外史；陈与郊别署玉阳仙史，人称陈佛子；梅鼎祚自号胜乐道人；叶宪祖别署槲园居士、槲园外史、紫金道人；汪廷讷号无如，别署坐隐先生、无无居士、全一真人；凌濛初别署即空观主人；孟称舜号卧云子，花屿仙史；茅维字僧昙；邓志谟亦号竹溪散人；王济自号紫髯仙客，晚更号白铁道人；郑若庸自号玦蜣生，别署虚舟山人；陆采号天池山人，别署清痴叟；郑之珍别署高石山人；张凤翼号灵墟，别署冷然居士；高濂号瑞南道人，湖上桃花渔；周履靖号梅墟，别号螺冠子，梅颠道人；汤显祖号若士，又号海若，自号清远道人；刘还初别署天放道人；单本字槎仙；孙钟号峨眉子，别署白雪楼主人，白雪道人；陈一球字非我，号蝶庵，又号雁荡非我道人；范世彦字君澂，号闇甫，别署蓬莱居士；路迪字惠期，号海来道人；蒲俊卿号江右散人；陈玉蟾号澹慧居士；阮大铖字集之，号圆海，又号石巢、石巢居士，百子山樵；夏基字乐只，号磊道人……从这些自号、别署中我们不难发现，明代曲家对居士、道人、山人、散人、仙客、外史等有着明显出世情结的称号特别偏爱。这些名号、别称在一定程度上反映了曲家对佛、道二教的钟情。由于明代亲佛近道曲家人数众多，此一章将其分为前、后两个时期，分而论之。

第一节　明代前期亲佛近道曲家及其剧作引论

在明前期，杂剧创作承袭元势，不可谓不盛矣。然而随着梁辰鱼创新的昆山腔红遍全国，一种新的戏曲样式——传奇渐渐取代北曲，吸引了更多的曲家从事创作。纵观明代戏曲发展历程，前期杂剧作家居多，后期传奇作家居多。明前期由于政治对佛道的钳制较严，无论是佛教还是道教，都不见大的发展；后期随着国家佛道政策的松动，加之明皇帝耽佛佞道者不在少数，佛道发展重现繁盛之势。因此，在明代前期尽管杂曲家及其剧作都不少，然而曲家对佛道似乎都保持着有距离的接触，对佛道的热情程度不似后期曲家。根据曲家与佛道的关系，我们可将明前期曲家大致分为以下三类：第一类曲家崇玄慕佛，其剧作表现出一定的佛道信仰；第二类曲家被佛道文化中某种超然出尘的精神气质所吸引，虽然本人对佛道并无强烈的信仰，但其剧作却反映出一定超然出世的情怀；第三类曲家并不是坚定的佛道信仰者，却善于利用佛道智慧创作剧本。下面就具体从佛道信仰、佛道情怀、佛道智慧三个方面来分析明代前期曲家及其剧作。

一 佛道信仰

明代前期佛道二教的发展相对沉寂。曲家在经历明初的整肃清流之后，思想相对保守，创作上亦中规中矩，不敢逾雷池一步。表现在戏曲创作中则是大谈忠、孝、节、义儒家纲常之说。最典型的就是台阁学士邱濬作《五伦全备记》，元末文人高则诚创作的曰忠曰孝《琵琶记》，朱元璋盛赞曰："五经、四书，布、帛、菽、粟也，家家皆有；高明《琵琶记》，如山珍、海错，富贵家不可无。"[①] 朱元璋激赏《琵琶记》，在一定程度上影响了戏曲创作。再加之明代前期，儒释道三家中儒家占据绝对核心的地位，佛道二教相对式微。于是明前期曲家的佛道信仰就显得不够鲜明，具体表现在以下几个方面。

首先，曲家利用佛道信仰中的果报观、轮回观进行社会道德批判，创作了大量度脱剧。譬如谷子敬作《吕洞宾三度城南柳》，杨讷作《马丹阳度脱刘行首》，贾仲明作《铁拐李度金童玉女》、《吕洞宾桃柳升仙梦》（佚）、《丘长老三度碧桃花》（佚），陆进之作《韩湘子引渡升仙客》（佚），刘君锡作《庞居士误放来生债》等。这些剧作的主人公或是已有"仙份"的土木形骸，譬如《吕洞宾三度城南柳》中的柳树精，《吕洞宾桃柳升仙梦》中的桃树、柳树。或本是"仙种"的天仙，譬如《铁拐李度金童玉女》中因思凡而被罚人间的金童玉女，《马丹阳度脱刘行首》中的鬼仙。《庞居士误放来生债》中的庞居士一家四口，本是宾陀罗尊者、执幡罗刹女、善财童子和观音菩萨。这些前世仙家带着未消的业障投胎转世，在师父的指引下，顿悟自己的前世今生，或是白日飞升，或是果正朝元。由此可见，曲家笃信轮回，相信彼岸世界。

然而这种信仰又是和现实世界的道德批判结合在一起的。譬如《庞居士误放来生债》一剧就是将行善积德与白日飞升结合在一起，宣扬了舍财消灾、善有善报的观念。该剧本见于释氏《传灯录·庞居士传》。剧述富商庞蕴见好友因欠他钱而病倒，而衙门对欠钱的穷人穷凶极恶，于是当面烧了借据。回家后庞蕴深感债即是灾，于是烧掉所有借

[①] 徐渭：《南词叙录》，中国戏曲研究院编《中国古典戏曲论著集成》第 3 册，中国戏剧出版社 1959 年版，第 240 页。

据。他见家中磨工生活困顿，好意赠予一锭银子。不料磨工整日惶恐生怕银子被偷走，昼惊夜悸，只得将银子奉还。庞蕴深感金银愈多业障越深。他夜里行香，听闻家中牲口对话，皆言是前世欠他债，今生做牛马来还。庞蕴于是下定决心烧掉家当，将财宝运至海上沉没。从此，一家人结庐而居，清贫度日。庞蕴的女儿灵兆向有慧根，一日灵兆点化了丹霞禅师后回家，庞蕴一家白日飞升。庞蕴原是宾陀罗尊者，庞蕴妻是执幡罗刹女，其子是善财童子，灵兆是观音菩萨。唐代实有庞蕴其人，该剧故事主要来源于历代佛教传灯录、《庞居士语录》和笔记小说、民间传说。该剧诠释了佛学中的色空及财空命题，也宣扬了佛教因果观。与此同时，这类剧作通过宣扬佛教果报观在观众心中建立一座道德法庭，这就将佛道信仰与维护现实世界的和谐秩序联系在一起。譬如，该剧第一折正末唱道："【六幺序】这钱呵无过是乾坤象，熔铸的字体匀。这钱呵何足云云。这钱呵使作的仁者无仁，恩者无恩，费千百才买的居邻。"[①] 该剧通过对庞蕴仗义疏财的优良品质的赞美，批判金钱的罪恶、人心不古及世风的衰败。因此这类剧作具有一定的现实批判功能。

其次，明前期曲家即使有一定的佛道信仰，但并不鲜明。这种不鲜明性一则表现为曲家信仰儒、释、道三教混融；一则表现为对佛道的崇高性和严肃性进行消解。下面以杨讷的杂剧《西游记》为例进行分析。

杂剧《西游记》作为一部鸿篇巨制的神魔剧，无论在故事本事、剧作内容、情节结构、人物形象还是剧作语言、舞台呈现、佛道品格上都表现出鲜明的崇俗尚趣的艺术特点，成为这一时期具有代表性的作品。该剧以玄奘西行的故事为蓝本，结合大量民间故事，敷演成六本二十四折。该剧表达了对玄奘西行取经壮举的赞美与肯定，也宣扬了大量佛教思想，这些自不待言。然而值得注意的是，在这样一部鸿篇巨制里，杂糅了大量的"俗""趣"品格，冲淡该剧严肃的佛道主题。

杂剧《西游记》之"崇俗"首先表现在该剧本牢牢植根于民间，剧作内容多角度地表现人世间的各种情感，反映出诸多民俗事象。该剧是小说《西游记》之前的一部完整西游故事剧，从剧作本事来看，该

[①] 刘君锡：《庞居士误放来生债》，王季思主编《全元戏曲》第5册，人民文学出版社1999年版，第404页。

剧有意识地吸收和借鉴此前有关的西游故事和民间说唱，这使该剧在血缘上带有极强的民间色彩。

该剧作为一部鸿篇巨制的神魔剧，虽然展示的是光怪陆离的魔幻世界，但实则多向度地表现了人世百态，尤其是对人世间多种情感的摹写非常生动。这其中包括：（1）君臣情。譬如，玄奘为了保国祚安康，万民乐业，奉旨西行。他发愿："祇园请得金经至，方报皇恩万万千。"（2）母子情。譬如，陈光蕊之妻殷氏被江匪刘洪霸占，为留下血脉为夫报仇，忍痛弃子，然而她却日夜思念儿子。（3）男女情。该剧花费了大量笔墨来表现红尘男女的俗世凡情，这种男女之情既有见色生淫的不轨之情，譬如江匪刘洪强占殷氏；又有密约私配的相悦之情，譬如裴海棠密约猪八戒，并与之私奔；还有落花有意、流水无情的单恋之情，譬如女儿国国王对玄奘大胆追求却遭拒绝。总之，形形色色的男女之情在该剧中得到淋漓尽致的表现。可以说正是因为该剧中"神魔皆有人情，精魅亦通世故"，才使得这部神魔剧充满了指向人世的温暖俗味。

从剧作情节上来讲，该剧反映了诸多民俗事象，这尤其表现在剧本第六出［村姑演说］中。长安大旱无雨，玄奘为民祈雨，打坐片刻，大雨三日。在百姓的眼中，玄奘是一位能呼风唤雨的神僧，他们用举行社火的方式对他表示敬意和谢意。我们知道在中国古代农村，"乡间演戏，皆为酬神邀福起见"，"演戏敬神，为世俗之通例"。[①] 而［村姑演说］正表现了中国古典戏曲敬神祈福的民俗功能。

其次，杂剧《西游记》情节粗鄙、结构松散，其粗朴、随性的创作形态，表现出其民间作品的俗性品格。该剧是对已有西游故事和素材的总汇，在敷写剧情时并没有精雕细琢。因此，有许多情节显得粗略、鄙俗，体现出一种富有野趣的荤味。譬如，剧中除了唐僧外，孙悟空、猪八戒和沙和尚都不同程度地表现出对女色的迷恋。孙悟空曾拐金鼎国公主为妻，被压在花果山下时还放心不下。路经金鼎国又让孙悟空油然想到是"丈人家"。取经途中路过女儿国，面对如花似玉的美人，孙悟空"凡心却待起，不想头上金箍儿紧将起来，浑身上下骨节疼痛"，只好作罢。他看到八戒"吁吁喘"、沙僧"悄悄声"地忙着和诸女取乐，

[①] 王利器：《元明清三代禁毁小说戏曲史料》，上海古籍出版社1981年版，第309页。

心里极为酸溜。与铁扇公主刚一见面，孙悟空便出言轻薄，肆意调戏，完全表现出油嘴滑舌的市井作风。这些情节鄙陋粗俗，曾为一些学者所诟病，但正是这样一种野趣，体现了该剧以"俗"为美的俗性品格。

杂剧《西游记》之"崇俗"更表现在其人物形象彰显出强烈的俗性品格，这尤其体现在女性人物对于性爱的肯定与追求上。该剧中的女子大多不拘礼法，忠诚地认同自身感受，表现出对情和性的强烈渴望。譬如，陈光蕊之妻被强贼霸占18载，陈光蕊丝毫不计较殷氏妻子落难失节，夫妻二人同获封赠；裴海棠不满于父亲嫌贫悔婚，主动支使丫鬟传书朱公子月夜偷香。一见朱公子，裴小姐就以软语撩拨："秀才呵，不要你前唐后汉言通鉴，俺家尊方睡梦初甜。你不将经卷览，惟把色情贪。"① 朱公子要带她私奔，她不假思索，欣然相从，"填满起闷怀坑，担干起相思担，我按不住风流俏胆。连理枝头谁下砍，对菱花接上瑶簪。过得南山，则少个包髻团衫。俺爹便知道呵，也不妨，原定下的夫妻怎断？"② 而女儿国国王更是赤裸裸地表达了对难以克制的性爱的欲求。她一上场时便唱："【混江龙】我怕不似嫦娥模样，将一座广寒宫移下五云乡。两般比喻，一样凄凉：嫦娥夜夜孤眠居月窟，我朝朝独自守家邦。……千年只照井泉生，平生不识男儿样。见一幅画来的也情动，见一个泥塑的也心伤。"③ 这段唱词将女儿国国王孤独、凄凉的情感生活表现得淋漓尽致。当她与品貌端庄的唐僧乍然相见，女王不禁怦然心动，"但能够两意多情，尽教他一日无常。天魔女邪施伎俩，敢是你个释迦佛也按不住心肠"。女王求欢心切，她一把抱住唐僧，以真情告白："不是我魔王苦苦害真僧，如今佳人个个要寻和尚。"该剧赤裸裸地表现了女子对性爱的热望。在这群女子身上，人们感受不到纲常礼教对她们的禁锢和摧残，反而会被她们发自内心对情感和性爱的真实需求而打动。可以说，该剧女性人物形象既表现了草根阶层狂放不羁的俗性精神，又彰显了时代对"人欲"的肯定。

除了"崇俗"之外，杂剧《西游记》还表现出"尚趣"的一面，使

---

① 杨讷：《西游记》，王季思主编《全元戏曲》第3册，人民文学出版社1990年版，第458页。
② 同上书，第459页。
③ 同上书，第473页。

该剧更加游离于严肃的宗教主题。杂剧《西游记》之"尚趣"首先表现在剧作语言诙谐、幽默，令人解颐。譬如［村姑演说］一出中，村姑说文武百官簇拥着的玄奘不过是个光脑袋的"大擂椎"，村姑十分看他不顺眼，觉得他生得"跷蹊"，如同擂椎上生了眼眉，恰似"瓢子头""葫芦对"。村姑眼中的文武百官更是滑稽，百官手中的笏板在她眼中不过是"白木椊"，百官身上的紫袍不过是"紫搭背"，百官腰间的玉石、金带不过是"白石头黄铜片"，她看百官脚穿皂靴仿佛"踏在黑瓮里"。官人们为玄奘打揖作拜，村姑亦觉得好笑，说官人们屈腰低头，简直个个都像醉汉！她看"院本"表演时，她眼中的演员们一个个"粉搽白面皮"，梳着个油光发亮的红发髻，万分滑稽。而其他歌舞表演，如踩高跷，在她眼中不过是人用木雕了两个腿。回回人舞旗，边唱边舞，村姑听不懂，也看不明白，就说人家是"装鬼"。村姑看社火久了，站得脚板僵直，腹内呱呱作响似"春雷"。［村姑演说］最显著的特色是滑稽有趣，令人绝倒。剧作者借村姑之口嘲讽刻板的文武百官，同时村姑的无知无识亦为人所笑。可以说整出［村姑演说］都在追求一种滑稽逗乐的喜剧风格。

其次，从舞台呈现来看，该剧无疑具有丰富的看点和诸多热闹的场面。该剧舞台上的人物众多，他们不仅包括住在天庭的玉帝、王母、观音、如来、李天王、哪吒三太子、灌口二郎、九曜星辰、华光天王、木叉行者、韦驮天尊、火龙太子、大权修利及风、云、雷、电等诸神，还包括生活在尘世的帝王将相、文武百官、耆老百姓，同时还有生活在幽林密洞里的各种妖魔鬼怪。这些人物大多数远离现实生活，他们共同营造出一个光怪陆离的魔幻世界。如果仅从人物穿关（所谓穿关，即穿戴关目之意，指登场人物应穿戴的衣冠、髯口、应执的砌末[1]）来看，他们就具有相当的可看性。我们知道，中国古代戏曲非常注意演员的穿关，衡量一个剧团实力的标准就是看他们的衣箱，衣箱的丰富程度决定了剧团对观众的吸引程度。我们可以想见，当一干仙真和一群神魔鬼怪同在舞台上出现，其仙佛错综、人神莫辨的舞台装扮一定会让台下的观众眼花缭乱，兴奋不已。

---

[1] 中国大百科全书总编辑委员会：《中国大百科全书·戏曲曲艺卷》，中国大百科全书出版社 1983 年版，第 241 页。

就佛道品格而言，一方面该剧呈现出佛道并举的民俗信仰心理，体现出"崇俗"的一面；另一方面，该剧在三教通圆的"崇教"表象之下又有一股"反教"的叛逆精神，表现出"尚趣"的一面。

中国可以说是一个宗教大国，无论是外来的佛教、伊斯兰教等还是土生土长的道教，信徒不计其数。但中国同样也是一个没有明确宗教信仰的国家，民间对于各种宗教采取兼收并蓄的态度，即只要对我有用，我一一敬而拜之。因此，民众总是从实用和功利的角度来对待宗教。这种宗教信仰心理同样影响到戏曲创作，表现在杂剧《西游记》中则是"佛道并举"的宗教色彩。剧中玄奘师徒一行五人，除了玄奘信奉佛教外，其余四位弟子：孙行者、猪八戒、沙僧、白龙马都带有道教神仙的色彩。譬如，孙行者一个筋斗就能去十万八千里；猪八戒能幻化成朱公子的人形；沙僧也能生风降雨，腾云驾雾；白龙马原是南海火龙三太子，其主要职能是行云降雨。他们的这些法术与道教里的神仙方术实属同源。该剧人物众多，然仙佛错综，神系谱牒非常复杂。在天庭上，不仅有佛祖、观音等佛系人物，也有玉帝、太白金星等道家仙真；在尘世间，除了有玄奘师徒等佛家弟子外，还有各方土地神和山妖鬼魅等道家神怪。剧中重要人物观音为保玄奘平安，所召集的十方保官不仅包括木叉行者、韦驮天尊、大权修利等佛系人物，还包括李天王、灌口二郎等道家仙真。同样，观音还可以指使风、雨、雷、电等道家神仙为玄奘保驾护航。由此可见，该剧所建构的这套道佛同处的神仙系统实则是民间佛道并举宗教信仰的舞台化表现。

然而，该剧在"崇佛"同时，又对佛教充满不敬；在"宗道"之时，又与道教反唇相讥；在"尊君"同时，又对经世伟业充满了幻灭感。这种二元悖反精神使这部神魔剧在佛道品格上显示出含混、戏谑的特点。譬如，鬼子母的孩子爱奴被压佛钵下，鬼子母厉声质问佛："谁教你法座下伤人家小的。我和你，是谁非？""出家儿却不慈悲为本，方便为门，使不着仁者无敌。"在鬼子母的眼中，佛不过是个满口慈悲，心肠冷酷的"秃发沙弥"。此一语与村姑说玄奘不过是个光脑袋的"大擂椎"一样，充满了对佛的不敬。

又如，在第十八出中代表道家出场的采药仙人一上场便说："若离得酒色财气，便堪为尘世神仙"，之后他一连唱了四支曲子，分别表达了道家对酒色财气的观点和态度，宣扬了道家以"隐"为乐的思想。相形之下，玄奘不辞艰辛、西行取经的行为却带有儒家积极进取的精神。事实上，玄奘发愿西行，曾表明自己的动机："今日报了父仇，荣显了父母，报答了祖师。我舍了性命，务要西天取得经来，平生愿足。"可见，玄奘在西行之前，替父报仇、荣显父母、报答师恩都曾是他重要的人生目标，这与道家远离是非场、跳出人我池的观念显然是相悖的。

有学者指出该剧虽然佛道并举，但儒家思想却是根本。譬如，玄奘在取经临行前，对前来送行的众臣说道："众官，听小僧一句言语：为臣尽忠，为子尽孝；忠孝两全，余无所报。"① 这番曰忠曰孝的言语哪像是一个和尚说的，完全出自一位忠臣义士之口。在第六本末，玄奘正果朝元，依然不忘"祝皇图永固宁，拜如来愿长生，保护得万里江山常太平。普天下田畴倍增，民乐业息刀兵"②。然而，就在玄奘一心"尊君"的同时，唐代的开国功臣尉迟恭为保大唐江山，却落得一身症候。他不禁感慨"为官待作何用！"此时的他仿佛看破生死，对修齐治平的人生理想充满了幻灭感。"死呵，三寸气断更无思；生呵，一心怀远恨，千丈系游丝；死呵，如梦幻泡影，那有再来时！"③ 两相比照我们不难发现该剧对儒家思想同样持着矛盾的态度。

总而言之，该剧虽然表现出三教通圆的佛道品格，却不能断言是一部宗教剧。正是因为该剧中存在着一种二元悖反精神，消解了该剧严肃、崇高的宗教教义，从而使剧作呈现出超越某种特定宗教的自由姿态和游戏、戏谑的文化品格。

二 佛道情怀

任何一个朝代的更迭总会引起文人心灵的震荡，而宗教或多或少会对他们产生一定程度的影响。在窘困的现实面前，宗教往往能帮助人们抽离现实的苦厄，给予一种美好高渺的精神慰藉。明初朱权在分析元代戏曲创作时，就列举出"隐居乐道"一类曲作，同时对马致远推崇备

---

① 杨讷：《西游记》，王季思主编《全元戏曲》第 3 册，人民文学出版社 1990 年版，第 42 页。
② 同上书，第 499 页。
③ 同上书，第 426—427 页。

至，称其为"马神仙"。从洪武初年到嘉靖初年的150多年的时间里，吟咏泉林之乐，表达漱石之情的曲作更不少见。以下即以王子一、陈沂及其剧作为例，窥探明代前期曲家的佛道之情。

从曲家生平来看，王子一与陈沂都属于明代前期文人。然而由于缺乏史料，王子一名号、籍里、生平均不详。朱权《太和正音谱》之《古今群英乐府格势》考明初戏曲家十六人，王子一位列第一。因此只能初步判断王子一为明代初期曲家。其作杂剧四种：《莺燕蜂蝶》《海棠风》《楚台云》《误入天台》①，仅存后一种。

相较于王子一而言，陈沂的资料较为翔实。陈沂字宗鲁，号石亭，又号小坡。正德丁丑年（1517年）进士，授编修。因忤大学士张璁，抗疏致仕。后杜门著书，绝意世务。陈沂好苏诗，工书画，为金陵四大家之一。同时，陈沂经常游历名刹宝寺，留下多首诗证。譬如《登牛首山寺》《饭幽栖寺》《崇因寺古坛》《祝喜寺福全》等。在游历宝刹梵阁之时，陈沂免不了与禅僧接游，其超然出尘的情怀还体现在诸多诗句中。譬如《幽栖寺遇海天禅僧》："邈矣传灯后，巍然讲座前。花飞看世界，云去说因缘。有象皆成业，无心即是禅。更留明月影，长照海中天。"②该诗意境空溟，笼罩着浓厚的禅意。另外陈沂的《献花岩志》是一部关于幽栖寺所在献花岩的重要文献资料，其中详细记录了献花岩之山石、岩洞、水泉、台阁、宫宇、卉木、异蓄等，同时陈沂作了11首关于献花岩的诗作一并收入该寺志中。由于该寺志对献花岩的记录甚为完备，因此成为研究地方佛教重要的资料而被收入《大藏经补编》第24册，由此可看出陈沂与佛教的缘分匪浅。

从剧作题材来看，王子一的《误入天台》和陈沂的《苦海回头》都流露出超然出世的情感。前者沿用传统戏曲敷演历史典故的创作习惯，借阮、刘的故事摹写对世外桃源的向往，属于托物言志一类；而后者则以曲家自况，流露出倦鸟归林的心绪，属于直抒胸臆一类。

《误入天台》讲的是刘晨、阮肇见晋室衰颓，奸佞当道，在天台山

---

① 据傅惜华著《明代杂剧全目》，该剧在《太和正音谱》里略作《误入天台》，《元曲选》简名为《误入桃源》。

② 陈沂：《幽栖寺遇海天禅僧》，《拘虚集》，约园刊本。

下结庐隐居。一日两人入天台山采药，太白金星见二人有仙风道骨，又与天台山桃源洞二仙女有宿缘，于是驱云布路，使二人迷路。他自己化为樵夫，将二人引入桃源洞。阮、刘二人遇紫霄玉女二仙，并与之结合。一年过后，二人思念家乡，二仙女挽留不住，只得送至十里长亭。刘晨归家，见以前亲手种植的两株松苗竟成苍老古松。刘晨呼其子刘弘开门，但出来的却是刘弘的儿子刘德。刘德说父亲刘弘都已经过世多年，根本不信眼前人是祖父。刘、阮二人方悟"山中方七日，世上已千年"的道理。二人只好重访桃源，但怎么也找不到归路。两人追忆往昔神仙生活，只恨自己凡心不死，以至进退维谷。绝望之际，二人各赋诗一首，吟毕欲投崖自尽。此时太白金星出现，重引二人入桃源洞。二仙女早已恭候洞外。四人别后重逢，无限喜悦。从此，阮、刘安心修炼，过着神仙眷侣的生活。三年后，二人功得圆满，与仙女同赴蓬莱，复归仙位。阮、刘故事见于刘义庆志怪小说集《幽明录》，宋初《太平广记》亦有记载。《曲海总目提要》详细解释了王子一对这一题材的增饰："剧中关目，与诸书所载，亦无甚异。惟云二女乃紫霄玉女谪降，与刘、阮有宿缘，玉帝敕太白金星，指引入桃源洞，后归而复往，遂至迷路，复得星官引回仙境，行满功成，同赴蓬莱。此则作者增饰。"[①]这一增饰内容赋予了该剧宗教性的叙事框架，使剧作情节更为曲折，人物性格更加立体。此后，亦有吴骐《天台梦》、袁于令《长生乐》（佚）、张匀《长生乐》（佚）根据该剧作进一步改编，可见该剧的改编深得后人钟爱。这一增饰的宗教叙事框架使该剧敷陈上了迷离惝恍的道家色彩，也从侧面反映了该剧作者王子一内心的道家情结。

陈沂的《苦海回头》中的主人公以曲家自况，从中颇能感受到作者倦鸟归林的心绪。文人胡仲渊学富五车，有鸿鹄之志，然不得仕，终日嗟叹。一年胡仲渊终进士及第，与同年李迪、丁谓赴慈恩寺宴游。酒酣之际，胡仲渊赋诗："前面船，后面眼，后看今日亦如前。谁是贤，谁不贤，流芳遗臭各千年，埋冤是自埋冤"[②]，丁谓以为是在讥讽自己，

---

① 董康:《曲海总目提要》第3卷，人民文学出版社1959年版，第127页。
② 陈沂:《善知识苦海回头》，古本戏曲丛刊委员会编《古本戏曲丛刊》第4集，商务印书馆1958年版，版内第5页。

怀恨在心。一日胡仲渊进谏言，引皇上不悦，丁谓伺机进谗言，胡仲渊遂被贬雷州。胡仲渊感慨黄粱一梦终成空，遂登船，与仆人谪居海邦。一年后，皇上深感胡仲渊所谏之忠，派人去请胡仲渊复官。胡仲渊感涕皇恩浩荡。回京途中顿生倦鸟归林之感，方悟万事皆空。遂弃官，入山拜黄龙禅师参禅悟道，修得正果。该剧中主人公的情感大部分都源自于陈沂自身的情绪体验。陈沂是典型的封建文人，热衷科考，48岁方以进士身份授编修，进侍讲。然而因得罪权贵，被逐渐边缘化。后闭门研学，遂成一家。长年的科考生涯给陈沂留下了太多酸楚的记忆，在篇首陈沂花了大量笔墨嗟叹人已白首，功名未遂的痛苦。"【混江龙】想龙门一跃，凭着俺五车书卷十年劳，看了几番桃李，受了多少风涛。今日里四海虚名成白首……叹囊空旅郁尘满征袍。"① 胡仲渊被诬遭贬不禁感叹"苦口难谐，甘言易哄"，而这又何尝不是陈沂感同身受之言呢？胡仲渊虽然被贬雷州，但仍对帝都天子恋恋不舍，可谓一步三回首。当天子敕准归朝，胡仲渊立刻对当朝皇帝感激涕零，这一情节显然是陈沂用来弥合他内心的失衡而作。虽然陈沂得罪权贵遭贬，然而心中始终认为皇帝没错，圣明天子也许有朝一日能发觉自己用人失察，还能复请他出仕。这一情节委婉表达了陈沂心中潜在的愿望。孙楷第称"观其借丁谓、胡仲渊寄意，殆为逐臣迁客所作无疑"。② 是谓的评。

从剧作主旨上来讲，两剧在表达离尘别岸之想的同时，不禁流露出元明之际文人复杂的心态和明代前期文人的精神困境。就《误入天台》来看，该剧开篇就借刘晨之口道出世道不安、人心不古的社会现状。纷繁的战乱，让身处末世的文人"惊战讨，骇征伐；逃尘冗，避纷华"。他们尽管学富五车，可"似这等鲲鹏掩翅，都只为狼虎磨牙。怕的是斩身钢剑，愁的是碎脑金瓜。怎学他屈原湘水，怎学他贾谊长沙"。③惶惶末世中，文人们失去了宁静的生活和学以致仕的梦想。为了弥合精神创伤，他们在不自觉中逃向宗教的世界。道家宣扬宁静雅致的泉林生

---

① 陈沂：《善知识苦海回头》，古本戏曲丛刊委员会编《古本戏曲丛刊》第4集，商务印书馆1958年版，版内第1页。
② 孙楷第：《戏曲小说书录解题》，人民文学出版社1990年版，第274页。
③ 王子一：《误入天台》，王季思主编《全元戏曲》第5册，人民文学出版社1990年版，第532页。

活于他们而言正是一颗仙丹,这颗仙丹给他们苦涩无望的生活带来些许梦幻般的甜美。因此,该剧不遗余力地描绘敷陈阮、刘对林泉之乐的向往。譬如:"【油葫芦】一上天台石径滑,践翠霞。则见这竹篱茅舍两三家,听得那夕阳杜宇啼声煞,这时节春风桃李花开罢。我虽不伴长沮事耦耕,学严陵理钓槎。常则是杖头三百青钱挂,抵多少坐三日县官衙!"① 在如此清幽雅致的天台山,阮、刘二人炼火炼丹,水煮黄芽的修道生活好不引人深思飞往。

然而,该剧妙就妙在不仅反映了末世文人的出世之想,也表现了他们留恋尘俗的一面。这主要表现在两个方面:一则,剧中阮、刘二人虽在桃源洞与神仙美眷过着逍遥快活的日子,然而终究起了思乡之念。剧中仙子谓之"尘缘未断",然终究是二人割舍不下人世之情。二则该剧费了大量笔墨表现阮、刘二人在桃源洞与二仙子的绸缪之情,更是将桃源洞描写成一个温柔富贵乡。譬如:仙子殷勤劝酒,刘晨唱道:"【滚绣球】真乃是罗绮丛,锦绣中,出红妆主人情重,玳筵开炮凤烹龙,受用些细腰舞、皓齿歌,琉璃钟、琥珀醲,抵多少文字饮一觞一咏,列两下进仙桃玉女金童。"② 曲家细致描绘了"玳筵""琉璃钟""琥珀醲",这些特写镜头仿佛将我们带入了一个奢华富贵的府邸,从中亦可看出曲家对温柔富贵乡的向往。此外,该剧虽然讲述的是阮、刘入天台山修道成仙之事,但剧中并未见阮、刘二人苦修之状,反而浓墨重彩地表现二人沉湎于酒色。说什么"一杯未尽笙歌送,两意初谐语话同",说什么"身在天台花树丛,梦入阳台云雨踪。准备着凤枕鸳衾玉人共,成就了年少风流志诚种"。③ 凡此种种说明王子一毫不掩饰对依红偎翠生活的向往。为了调和酒、色与得道修仙的矛盾,王子一借剧中人之口给了一个非常浪漫的解释,是谓"酒中得道,花里遇仙"。这种极符文人癖好的得道之路自然深受后代文人的追捧。可以说该剧从根本上来讲并不是为了宣扬道家思想,而是借修道故事抒发作者逃离现实的遐思和对理想生活的想象。无怪乎吴梅调侃道:"刘阮事本可传,神仙儿女,

---

① 王子一:《误入天台》,王季思主编《全元戏曲》第 5 册,人民文学出版社 1990 年版,第 532 页。

② 同上书,第 539 页。

③ 同上书,第 540 页。

兼备一身，今古情场，无此美满，在剧曲中最为荒唐可乐矣。"①

就《苦海回头》来看，有学者认为该剧是一部佛教度脱剧，然而从剧情与结构上来看，该剧与一般的度脱剧有很大的不同。首先剧中主人公并不是被某个仙真看中后被度脱，而是自己主动入山寻师而修得正果。其次，从剧作结构上来看，该剧共四折，其第一折主要讲胡仲渊感慨身世飘零；第二折敷陈他中举后的春风得意；第三折表现官场险恶，胡仲渊受人诬害；第四折前部分胡仲渊还对贤明的皇上高呼万岁，后半段才转入弃世之叹。可见度脱并不是全剧的重点，感叹"人生如梦"才是其主调。正如剧中人唱道："分明是白首功成，黄粱未熟。一场春梦，世事转头空。才出春明，咫尺天涯，万里飘蓬。"② 陈沂对人世幻灭的感叹源自其真实的生活体验，所以祁彪佳在《远山堂剧品》评价："境界绝似黄粱梦，第彼幻而此真耳。"③

从语言上来讲，两剧充分体现出曲家对语言的雕刻与锤炼，在这一方面，两位曲家不约而同地借鉴了宗教智慧来营造清雅、禅意的语言风格。就《误入天台》而言，该剧辞藻雅丽，深得文人激赏。青木正儿称其"流丽"④，吴梅赞其"浓丽"⑤。试摘录一曲，"【滚绣球】香渗渗落松花把山路迷，密匝匝长苔痕将野径封。静巉巉锁烟霞古崖深洞，高耸耸接星河峭壁攒峰。闹吵吵凄鸦噪暮天，悲切切玄猿啸晚风。絮叨叨鹧鸪啼转行不动，碜磕磕踞虎豹跨上虬龙。白茫茫偏观山下云深处，黄滚滚咫尺人间路不通。眼睁睁难辨西东。"⑥ 此一曲，作者妙用11个叠声词将落花、苔痕、云霞、峭壁、噪鸦、啸猿等进行层层铺叙，逐色渲染，营造出了雾霭迷蒙、仙气飘杳的神仙境界。无怪乎朱权称道：

---

① 吴梅：《瞿安读曲记》，《吴梅戏曲论文集》，中国戏剧出版社1983年版，第418页。
② 陈沂：《善知识苦海回头》，古本戏曲丛刊委员会编《古本戏曲丛刊》第4集，商务印书馆1958年版，第8页。
③ 祁彪佳：《远山堂剧品》，中国戏曲研究院编《中国古典戏曲论著集成》第3册，中国戏剧出版社1959年版，第139页。
④ 青木正儿评价该剧："然曲辞端庄流丽，具有马致远之风格。此一点，当可冠其他诸人之作。"青木正儿《中国近世戏曲史》，王古鲁译，商务印书馆1936年版，第135页。
⑤ 吴梅评价该剧："通本词藻浓丽，与元词以本色见长者不同，文气稍薄，此亦气运使然。"《吴梅戏曲论文集》，中国戏剧出版社1983年版，第419页。
⑥ 王子一：《误入天台》，王季思主编《全元戏曲》第5册，人民文学出版社1990年版，第536页。

"王子一之词,如长鲸饮海。风神苍古,才思奇瑰,如汉庭老吏判辞,不容一字增减,老作!老作!"① 可以说,"风神苍古"的词作风格正是王子一慕玄重道情感的体现。

就《苦海回头》而言,孙楷第评价"词意也不甚超拔"②。但剧末大段关于禅悟的唱词则可见曲家悠然忘世的情怀。剧末胡仲渊要斩断六根,入礼空门,眼见"万山中杳杳无人问,见浮图拥起慈云,青霭霭山回路隐,碧澄澄水远桥,分渐渐钟声近……"真是一派清虚的景致。黄龙禅师问他"如何是同如何是不同",胡仲渊答道:"【三煞】白牛车都在门,摩尼珠都在身。双睛洗净教厮认。腾空不用风云力,破晴何须日月轮。向百尺竿头进,方见的千流一脉,万叶同根。"③ 祁彪佳将该剧列为"妙品"第一位,他评价道:"及黄龙证明,钟离呼寐,则无真、幻,一也。周蕃之阐禅理,不减于悟仙宗,故词之超超乃尔。"④

从元明之交到明中叶,王子一和陈沂代表了曲家抒写离尘别岸之想的两种内在理路。如果说王子一是因为身处末世,内心惶惶,才有了逃世之想,那么陈沂则是因为个人多舛的仕途而选择逃禅⑤。他们或是借玄说抒发离尘别世之想,或是借禅理感喟人生如梦。佛、道文化所提供的清虚幽眇的精神世界,成为慰藉明代前期曲家的绝佳法宝,而曲家的喟叹之声正是其避世出尘情感的曲折反映。

三 佛道智慧

明前期还有一些文人曲家既不崇佛敬道,也没有表现出离尘脱岸的佛道情感,但是他们积极运用佛道智慧点染剧作,使剧作充满了吉光片

---

① 朱权:《太和正音谱》,中国戏曲研究院编《中国古典戏曲论著集成》第3册,中国戏剧出版社1959年版,第22页。
② 孙楷第:《戏曲小说书录解题》,人民文学出版社1990年版,第274页。
③ 陈沂:《善知识苦海回头》,古本戏曲丛刊委员会编《古本戏曲丛刊》第4集,商务印书馆1958年版,版内第13页。
④ 祁彪佳:《远山堂剧品》,中国戏曲研究院编《中国古典戏曲论著集成》第3册,中国戏剧出版社1959年版,第139页。
⑤ 这种"逃禅"之风在明中叶后更甚,郭朋说:"明初,承元之后,禅宗无何发展。中叶以后,禅风渐盛。明代末年,士大夫纷纷逃禅,禅宗影响又有所扩大。"《明清佛教》,福建人民出版社1982年版,第41页。

羽的灵性。文人曲家对这种佛道智慧的运用不仅包括设置佛道人物，譬如沈鲸作《双珠记》中真武神救起欲自尽的郭氏；营构宗教情节，譬如郑若庸作《玉玦记》中有李娟奴为咎喜冤魂追摄而死的情节；还有最常见的就是将行善积德与佛道里的福报结合在一起，譬如沈龄作《冯京三元记》中的冯商积善行德，感动上天，玉帝命文曲星降生冯家，让织女为其儿媳妇，冯子连中三元。① 其中最引人注意的当属康海所作《中山狼》。

康海，字德涵，号对山，又号浒西山人、沂东渔父。弘治十五年中状元，授翰林院修撰。与李梦阳等人唱和，交情不浅。后李梦阳因事被捕，康海为之向刘瑾求情，李梦阳得以释放。后刘瑾下台，康海因有附刘瑾之嫌，革职在家。终日与王九思等狎妓酣饮，制乐度日。李梦阳复任后，并没有为康海申辩，因此有人说该剧是讥讽李梦阳忘恩负义之作。

中山狼被赵简子射中但逃走。东郭先生遇中山狼，动恻隐之心，将其背入囊中。赵简子怀疑东郭先生救中山狼会反受其害，好言相劝，告知狼的本性凶残，勿受其惑。东郭先生置若罔闻。赵简子离去，东郭先生放中山狼出来，中山狼言饥饿难耐，要吃掉东郭先生。东郭先生斥其忘恩负义，言及欲问三老——老树、老牛、老者来决定。前二者皆言年老被弃，同意中山狼吃掉东郭先生，唯老者听后假意偏袒中山狼，将其骗入囊中，让东郭先生杀之。东郭先生仍不忍下手。老者一番教诲，东郭先生终于除掉中山狼。

该剧本事来源甚早，唐、宋、明三代均有《中山狼传》，而明代关于中山狼的故事大量涌现。康海正是革职归家后根据前人和其友王九思所作《中山狼》（仅一折）创作了这部四折杂剧。之后陈与郊作《中山狼》，汪廷讷作《中山救狼》杂剧，其中以康海的《中山狼》成就最高，可见该剧影响之大。

王季思将该剧列于"中国十大古典喜剧"之一，并评价："《中山

---

① 此剧亦是果报剧，不同的是，冯商享的是现世善报，而非来世报。所以该剧重在赞美商人的善行，并通过玉帝的垂青给这种善行赋予一个完美的结果，所以该剧从思想上来讲是劝人行善，而非宣扬某种释道思想。

狼》杂剧是一部以'忘恩兽'为题材而具有寓言特点和童话色彩的讽刺喜剧。"①该剧通过"中山狼"这个独特的舞台形象,深刻地揭露了狼吃人的本性,讽刺了东郭先生的迂腐。其童话色彩则表现在剧中狼、老杏树、老牛都能说话,并且能与人对话。当东郭先生还在踟蹰如何与草木对话,不想老树自报家门,老树述说了自己一生为主人无私奉献,主人家及其妻子儿女、走使奴仆,往来宾客,都是它供养。主人家时常又摘果儿,贩卖到街市里去觅些利息。可是当它老来不能结实,主人家就发怒,伐枝去叶,又要卖与匠氏。"是这般负心的,您却有甚恩到这狼来?该吃您!该吃您!"②王季思说:"三老本指封建统治阶级在乡村基层组织中的代理人,剧中赋予它以全新的意义。"③"老树、老牛的立场,使剧本带有浓厚的浪漫主义色彩……故事的形式是从老桑树与老龟对话、黄鼠狼向鸡拜年等民间寓言来的。"④该剧以拟人化的方式让中山狼、老杏树、老牛开口说话,使剧作呈现出别具一格的寓言色彩。

该剧源自民间寓言故事,其核心是万物有灵的原始宗教思想。休谟在《宗教自然史》中指出:"人们身上普遍存在着这样一种意向,即认为一切生物都跟他们自身相似,并把这些他们非常熟悉和他们完全理解的……品格转移到每一种物象上面。那些经常占据他们的思想并且总是以同样的形式出现的未知的原因,使得他们把一切都预想成是完全相同的。还在不久以前,我们曾经把思想、智慧和情欲赋予了它们,有时甚至把人的肢体和形象也赋予了它们,以便力求使它们和我们相似。"⑤可见,万物有灵的思想是人类原始思想中重要观念。在这一观念的影响下,早期人类会认为所有的动物、植物甚至是自然界的风雨雷电等现象具有某种神性,而这神性与人性有着内在的一致性。因此,无论是古希腊神话里的奥林匹斯山上的众神还是《山海经》里的刑天无一不具有

---

① 王季思主编:《中国十大古典喜剧集》,上海文艺出版社1982年版,第361页。
② 康海:《中山狼》,王季思主编《中国十大古典喜剧集》,上海文艺出版社1982年版,第356页。
③ 王季思主编:《中国十大古典喜剧集》,上海文艺出版社1982年版,第355页。
④ 同上书,第355—356页。
⑤ 转引自泰勒《原始文化》,连树声译,上海文艺出版社1992年版,第463—464页。

神的异能和人的性格。而在元杂剧中亦有《张生煮海》《柳毅传书》描写人神恋爱的剧作，但剧中的龟宰相、虾兵蟹将等仅有人的肢体和形象，还不完全具备某种人物性格。康海对《中山狼》最大的贡献就在于让剧中的老树、老牛不仅能开口说人话，而且还赋予了它们勤劳、善良的性格特征。它们年老被弃，以及"它们对老圃老农的控诉，反映了封建社会的残酷、剥削与奴役"①。

如果说老杏树、老牛的出现是设置悬念，让剧情陡生波澜，那么该剧的核心人物——中山狼则被活脱脱地塑造成一个忘恩负义的小人。开始中山狼巧舌如簧，诱使东郭先生动恻隐之心，施以援手。当赵简子走后，中山狼就露出了凶残的本性。它一边抱怨在囊里受苦，一边哭诉东郭先生虽然救了它性命，但肚里饥饿，倘然饿死在路上，却被乌鹊啄，蝼蚁攒，不如送予赵卿拿去，倒也死的干净。于是乎它就名正言顺地扑向救命恩人。中山狼变脸之快让人猝不及防，王季思评语："竟有如许歪理。命厄时摇尾乞怜，装出一副可怜样，得救后反目成仇，露出吃人本相。"②剧末康海借东郭先生之口指出"那世上忘恩的尽多，何止这一个中山狼"。那负君者误国殃民；那负亲者不报亲恩；那负师者把师父做路人；那负友者趋炎赶热……这些负恩的却不个个是这中山狼么！可见，中山狼彻底地成为负君、负亲、负师、负亲戚的代名词，难怪陈眉公评之："读此剧真救世仙丹，使无义男子见之，不觉毛骨颤战。"③这正是对忘恩负义中山狼形象入木三分的评价。

应该说，拟人化的创作手法并不是始于康海的《中山狼》，事实上明代前期的藩王曲家朱有燉就创作了很多神仙歌舞剧，譬如《洛阳风月牡丹仙》《天香圃牡丹品》《十美人庆赏牡丹园》《四时花月赛娇容》等，其中就有多部以花仙为主人公。然而，康海的《中山狼》赋予了中山狼以人的性格，这无疑是对此类杂剧的一种提升。这也启发了明后期曲家，譬如邓志谟作《并头花》中以花名为人名，凑合成传奇。剧中蕉美人爱慕宜男，宜男却与水仙子结婚。蕉美人受挫，去昙花观出家

---

① 王季思主编：《中国十大古典喜剧集》，上海文艺出版社1982年版，第356页。
② 康海：《中山狼》，王季思主编《中国十大古典喜剧集》，上海文艺出版社1982年版，第354页。
③ 转引自王季思主编《中国十大古典喜剧集》，上海文艺出版社1982年版，第345页。

为尼,这样的情节颇有趣味。此外还有《珠环记》以杂色牌名有类人名者,凑合以成传奇。《凤头鞋》以诸禽中有类人名者,凑合以成传奇。《玛瑙簪》以诸药中有类人名者,凑合以成传奇。邓志谟这一系列作品无疑受了朱有燉的神仙歌舞剧和康海的《中山狼》的启发,将物的特性与人的个性巧妙结合,构成一系列巧妙而有趣的剧作。而万物有灵的佛道观念于此发挥了潜在的作用。

第二节 明代后期亲佛近道曲家及其剧作引论

明代后期曲家亲佛近道,其戏曲作品中充斥着大量佛道色彩,譬如陈与郊就有多部剧作表现出鲜明的佛道色彩。其《袁氏义犬》写狄灵庆一家被义犬咬死,死后到阴曹地府遭铁鞭重责,并被拔舌抽肠。义犬则受到阎罗天子嘉赏,转世为人,官拜兰台令史。这样的情节安排不仅凸显了善恶有报的果报观,而且通过义犬这一颇具人性色彩的戏剧形象,成功地使该剧具有了某种寓言色彩。此外,从形式上来看,该剧创造性地采用了戏中戏的方式,移植杂剧《没奈何》为该剧第一出实在是颇有深意。《没奈何》讲述了弥勒佛化身葫芦先生立街头劝化众生,剧中没奈何者取名没奈何,是因为"我见世上的事,事事眼热,事事要做,做了便得,得了便厌,厌了便丢"。① 这实则是陈与郊借《没奈何》发出的人心不足的喟叹。

如果说《袁氏义犬》是陈与郊借宗教之果报观表达对人伦道德的诉求,那么其《樱桃园》则是通过一个幻梦宣其悁忿恣骂之情。该剧写僧人黄里先生唤睡魔王引卢生入梦,想要度脱他。黄里先生施幻术,使卢生历经富贵、磨难,并在梦里斩鬼遇仙,除破嗔贪。黄里先生还派道人崔闲、宁阳子对卢生进行点化,卢生最终破妄归真,随黄里先生出家修行。该剧以度脱剧的形式,泄尽慨世之语。因为主旨并不是宣道,所以该剧中度脱者既有僧人又有道士,可见此剧是借度脱之情节浇作者心中之块垒。

陈与郊的《鹦鹉洲》则借用了大量宗教事象来营构情节。该剧以

---

① 陈与郊:《袁氏义犬》,沈泰编《盛明杂剧》初集,诵芬室刻本,版内第 4 页。

韦皋与玉箫的两世姻缘为故事框架。戏中有大量与宗教相关的情节，譬如玉箫香消玉殒，韦皋为玉箫写经造像，超度冥福。又请天师作法，追摄玉箫魂魄，使夫妻得以重会；玉帝垂怜，准以玉箫投胎。韦皋常梦见玉箫，悲愁难排，常去福感寺礼佛；玉箫投生川东节度使卢家为养女。该剧以两世姻缘为主要叙事框架，其中涉及投胎、轮回、作法、摄魂、礼佛、修道等诸多与宗教相关的情节，使这部剧作婉转迤逦，充满悬念和奇幻色彩。

除了陈与郊之外，叶宪祖也是明代后期亲佛近道曲家的典型代表。叶宪祖（1566—1641年），字美度，号六桐，又号桐柏，别署槲园居士、槲园外史、紫金道人。叶宪祖自幼生长在一个官宦世家，其先祖叶梦得（1077—1148年）能诗善书，官至龙图阁直学士。他忠君爱国，参加过抗金活动，为后人敬仰。其子孙中不乏狷介耿直之辈，而且叶氏一门在明代善科考，登科子弟就有14人。叶宪祖之祖父和父亲都是进士。这样的家学渊源给叶宪祖造成的影响表现在两个方面：一则叶宪祖很早就确立了"以儒立身"的理想，这尤其表现在叶宪祖从29岁参加每三年举行一次的科考，居然九历公车，直至五十多岁才中进士。若不是怀着极强的入世进取心，他又如何能经受得住这漫长的科考磨难。二则叶宪祖与其先祖一样具有刚正不阿的性格，然而在明代阉党横行的末世，这份傲骨极易遭受攻讦，叶宪祖也承受了比常人更沉痛的心理创伤。

叶宪祖进入仕途虽晚，但他做了两件事情足以表明其不随俗流的铮铮傲骨。其一是当其同乡好友黄尊素痛斥阉党魏忠贤而被廷杖时，整个朝廷的官员对黄尊素避之不及，唯有叶宪祖将爱女嫁给黄尊素的儿子黄宗羲，以示声援；其二是讥讽魏忠贤造生祠，结果被削官。晚年叶宪祖潜心佛教，与此不无关系。

当然，除了家庭的影响之外，叶宪祖之交游亦对他的宗教态度产生一定的影响。譬如，祁彪佳与叶宪祖交善，二人多有书信往来。祁彪佳作《远山堂剧品》多获叶宪祖帮助，又祁彪佳筑寓园亦得叶宪祖之题咏。而祁彪佳及其家人与湛然禅师交往甚密，于是叶宪祖、祁彪佳、湛然也互通声气。黄宗羲云："公归心佛乘，博览内典，时师撰述，拈卷即辨其优劣，而尤契湛然、澄密、云悟。"① 大概是受湛然的影响，叶宪祖创作了佛道色彩浓厚的《北邙说法》《双修记》和《贺季真》。其中《北邙说法》是一部活脱脱的佛教度脱剧，下面作具体分析。

《北邙说法》仅一折，剧情极为简单。讲的是甄好善生前持斋念佛，死后为天神；骆为非茹荤贪乐，死后为饿鬼。二人在北邙山下遇见一枯骨和死尸，经北邙山土地神指点，得知为各自前身。甄好善对枯骨礼拜，感谢他勤修积善，成全他升天；骆为非鞭抽死尸，怨其罪孽太深，以至今日遭受诸多苦楚。空禅师前来说法道："善恶无常，升沉易变。天神稍自骄矜，安知不为饿鬼？饿鬼若知惭愧，未必不做天神。一心自转，六道由人。"② 二人当下醒悟，随禅师修行去了。该剧意在宣扬六道轮回说，劝人积德行善、持斋修行。黄嘉惠评价该剧"妙谛不减风旛，当令曹溪汗下"。③ 又祁彪佳评价之："实地说法，不作空虚语。"④ 虽是如此，然而该剧却恪守曲律，正是以不露才情为妙。可见该剧虽是一部出自文人之手的佛教度脱剧，然而却有意收敛才情，力图达到宣教的目的。徐朔方先生认为该剧"以佛法作抽象说教，可能受到他法友，《鱼儿佛》杂剧作者湛然禅师的影响"。⑤

除了借剧作直接宣扬佛理外，叶宪祖亦善于汲取各种佛道文化来丰富剧作表现力。譬如，其翻案补恨之作《金锁记》原是敷演窦娥冤的故事，然而剧中却增饰了一系列建构于佛道文化基础之上的情节，譬如窦娥的丈夫翻船入龙宫，与龙女成亲，龙女助他考中状元，并成全与窦娥的亲事；张驴儿不服刑，被雷公劈死；窦娥为玉帝遣使所救，最终以大团圆结束……其中出现的龙女、雷公、玉帝都是道教人物，可见叶宪祖在营构这些情节时利用了佛道智慧。

其另外一部补恨之作——《易水寒》敷演的是荆轲刺秦的故事，

---

① 黄宗羲：《外舅广西按察使六桐叶公改葬墓志铭》，《黄梨洲文集》，中华书局1959年版，第181页。
② 叶宪祖：《北邙说法》，沈泰编《盛明杂剧》初集，诵芬室刻本，版内第6页。
③ 黄嘉惠：《评北邙说法》，叶宪祖《北邙说法》，沈泰编《盛明杂剧》初集，诵芬室刻本，版内第1页．
④ 祁彪佳：《远山堂剧品》，中国戏曲研究编《中国古典戏曲论著集成》第6册，中国戏剧出版社1959年版，第157页。
⑤ 徐朔方：《晚明曲家年谱》第2卷，浙江古籍出版社1993年版，第497页。

不过故事一改"壮士一去兮不复还"的悲剧结尾。剧末荆轲拽住秦王，令其悉返所侵诸侯之地，秦王——应允，并让侍从送荆轲至馆驿以上宾待之。荆轲功成之际，王子晋降临下界，称荆轲乃仙班故友，不过暂临人间为剑侠。荆轲醒悟，遂从王子晋共入仙境。叶宪祖为荆轲设置了一个仙种的身份，并让荆轲的目的达成。其补恨以求团圆的创作主旨正是通过给予主人公"仙种"的优惠待遇得以实现。

可以说，佛道文化是叶宪祖营构剧作的重要资源，除了直接宣道的《北邙说法》和补恨团圆之作外，叶宪祖的另一部剧作《使酒骂座》亦借鉴佛道思想来设置情节。剧中灌夫和窦婴虽然遭田蚡陷害被处死，然冥司考其功德封二人为神；灌夫之魂向田蚡索命，田蚡请方士禳解却无效而死。这些情节和《北邙说法》一样都是建构在善恶有报、六道轮回的果报思想基础上。当然该剧亦涉及灵魂不灭的宗教思想以及作法禳解的宗教仪轨。

从以上分析我们可以看出明代曲家尽管亲佛近道者大有人在，但其佛道信仰远没有佞佛崇道者那般坚定。对他们而言，信佛还是信道并不重要。关键是佛、道文化能为他们的剧作带来无限的灵感，其剧作对佛道文化多表现出一种"拿来主义"的倾向。因此其剧作多表现出一种不纯粹的宗教品格。

如果要探讨明代曲家这种亲佛近道态度的原因，我想可以从以下三个方面进行分析。首先是时风所及。关于这一点前文已有论述，此处不再赘言。需要指出的是，自明代中期后，随着国家佛道管理手段的松弛，佛道二教的发展日益呈泛滥之势，士大夫阶层出于各种目的纷纷进入习禅讲道的队伍里。譬如徐朔方在《晚明曲家年谱》里就提到曾为知县的邹光弼三代炼丹，家财尽去。一听说真有人精通此术，不惜高垒债台去寻访；曾为知县的朱长春深信白日飞升，竟然从高处试飞几乎坠死；[1] 还有一个典型的例子就是当时的内阁大臣王锡爵的女儿王桂，未嫁而夫亡。长年的寡居生活让她陷入宗教迷狂。她称自己遇到道教仙真，得其真传，并将自己的名字改成了"焘贞"，法号为"昙鸾菩萨"，道号"昙阳子"。当时很多文人或是出于政治目的或是出于佛道信仰拜

---

[1] 参见徐朔方《晚明曲家年谱》第 2 卷，浙江古籍出版社 1993 年版，第 316 页。

她为师。甚至王锡爵为了躲避政敌张居正的猜忌，也不顾身份拜她为师。当时的文坛领袖王世贞就是其门下弟子；徐渭甚至还为她写了《昙阳大师传略》。由此可见，明代中期以后士大夫阶层亲佛近道蔚然成风。

其次从个人的人生经历来看，很多曲家在其成长、交游的过程中，或是受到家族、亲友的影响，或是受独特的地理和人文风俗的影响，与佛道发生了非常亲密的关系。譬如出生于海宁的陈与郊不仅"自六籍外，留心太玄、潜虚"，而且还自称"飘飘一道民也"，同时他也称"余在浚谷，亦孜孜好说禅焉"。① 陈与郊的妻子也是一位虔诚的佛教徒，李维桢《太常寺少卿陈公墓志铭》里记载其妻晚年笃信佛教，去世时面西向。当值盛暑，天气突然转寒。入殓时，其妻脸色如生。再加上海宁本有"九庙十三庵"的说法，足见佛教文化浸淫久矣。这些都表明陈与郊在戏曲中表现出的对佛道二教的熟稔与他所处的地理环境和亲友影响有着直接的关系。

最后，明代有这么多曲家逃禅遁道，与佛道本身所具有的宗教功能是分不开的。斯皮罗认为人类的宗教信仰具有认知功能，能满足人类对于终极意义的困惑，提供对人生、宇宙、存在与道德等根本问题的解答。② 佛道思想能抚平曲家在现实生活中遭受的挫折，并提供一种理想的彼岸让他们能在尴尬的现实夹缝里获得片刻的喘息和稍纵即逝的安宁。这大概是明代后期曲家亲近佛道的根本原因。

明代后期，在众多亲佛近道的曲家中，曲坛最耀眼的巨人——汤显祖在戏曲创作中表现出明显亲佛近道的态度，在一定程度上代表了明代曲家利用宗教智慧营构戏曲的创作理路。

第三节　汤显祖与佛道文化

汤显祖的一生注定和佛道结下不解之缘，这具体表现在以下几个方

---

① 陈与郊：《募修崇慧华严寺题辞》，《隅园集》卷 17，明万历四十六年至天启元年，赐绯堂刻本。

② 参见 M. E. 斯皮罗《文化与人性》，徐俊等译，社会科学文献出版社 1999 年版，第 182—195 页。

面：从家族环境来看，明世宗嘉靖二十九年即 1550 年，汤显祖出生于江西临川一个殷实的书香世家。其高祖因捐资救灾获得朝廷奖掖。高祖酷爱藏书，据说家里有四万藏书，这对其后代产生了非常深刻的影响。汤显祖的高祖、祖父、父亲都是秀才，未曾为官，在当地却颇具声名。汤显祖不止一次地谈及过对他影响至深的几位家人。其一是祖父懋昭。懋昭早年也投身举业，但科场蹭蹬多年未举，曾四度为幕宾，终至 40 多岁郁郁而归。此后他离家隐居，追求山林之乐。汤显祖说其祖父"早综籍于精蘉，晚言筌于道术。捐情末世，托契高云"①，似可证明这一点。祖父懋昭笃信道教，这对幼年的汤显祖影响至深。汤显祖早年诗作中有多首是与大父的唱和之作，表达出浓厚的慕道思想。譬如《和大父游城西魏夫人坛故址诗》就是懋昭和汤显祖共游南院故院，大父题诗在前，命孙辈和诗在后。又《和大父云盖怀仙之作》中汤显祖自谓"第少仙童色"明确表明他少小深慕道风。

除了祖父外，汤显祖的祖母魏夫人也给他造成极大的影响。汤显祖出生时母亲身体不好，不能照顾他。所以汤显祖很小就交由祖母照顾。祖母在给汤显祖无微不至的爱的同时，其毕生信仰的道教也对幼年的汤显祖有潜移默化的影响。汤显祖的祖母姓魏，与南岳魏夫人同姓，关于她修道的传说很多。帅机在《阳秋馆集》里记载汤显祖的祖母出生时，太祖母梦到南岳魏夫人降世，死时人以为尸解。

汤显祖的祖父、祖母笃信道教，汤显祖在其早年诗作集《红泉逸草》中也收入多首表现其慕道思想的诗歌。譬如汤显祖大约在 15 岁时即作《分宜道中》，中有"天道有倾移，况此浮人寿"之语，徐朔方认为此诗"但以老氏之言，抒其感慨。少年显祖受道家思想之深，于斯概见"。② 此外还有《登西门城楼望云华诸仙》等诸多诗作表明其烟霞之志。

然而就是在这样的家风里，汤显祖并没有真正走上慕道修真之路。这其中有一个非常重要的人物就是汤显祖的父亲尚贤。尚贤性情严峻，

---

① 汤显祖：《和大父游城西魏夫人坛故址诗·序》，《汤显祖诗文集》上，上海古籍出版社 1982 年版，第 22 页。

② 徐朔方：《〈分宜道中〉笺》，汤显祖《汤显祖诗文集》上，上海古籍出版社 1982 年版，第 5 页。

虽然受其父的影响，颇谙道家养生之法，但对汤显祖的教育却完全是儒家式的。汤显祖曾说："家君恒督我以儒检，大父辄要我以仙游。"① 可见少年汤显祖同时受着儒家和道家思想的影响。由于汤氏一族在地方颇为殷实，但一直无人中举。汤氏家族迫切地需要子孙能金榜题名，为家族争光。于是汤显祖很早就接受科举考试的训练。14岁时的汤显祖曾以一句"形而上者谓之道，形而下者谓之器"为八股文破题，让当时的江西提学使何镗惊喜不已，称其不久必以文章闻名天下。果不然，之后汤显祖确实以辞赋和古文名动海内，因善写八股文，甚至被列为当代举业八大家之一。这些表明汤显祖走的仍是不折不扣的传统文人之路。

汤氏一族为了让长孙汤显祖真正能光耀门楣，为他延请了当时非常有名的老师。汤显祖的老师徐良傅就是进士出身，曾任吏科给事中，后因言获罪革职为民。汤显祖从他那里学习《尚书》《文选》《左传》《史记》和唐宋八大家的古文。徐良傅晚年醉心仙道之术，曾赠诗予汤显祖说："若不尽捐烟火瘴，教君何处住蓬莱。"汤显祖在写给徐良傅的挽诗中提到："先师颇有怀仙之致，其诗有云：'夜半敲冰煮石，朝来茹术餐苓。老子解游玄牝，羲之错写黄庭。'"② 可见徐良傅不仅精通道教经典，还有可能服食丹药。这位老师对汤显祖的影响颇深，汤显祖每当想起他都"契念甚深"，还作了《挽徐子拂先生》诗和长达三千字的《徐子弼先生传》来表达他对这位"德邻""先觉"的深切怀念。

汤显祖的另一位老师就是著名的泰州学派代表罗汝芳。罗汝芳从王艮学，得"泰州之传"。罗汝芳师胡清虚学烧炼，也曾师僧玄觉谈因果。"先生早岁于释典玄宗无不深讨，缁流羽客，延纳弗拒，人所共知。"③ 可以说罗汝芳博采佛、道之长，创立了自己独特的学派理论。这样一位大学者对汤显祖可谓青眼相加。他不仅为汤显祖家塾题了一副

---

① 汤显祖：《和大父游城西魏夫人坛故址诗·序》，《汤显祖诗文集》上，上海古籍出版社1982年版，第22页。

② 汤显祖：《挽徐子拂先生·有序》，《汤显祖诗文集》上，上海古籍出版社1982年版，第24页。

③ 黄宗羲：《明儒学案》卷34，《黄宗羲全集》第8册，浙江古籍出版社1992年版，第4页。

第一章　明代亲佛近道曲家及其剧作研究　51

对联,甚至还一再作诗赠予这个学生①,可见罗汝芳对汤显祖的器重与厚爱。

除了受到家风与师风的影响外,汤显祖在日后的交游中同样受到佛道文化不同程度的影响。从其交游来看,汤显祖诗作中保留了大量与道士的交游之作。如《送人入蜀求道书》《送姜元叙往八公山寻仙》《送汪仲蔚行药匡山》《送吴道士还华山》《送道兄邹华阳入越》等。其友谢廷谅(字友可,又称谢大)对求仙访道甚为痴迷,汤显祖有多篇诗作记其求仙之事。如《送谢廷谅往华盖山寻师》《送谢大东安》《秋从白马归,泛月千金口问谢大》《友可便欲求仙去,次韵赏之》等。汤显祖在这些诗作中还流露出对这位道友求仙访道的倾慕,时常幻想能和这位道友一起"同时把钓坐玄洲","结屐何年双远游"。汤显祖甚至在另外一篇诗作《黄华坛上寄龙郡丞宗武大还一篇》中大谈炼形养气,"男儿暗精宝,况迺炼形身。中规原抱一,正气日生神"。他对服食炼丹也十分谙熟,"流珠欲去人,见火作飞尘"。在迷离惝恍之中,他甚至幻想能白日飞升,"忽有跨鹤人,言是斗中真。授我九光经,教我升天行"。② 这说明汤显祖不仅是思想上慕道,而且对内丹、黄白之术相当熟悉。汤显祖甚至还作《阴符经解》一文,具体阐发了他对道教清虚自守、致虚守柔、节欲保躬思想的理解。

汤显祖交游中有两个人对他的影响可谓至关重要。一位是李贽,一位则是晚明四大高僧之一的达观和尚。此二人不啻他的精神导师。汤显祖对他们十分敬仰,曾说:"见以可上人(达观)之雄,听以李百泉(贽)之杰。寻其吐属,如获美剑。"③

达观和尚是汤显祖一生中最重要的方外之交,二人的交游可谓明代曲家与方外之交的美谈。在《与汤义仍》一文中,达观详细描述了他

---

①　一首是《玉冷泉上别汤义仍》"之子来玉冷,日饮冷中玉。回首别春风,歌赠玉冷曲。"另一首是《汤义仍读书从姑赋赠》:"君寄洞天里,飘飘意欲仙。吟成三百首,吸尽玉冷泉。"罗汝芳:《耿中丞杨太史批点近溪罗子全集》,《四库全书存目丛书》集部129册,齐鲁书社1997年版,第568—569页。
②　汤显祖:《黄华坛上寄龙郡丞宗武大还一篇》,《汤显祖诗文集》上,上海古籍出版社1982年版,第62页。
③　汤显祖:《答管东溟》,《汤显祖诗文集》下,上海古籍出版社1982年版,第1229页。

与汤显祖的"五遇"过程。"野人追惟往游西山云峰寺，得寸虚（紫柏为汤显祖取的法名）于壁上，此初遇也；至石头晤于南皋斋中，此二遇也；辱寸虚冒风雨而枉顾栖霞，此三遇也。及寸虚上疏后，客瘴海，野人每有徐闻（时寸虚方谪徐闻尉）之心，然有心而未遂。至买舟绝钱塘道龙游，访寸虚于遂昌。……然此四遇也。今临川之遇，大出意外，何殊云水相逢，两皆无心，清旷自足，此五遇也。"① 其实达观口中的第一次相遇颇有些诗意。汤显祖 21 岁时游云峰寺，不慎坠落一莲簪于池中，遂作诗《莲池坠簪题壁》二首。达观经过此处看到"搔首向东林，遗簪跃复沉。虽为头上物，终是水云心"等诗句，即认为汤显祖灵气逼人，有心度脱。在万历十八年，二人在邹元标家中偶遇，达观一字不漏地吟出前诗，并不无深意地说："吾望子久矣！"在这次会晤中，达观劝汤显祖出家未果，但汤显祖仍然愿意礼达观为师。达观发愿："十年后，定当打破寸虚馆也。"在达观的接引中，汤显祖的佛学修为日益精进，甚至还登坛说法。然而，此后虽然达观一再"升寸虚为广虚，升广虚为觉虚"，但"打破寸虚馆"终究是一厢情愿。

　　汤显祖的另一位精神导师是李贽。关于汤显祖和李贽是否在临川有过会晤，学界尚有争论。但不可否认的是，汤显祖对这位被称为"异端之尤"的思想家非常钦佩。他在《寄石楚阳苏州》的信中明确表达了对李贽倾慕，"有李百泉先生者，见其《焚书》，畸人也。肯为求其书寄我骀荡否？"② 可见他对李贽的"异端"思想很是好奇与心动的。事实上，李贽也深受佛老思想影响。《明史·耿定向传》称李贽"专崇释氏"，尤其深研禅宗。刘东星为李贽《藏书》作序中就提到李贽"自滇适楚，寄迹禅林"。而且李贽本人也写过《观音问》《文字禅》《净土诀》等不少与佛教相关的文章。这位时代精神的先行者对汤显祖的影响应该是潜移默化的。

　　此外，汤显祖还和一批志趣相投的曲家相交，其中不乏佛、道深研者。譬如屠隆就是一个明显的例子。二人诗作相酬，记录了二人的友谊

---

① 紫柏：《紫柏老人文集》，北京图书馆出版社 2005 年版，第 610 页。
② 汤显祖：《寄石楚阳苏州》，《汤显祖诗文集》下，上海古籍出版社 1982 年版，第 1246 页。

从浅到深的发展。屠隆自视甚高,但非常钦佩汤显祖的才华①,他说:"义仍不可一世,而胸中尤似着幺麼屠生。每谓诸生言,吾此编非长卿莫可序我。嗟夫,岂谓长卿真足序义仍哉!世无大如来,则向辟支独觉参印义谛耳。余小乘为大乘说法,即令天雨花,石点头,何能觑如来一毛孔!"② 屠隆对汤显祖佩服得五体投地,而汤显祖称"非长卿莫可序我",两人惺惺相惜之情溢于言表。屠隆称"世无大如来",称自己是"辟支独觉",则显示出他笃信佛教的思想。

第四节 "临川四梦"与佛道文化

汤显祖一生作传奇五部:《紫箫记》《紫钗记》《牡丹亭》《南柯记》《邯郸记》。其中《紫箫记》乃未竟之作,其余四部谓之"临川四梦"。清人陆次云评价这四部剧作:"《邯郸》如云展晴空,《南华》之妙境也;《南柯》如水归春壑,《楞严》之悬解也;《还魂》如莺惜春残,雁哀月冷,《离骚》之遗续也;《紫钗》拖沓支离,咀之无味,其初从事商宫之作乎?"《紫钗》《还魂》写春情,《南柯》《邯郸》事仙佛,虽然如出两手,但"作佛升天之旨,早摄入情痴一往之中"。③ 因此,"临川四梦"总归离不了一个"情"字。只是汤显祖笔下的"情"分两个层面,一则爱情,一则世情。《紫钗》《还魂》直敷热烈美好的爱情,烟霞之色藏于笔端;《南柯》《邯郸》痛陈黑暗丑陋的世情,仙佛之音不绝于耳。这两种情的表达与佛道文化发生了或隐或显的关系,佛道文化为"临川四梦"敷陈上一层迷离堂皇的梦幻之色。

---

① 屠隆为《玉茗堂集》作序称:"义仍意始不可一世,历下琅琊而下,多所睥睨。余颇不谓然。乃近者义仍《玉茗堂集》出,余一见心折。世果无若人,无若诗,多所睥睨,非过也。义仍才高学博,气猛思沉。……天纲顿物,大冶铸金。左右纵横,无不如意。"汤显祖《汤显祖全集》第2集,北京古籍出版社1999年版,第1684—1685页。

② 屠隆:《玉茗堂文集序》,《汤显祖全集》第2集,北京古籍出版社1999年版,第1685页。

③ 陆次云:《玉茗堂四梦评》,毛效同编《汤显祖研究资料汇编》下,上海古籍出版社1986年版,第681页。

一　金玉难掩烟霞色——《紫钗记》与佛道文化

《紫钗记》是汤显祖第一部真正意义上的剧作，该剧与《紫箫记》同演霍小玉、李益事，是在《紫箫记》的基础上的续写与完善。要考察该剧与佛道文化的关系，不妨先检视《紫箫记》与佛道文化的关系。

《紫箫记》大概作于万历五至七年间，是汤显祖与几个青年才俊自编自娱的作品。大抵因为朋友分散而中途搁笔，所以并未写到剧作高潮处就无后文了。这部试笔之作词雕句凿，念白骈俪，每出一曲就被朋友"夜舞朝歌而去"，可见在朋友圈内颇受欢迎。该剧虽然没有表现现实生活中的真正矛盾，但并不意味着该剧没有反映汤显祖的生活。事实上该剧第 7 出《游仙》正是年少时的汤显祖求仙慕道思想的曲折反映。剧写霍王大宴宾客，席间听闻李益新作的曲子[①]陡生修仙慕道之心。此一出本与剧情无太多联系，但汤显祖花费大量笔墨来描写霍王归隐之心，实则将其年少时对玄风仙道的感情表露无遗。又第 31 出《皈依》讲章敬寺禅僧四空和尚度脱相国杜黄裳，他以"人生的样子十年一换"，"人百岁全无味，眼儿里矇瞳浊镜，口儿里唾息涎垂"[②]来点醒杜黄裳，杜黄裳顿觉"回想前事，只是蜉蝣一梦"。值得注意的是，该剧中的杜黄裳与汤显祖的《南柯记》里的淳于棼有几分相似。《紫箫记》中杜黄裳听闻四空和尚的话后，心下醒悟。立马决定"明日上表辞官，还山礼佛"。四空和尚答道："燃指成佛，说甚么迟？"此情节在《南柯记》中被复用，剧中淳于棼最后就是以燃指成佛的方式度脱了。同样的《紫箫记》第 2 出【玉芙蓉】李十郎唱道："愿花神作主，暗催花信。"第 20 出《胜游》里小玉递酒给李十郎说："俺和你私祝花神：（花神，愿护持俺夫妇百岁同春。）"[③]可见，汤显祖在《紫箫记》里已经酝酿出"花神"这个非佛非道的神灵来保护有情人。有学者提出："《紫箫记》偶然提及的这个不见经传的非正统的神灵在二十年后创作

[①] 汤显祖《紫箫记》第 7 出"【前腔】日初长，年暗消，空襟尘花填酒浇。饶他王母，依然白发啼青鸟。日轮中逐日人忙，人世上愁人日老。"《汤显祖全集》第 3 集，北京古籍出版社 1999 年版，第 1741—1742 页。

[②] 汤显祖：《汤显祖全集》第 3 集，北京古籍出版社 1999 年版，第 1849 页。

[③] 同上。

的《牡丹亭》中才以完整的形象脱颖而出。这不是说《牡丹亭》的构思酝酿得这么长久，而是指出这个杰作所赖以成长的根系在作者思想意识的底层中伸展得出人意料地深远。"① 《紫箫记》是汤显祖磨砺戏曲语言的试金石，该作词丽句清、秾艳斐然，其间表现出的烟霞之志和只言片语式的梵语玄言为这部文人习作带来了绮丽缥渺的色彩。

与《紫箫记》相似的是，《紫钗记》多被世人冠以"秾丽"二字。如刘世珩评价《紫钗记》"刻意雕琢，备极秾丽，奇彩腾跃"②；吴梅评价道："临川《紫钗》，秾丽已极。"③ 由于篇幅完整，《紫钗记》与佛道文化的关系表现得更为丰富，这表现在以下两个方面。

第一，就戏剧人物而言，《紫钗记》对剧中关键人物进行了洁化和仙化。首先是隐去原作中女主人公霍小玉的娼家身份。在塑造这一人物时，该剧着意刻画了小玉的闺门行止。譬如小玉月下寻钗，初遇李益，避之不及，只借浣纱与书生对话，其娇怯形状与《西厢记》里的崔莺莺别无二致；鲍四娘替李益来说媒，小玉舍不得母亲道："娘和女傅仃可嗟，形影相依，怎生撇下？"④ 直到母亲道出愿"罗敷早配玄都"，小玉才承认二人"订婚梅月下"。此种小女儿情态着实表现了小玉纯洁天真的一面；又小玉听说李益就婚卢府，伤心欲绝，其母怒道："李郎好不小觑了人家哩"，"做门楣不成低亚"⑤ 表现了小玉并非"野花闲草"⑥ 的娼家而是"帝种王孙"⑦ 的闺门大户。在李益就婚卢府之后，玉工和黄衫客都问小玉是否还守李益，得到的回答是"他心字香誓盟无玷"⑧，"谨守誓言，有死而已"⑨。剧中小玉对待爱情的态度始终是自主的。从自抉婚配，订婚梅月下到痛卖珠钗，怨撒金钱，小玉从来没

---

① 徐朔方：《汤显祖评传》，南京大学出版社1993年版，第34页。
② 刘世珩：《玉茗堂紫钗记跋》，毛效同编《汤显祖研究资料汇编》下，上海古籍出版社1986年版，第803页。
③ 吴梅：《小玲珑山馆旧藏紫钗记跋》，毛效同编《汤显祖研究资料汇编》下，上海古籍出版社1986年版，第805页。
④ 汤显祖：《紫钗记》，《汤显祖戏曲集》上，上海古籍出版社2010年版，第38页。
⑤ 同上书，第151页。
⑥ 同上书，第183页。
⑦ 同上书，第175页。
⑧ 同上。
⑨ 同上书，第194页。

有受到过外在因素的影响。汤显祖做此剧并不旨在批判，而在全方位地赞美小玉这种为爱勇敢的行为。同样地，男主人公李益从原作中的负心汉一变为痴情郎。原小说中李益绝情、善疑。他虽然对小玉的死有一丝愧疚，但他也毫不掩饰自己另娶高门的"合理性"。汤显祖在《紫钗记》通过"延媒劝赘""婉拒强婚""缓婚收翠""哭收钗燕"等四出细致描写了李益面对卢太尉的步步紧逼，步步后退的心理变化。最后还借黄衫客之口道出他不敢入霍府的"三畏"心理。"足下不知，小生当初玉门关外参军，受了刘节镇之恩，题诗感遇，有'不上望京楼'之句。因此卢太尉常以此语相挟，说要奏过当今，罪以怨望。所畏一也。又他分付，但回顾霍家，先将小玉姐了当，无益有损，所畏二也。白梃手日夜跟随厮禁，反伤朋友。所畏三也。"① 这样就可以理解李益踟蹰犹疑的原因。此外《紫钗记》还多处表现李益的深情，哪怕卢太尉设计诬小玉再招夫婿，李益也只是哭道："妻呵，是俺负了你也！""妻呵，你去即无妨谁伴咱？他纵然忘俺依旧俺怜他。"② 小玉昏死过去，李益悔叹道："年光去。辜负了如花似玉妻。叹一线功名成甚的。生生的无情似藕有命如丝。"③ 李益在小玉生命垂危之际发现被功名所误，辜负了一生所爱。这与《西厢记》里"愿普天下有情的都成了眷属"的题旨有异曲同工之妙。这些细节处理，丰富了李益人物形象，表现出李益的无奈与深情。

汤显祖在《紫钗记》里试图塑造生旦双美的人物形象。除了洁化生旦形象以外，还用仙化的手法美化他们。剧中多处以"仙人"指称男女主人公。譬如李益向鲍四娘求媒，鲍四娘如此介绍霍小玉："有一仙人，谪在下界，不邀财货，但慕风流。"④ 李益与霍小玉在上元节观灯偶遇，李益被霍小玉天仙般的美貌打动，直呼"奇哉！奇哉！李十郎今夜遇仙也。"⑤ 鲍四娘称二人相遇是"百花高处会双仙"，在陪小

---

① 汤显祖：《紫钗记》，《汤显祖戏曲集》上，上海古籍出版社2010年版，第214页。
② 同上书，第181页。
③ 同上书，第216页。
④ 同上书，第20页。
⑤ 同上书，第29页。

玉等李益来的时候，道："仙郎一时就到。"① 李益与小玉临别道："愧仙郎傍不着门楣住"②，即自谓仙郎；又堂候官劝李益道："他势压朝班，只为怜才肯把仙郎盼。"③ 称男女主人公为仙，为二人增饰了令人遐想的风采。

此外，该剧还多处用"蓝桥遇仙"的典故来比拟李霍二人的相遇。譬如第六出《堕钗灯影》里小玉要李益还钗，道："道千金一笑相逢夜，似近蓝桥那般欢惬。"④ 该出下场诗道："钗燕余香衫袖间，蓝桥相见夜深还。"⑤ 此外还有"一饮琼浆。蓝桥试结良缘"⑥ 等语不断凸显二人相遇的神奇性。另外第七出《托鲍谋钗》李益以蓝桥遇仙故事里的仙女云英之谓称呼小玉，他对鲍四娘说："知他是云英许琼，坠清虚立定。"⑦ 这一出下场诗云："灯前月下会真奇，恰似云英一唤时。袖去宝钗成玉杵，不须千里系红丝。"⑧ 用"蓝桥遇仙"的故事譬喻李霍二人天注定的缘分，为他们的爱情故事敷陈上一层迷离惝恍的仙色。

除去李霍二人外，该剧还对剧中重要人物——"黄衫客"做了细致而神化的摹写。在原小说中，黄衫客登场即携李益至霍府。在《紫钗记》中，黄衫客在第六出《堕钗灯影》即登场。因人高马大遮住看灯路，人问其姓名，他道："黄衫豪客是也。"说完"灯影里一鞭斜"⑨，没了踪影。这番登场颇有些来无影去无踪的神秘气息。黄衫豪士第二次出现是在李益借马借仆的时候，从其好友口中得知，"长安中有一豪家，养俊马十余匹，金鞍玉辔"。李益从豪侠客家借得一马一仆。此一笔法又从侧面描绘了黄衫客的豪气与侠义。梁廷枏评价道："《紫钗记》最得手处，在观灯时即出黄衫客，下文《剑合》自不觉突，

---

① 汤显祖：《紫钗记》，《汤显祖戏曲集》上，上海古籍出版社2010年版，第54页。
② 同上书，第93页。
③ 同上书，第162页。
④ 同上书，第27页。
⑤ 同上书，第30页。
⑥ 同上书，第56页。
⑦ 同上书，第34页。
⑧ 同上。
⑨ 同上书，第25页。

而中《借马》折避却不出，便有草蛇灰线之妙。"① 黄衫客第三次出场，是在第 48 出《醉侠闲评》中。此一出汤显祖以黄衫客的角度来审视李霍二人的故事，颇有新意。其中对黄衫客的出场描写如下，酒保道："远远一个活神道来也。（豪士轻纱巾黄衫挟弩弹骑马跟从数人打猎上）"② 此处用"活神道"来形容黄衫客，凸显了翩翩黄衫客的仙侠气息。又小玉梦中"见一人似剑侠非常遇，着黄衣"。③ 此处再次用侠者形象勾勒出神秘黄衫客的面貌。最后黄衫客竟能暗通宫掖，拔除卢太尉，使李霍二人终得团圆。可以说，汤显祖在《紫钗记》里的对黄衫客的塑造，不仅延续原小说里仗义相助的侠者形象，而且借用"神道"笔法凸显了其神龙见首不见尾的仙隐形象。这种笔法不仅丰富了该人物形象，而且使这一人物在李霍二人的故事里发挥了重要作用。侯外庐在《论汤显祖〈紫钗记〉和〈南柯记〉的思想性——从歌颂自然情景的"春天"到政治倾向的"乌托邦"》一文中认为《紫钗记》中的花神实则是李霍二人爱情的保护神，而遇见不平，拔剑相助的豪侠则是"花神在人世间的代言人"④。黄衫客与花神，一明一暗为李霍二人的爱情保驾护航。汤显祖赋予黄衫客种种神迹使这一人物形象成为剧作中的惊鸿一瞥。

第二，就戏剧情节而言，《紫钗记》保留了唐代蒋防《霍小玉传》中"黄衫客送鞋梦"和小玉未卜先知李益到访的情节。该剧第 49 出小玉以为李益要另娶高门，形销神摧，昏睡中，梦见一人"分明递与，一辆小鞋儿"。鲍四娘道："鞋者谐也。李郎必重谐连理。"⑤ 后来黄衫客果然携李益来见小玉。此处以梦暗示戏剧情节，既增强了该剧的奇幻性，又增添了黄衫客神秘莫测的仙侠气息；黄衫客挟李益到霍府，未至

---

① 梁廷枏：《曲话》，毛效同编《汤显祖研究资料汇编》下，上海古籍出版社 1986 年版，第 802 页。
② 汤显祖：《紫钗记》，《汤显祖戏曲集》上，上海古籍出版社 2010 年版，第 198 页。
③ 同上书，第 197 页。
④ 侯外庐：《论汤显祖〈紫钗记〉和〈南柯记〉的思想性——从歌颂自然情景的"春天"到政治倾向的"乌托邦"》，毛效同编《汤显祖研究资料汇编》下，上海古籍出版社 1986 年版，第 819 页。
⑤ 汤显祖：《紫钗记》，《汤显祖戏曲集》上，上海古籍出版社 2010 年版，第 197 页。

时，小玉请母亲为她梳妆，母亲只道是"儿久病之人，心神惑乱"。①殊不知，那马蹄声正打在小玉心坎上。此处小玉能未卜先知既是其魂魄已离身的先兆，也凸显了小玉对李益的一往情深。

汤显祖对《霍小玉传》最大的改动当属对二人爱情故事结局的改动。唐传奇中霍小玉身为妓女，早知与李益不可偕老，仅求八年欢好，自己就剪发披缁。即使这样，李益还是弃她而去，另择高门。小玉在临终前发下毒誓，死后必为厉鬼，"使君妻妾，终日不安"。果然李益在小玉死后虽然三娶，但终日疑妻，不得善终。汤显祖的《紫钗记》一改悲剧结局，终于二人团圆。该剧中李益与小玉重逢后，小玉本气绝于地，但李益怀抱小玉深情呼唤，小玉竟然悠悠醒来。最后二人解除误会，重结秦晋之好。正如鲍四娘所道："【前腔】真乃是前生分定……更续危弦。异国香烧。倩女魂还。"②

有人指出这样的改动实则弱化了原唐传奇的批判性，但站在"为情作使"的汤显祖角度来看，李霍二人的团圆结局有着必然性。这从汤显祖对这一故事的多处改编可以看出，该剧的主旨在于歌颂青年男女热烈的爱情，而非借爱情故事进行社会批判。因此，汤显祖让二人的故事止于《节镇宣恩》。为此，他精心设计了"倩女还魂"的结局。可以说，小玉还魂并非突然，在此之前，汤显祖做了多处伏笔。譬如，李益拾钗梅月下，小玉离去后，李益道："花灯后，人笑声，月溶溶罩住离魂倩。"③李益对小玉念念不忘，感觉观灯见玉的情景如梦似幻，他道："好是观灯透玉京，如魂如梦见飞琼。"④李益两次提出见到的小玉或是离魂，此处有意借用元杂剧《倩女离魂》中的离魂故事，暗示了其后的剧情。

李益为了求取功名，与小玉分别天涯。小玉满腹愁肠，李益亦情伤感怀，二人多有断魂语。譬如：

【十二时】何时春草草？正销凝未了。燕尔欢迟，鸳班赴早。

---

① 汤显祖：《紫钗记》，《汤显祖戏曲集》上，上海古籍出版社2010年版，第214页。
② 同上书，第223页。
③ 同上书，第34页。
④ 同上书，第42页。

枕屏山梦断魂遥，强起愁眉翠小。①（第十七出《春闱赴洛》）

【女冠子】（生上）离愁满目，还雌雄剑花偷觑。**渐魂移带眼，梦飘旗尾**……②（第二十四出《门楣絮别》）

【好事近】（旦）**腕枕怯征魂**，断雨停云时节。（浣）忍听御沟残漏，迸一声凄咽。……（旦）浣纱，这**灞桥是销魂桥**也！③（第二十五出《折柳阳关》）

【前腔】倒凤心无阻，交鸳画不如。衾窝宛转春无数，**花心历乱魂难驻**。阳台半霎云何处？起来鸾袖欲分飞，问芳卿为谁断送春归去？④（第二十五出《折柳阳关》）

【前腔】……**锁魂处**，多则是人归醉后，春老吟余。（第二十五出《折柳阳关》）⑤

【满庭芳】路糁长杨，**魂销折柳**，画桥水树阴匀。玉堂年少，何事拂征尘？……⑥（第二十六出《陇上题诗》）

【前腔】……夫，俺这裏平沙瀚海把围屏指，你那裏落月关山横笛吹。心儿记，**梦魂中有路透河西**。⑦（第三十六出《泪展银屏》）

【榴花泣】**惊魂蘸影飞恨绕蝤蛾**，咱也曾记旧约，点新霜被冷余灯卧。除梦和他知他们和梦呵，也有时不作……⑧（第三十九出《泪烛裁诗》）

这些唱词中所出现的断魂、离魂、销魂、征魂、惊魂、梦魂、乱魂之语，正是小玉日夜思念李益，为情憔悴的表现，这种情绪的积累为接下来小玉离魂而返埋下伏笔。小玉听说李益另娶高门，身染沉疴，"侍

---

① 汤显祖：《紫钗记》，《汤显祖戏曲集》上，上海古籍出版社2010年版，第70页。
② 同上书，第93页。
③ 同上书，第95页。
④ 同上书，第96页。
⑤ 同上书，第97页。
⑥ 同上书，第100页。
⑦ 同上书，第141页。
⑧ 同上书，第151页。

儿扶花袅风丝,把不住香魂似"①。牡丹绽放时节,小玉却病得昏沉,满目春光在她眼里不过是过眼残花,断头香尽。青春正好的小玉此时徒剩一缕游丝,魂摇欲坠。"【前腔】(浣)他瘦厌厌香肌消尽,昧蛩蛩眼波层困。怯设设声息儿一丝,恶丕丕呕不出心头闷。他脱了神,当时画的人,猛然间想起今难认。一会儿精灵,一会儿昏晕。"② 多次昏睡过去的小玉此时已悄然离魂。这为小玉的返魂做了最后的铺垫。当小玉在李益的深情呼唤下悠然醒来时,最终完成倩女还魂。小玉无论是离魂还是返魂都只为一缕情思,这一形象与《牡丹亭》中"慕色还魂"的杜丽娘有着惊人的相似性。可以说,从戏剧情节上来看,无论是黄衫入梦,还是倩女还魂,汤显祖都明显借用了神性笔法重塑了李益、霍小玉的爱情故事。而这一故事中积累大量的灵感为创作《牡丹亭》打下良好的基础。

就戏剧情境而言,《紫钗记》还继承《紫箫记》暗敷"花神"的笔法,对这个护佑青年男女爱情的神灵做了更细致的摹写,同时还在剧中设置了一系列与花神相关的意象,使整部剧作馥郁幽香。

有意思的是《紫箫记》《紫钗记》《牡丹亭》三部剧作中都出现了"花神",不同的是,只有《牡丹亭》中花神是作为戏剧人物上场的,而前两部剧作中花神都是通过剧中人物之口道出。可见,这一人物形象是经过汤显祖长期的酝酿打磨而成。相较于《紫箫记》中仅短短一句提到花神,《紫钗记》花神的敷写更为细致,这表现在以下几个方面。

第一,全剧不止一处直接提到花神。譬如第二出《春日言怀》,李益道:"愿花神做主,暗催花信。"③ 第十六出《花院盟香》"【画眉序】(生)花裏唤神仙,几曲园林芳径转。(旦)正春心满眼,桃李能言。铺翠陌平莎茸嫩,拂画檐垂杨金偃。(到门介合)春成片。无人见。平付与莺揩燕翦。"④ 又第五十二出《剑合钗圆》,浣纱道:"花神,多则是残红送了春。东君,你早办名香为反魂。"⑤ 花神是春天的使者,而

---

① 汤显祖:《紫钗记》,《汤显祖戏曲集》上,上海古籍出版社2010年版,第196页。
② 同上书,第213页。
③ 同上书,第13页。
④ 同上书,第66页。
⑤ 同上书,第213页。

春天又是青年男女自主爱恋的季节。"花神"既催动了李霍二人的情缘，又见证了二人的甜蜜，最后又助小玉返魂，促成有情人终得眷属。"花神"成为李霍二人爱情故事的关键人物。

第二，全剧还以"花神"为核心，敷演出一系列与花相关的意象。剧中花钗、花樽、花枝、花园、花街、花阴、花径、花边、花雨、花榭、花冠、花门……不胜枚举。其中梅花、牡丹在剧中反复被提及，成为剧中重要意象。

李霍二人初识于上元灯节，一夜璀璨花灯，霍小玉立在梅树下嗅梅赏灯，却被梅枝挂住燕钗。李益拾钗道："梅者，媒也；燕者，于飞也。便当宝此飞琼，用为媒采。"① 于是郎情妾意的二人订婚梅月下，"梅花"促成二人天定的情缘，也成为二人美好姻缘的见证。当小玉听信李益要另娶高门，反复吟唱可怜一段梅花幽意被抛却，此处亦用"梅花"譬喻当年二人花前月下的婚约。可见，剧中梅花绝不仅仅是简单的自然景物，梅花之象被赋予了天注定的情缘之意。因此才在剧中被反复提及。

此外，牡丹也成为该剧中有意味的"花意象"。该剧多次以牡丹来譬喻霍小玉，不仅暗指小玉国色天香，更以牡丹来指涉小玉的大家闺秀身份。譬如霍小玉母亲说自己精心培养小玉，就如同牡丹一样美好。"如花，俺几年培养出牡丹芽。春风一度，有甚年华。"② 崔韦二人邀李益赏牡丹，崔生说胭红粉紫的牡丹花虽好，但那幽廊绝壁之下，有白牡丹一株。素色清香，无人瞅采，好可怜也。三人以白牡丹为题作诗，"（生）长安年少惜春残。（崔）争认慈恩紫牡丹。（韦）待小弟凑成。别有玉盘承露冷。无人起就月中看。"③ 此处以白牡丹譬喻霍小玉，所以让李益才叹息良久。小玉因为思念李益，形容憔悴，被喻为"牡丹花瘦翠云偏"。凡此种种皆说明剧中牡丹成为和霍小玉息息相关的一种意象。

第三，从叙事的角度看，该剧还在时间和空间两个维度点缀了一系

---

① 汤显祖：《紫钗记》，《汤显祖戏曲集》上，上海古籍出版社2010年版，第27页。
② 同上书，第151页。
③ 同上书，第206页。

列花意象,使该剧充满幽香之美。

从叙事时间上,该剧特别重视对春季的表达。无论是李霍二人在初春相遇,还是在三年后牡丹花开时重逢,二人的故事都发生在春季。而春季正是百花争艳、百花齐放的时节,于是剧作中到处充满了桃花、梨花、桐花、黄花等各色花朵,这些美丽的花意象为全剧铺出一个姹紫嫣红的青春世界。

尤其是剧中第十三出《花朝合卺》中提到二人是在花朝节成婚,因此花朝节成为二人爱情故事里一个重要的时间节点。花朝节在古代是与中秋节并举的重要节日,有"花朝月夕"之称。据史料记载,花朝节又称花神节,起源于春秋,形成于晋代,流传至今已有两千多年历史。古代文人多有吟咏。人们在花朝节当天踏青、赏花、嫁接花木,为花神祝寿。① 李霍二人于梅下结缘,于花朝节合婚,这种情节安排无不彰显出汤显祖欲以花神为其爱情保护神的立意。

从叙事空间上来说,该剧还设置了一系列与"花"相关的空间。譬如第六出《堕钗灯影》里李霍二人即是在花街相遇;第十六出《花院盟香》李霍二人在百花院中盟誓"生则同衾,死则共穴";第五十一出《花前遇侠》崇敬寺里牡丹盛开,醉杨妃、肉西施、观音面、佛头青……可谓"生香世界锦斓斑,天雨曼陀照玉盘。一朵官黄微拂掠,鞓红髻紫不须看"。② 在如此繁花似锦的春光里,黄衫客出手相救,无怪乎侯外庐称其为花神在人间的代表。由此可见,剧中提到的花街、花院和寺庙都铺满了各种馥郁幽香的花色,这为整部剧作敷陈了婉丽绚烂的戏剧情境。

二 花神织就牡丹情——《牡丹亭》与佛道文化

较之《紫钗记》,《牡丹亭》对佛道智慧的运用则更多元化③。从叙事结构上看,该剧以"慕色而亡"和"为情而生"建构整个剧本,

---

① 参见李菁博、许兴、程炜《花神文化与花朝节传统的兴衰与保护》,《北京林业大学学报》(社会科学版)2012年第3期。
② 汤显祖:《紫钗记》,钱南扬校点:《汤显祖戏曲集》上,上海古籍出版社2010年版,第204页。
③ 参见郑传寅《〈牡丹亭〉与宗教智慧》,《武汉大学学报》2008年第6期。

出入生死的情节正是典型的佛道叙事；从戏剧情境上看，该剧表现了诸如禳灾、斋醮等与佛道相关的情节，杜丽娘魂游地府一节更是营造了诡秘幽昧的戏剧情境；从人物设置来看，剧中女主角杜丽娘就是个"神化"了的女性角色，她慕色而亡后不仅魂游地府，还能与人幽媾，最终还阳。为了追寻她的爱情，她上穷碧落下黄泉，这份执着勇敢正是在赋予其神化的力量之后才得以彰显。同时如上所言，该剧中还有一个极其特别的人物——花神成为二人爱情的忠实守护者，而花神的设置及"花意象"的运用成为该剧最浪漫的笔法，以下就此做具体分析。

应该说《牡丹亭》里的花神不仅是作为一个角色存在，更是作为一种无处不在的意象发挥着重要的作用。从人物命名来看，杜、柳二人姓中都带木字，柳生更因梦梅而改名，"梅"不仅是他的名字，更成为他的生命符号。民间传说柳梦梅是梅花神，可为他与"梅"之间的亲密关系作一注解。从人物身份来讲，该剧有多个角色与"花"相关。譬如，花郎和园工郭驼。吴山三妇敏锐地指出："此书前后以花树作连缀，故先以橐驼种树引起。"① 钱静方也提到郭驼身份与全剧香草美人的旨趣相关。此说虽有穿凿附会之嫌，但从另一个角度证明该剧与"花"的密切关系。

在对丽娘外形描写上，该剧充分利用"花"为丽娘造像。丽娘平日里"弄粉调朱，贴翠拈花，惯向妆台傍"，出香闺之前还要"停半晌，整花钿。没揣菱花，偷人半面，迤逗的彩云偏"。丽娘爱用花来装扮自己，对自己的"花容"也颇为自得，"你道翠生生出落的群衫儿茜，艳晶晶花簪八宝填，可知我常一生儿爱好是天然，恰三春好处无人见。不提防沉鱼落雁鸟惊喧，则怕的羞花闭月花愁颤"。

同时，该剧还透过丝丝"花"语让我们得以窥见剧中人物幽深瑰丽的情感世界。"遍青山啼红了杜鹃，荼蘼外烟丝醉软。牡丹虽好，他春归怎占的先！"好一派姹紫嫣红的景象，不到园林，怎知春如许？如果说"关关雎鸠，在河之洲"是文字之兴，那么当心旌摇曳的丽娘一脚踏进这个桃红柳绿的后花园，一朵朵鲜活的花就如同一记高光打到她

---

① 吴山三妇：《吴山三妇合评牡丹亭还魂记》，徐扶明编著《牡丹亭研究资料考释》，上海古籍出版社1987年版，第115页。

心灵的暗箱上,红翻翠骈的生命图景在一瞬间激活了她沉睡已久的生命意识。红艳的杜鹃、醉软的荼蘼、摇曳的柳丝、美丽的牡丹……这一切与丽娘内心勃发的春情形成同构,描绘出"醒"了的丽娘灵动鲜活的内心世界。一梦得成欢娱,再寻时却不可复见梦中人。"那一答可是湖山石旁,这一答似牡丹亭畔。""那牡丹亭,芍药栏,怎生这般凄凉冷落,杳无人迹?"刹那间,生机勃发的后花园委顿消失了,被抽去生命的百花无言地伫立着,仿佛从未参与过那个美满幽香、妙不可言的梦。鲍姆嘉滕说"意象是感情表象"①,正因为内心的情绪投射到外物,使万物皆着我色。所以,此时丽娘眼中的后花园才呈现出如此冷落、颓败的景象。

在百花之中,该剧打造出一株傲然独放的花中魁首——"梅",这株"梅"如同一颗抛入丽娘心湖的石子,我们通过它真切地体会到千古第一有情人——杜丽娘内心微妙幽深的情感波澜。上本开场时,杜府厅堂角落里安放了一株白梅,不动声色地沁入丽娘的世界;寻梦未果时,杜丽娘见梅子而发愿:"似这等花花草草由人恋,生生死死随人愿,便酸酸楚楚无人怨。"梅子象征丽娘未得的情果,暗示了丽娘对"梅"的苦苦追寻;描容写真时,丽娘半枝青梅在手,此"梅"暗指柳梦梅,亦是丽娘"心所营构之象";离魂时,丽娘执梅入冥,手中白梅既象征她对情的坚持,又暗示了她是因"梅"而死;鬼蜮中的丽娘以梅自喻:"梅花呵,似俺杜丽娘半开而谢,好伤情也。"有香无根的残梅,如丽娘四处飘荡的游魂;半开而谢的梅花,好似丽娘未得绽放的青春。残梅尚作一丝余香,丽娘又怎能放弃对情的坚守?凄冷幽艳的梅悄悄绽放,至情的丽娘终于在暗香浮动的夜里寻到柳梦梅。丽娘上穷碧落下黄泉的追寻,正是她一灵咬住,情之所至的表现。梅的坚贞和傲骨与丽娘对情的执着与坚守形成同构。

如果说丽娘身上表现了梅的执着,那么柳梦梅身上则体现了梅的痴情。柳梦梅因偶而一梦,而改名换宗,其痴性可见一斑。拾画时柳梦梅说:"想天下姓柳、姓梅的,却也不少,偏偏小生么,叫柳梦梅。"这番自白几令台下喷饭,但痴性中却见一番赤诚。而他玩画叫画时的痴傻

---

① [德]鲍姆嘉滕:《美学》,简明、王旭晓译,文化艺术出版社1987年版,第138页。

情状更令人印象深刻。正是靠着这份痴劲,当柳梦梅得知丽娘是鬼时,他仍然笃信"你既是俺妻,俺也不怕了。定要请起你来"。可见"梅"既是这个痴情男子的代名词,又是他坚贞品性的象征。可以说,全剧都在围绕一个"梅"字做文章。"梅"与一往情深的丽娘形成同构,又与不离不弃的梦梅互为表里。因此,"梅"是该剧诠释情至、情深的核心意象。

杜鹃、荼蘼、牡丹、梅花……这些美丽的花儿既是后花园里一道美丽的风景,又是花神的外在显现。这些花儿与剧中男女主人公形成精神上的同构,将他们这份春情丽意描绘得芬芳四溢。而花神正是有情人感天动地爱情的见证者和保护者。从这个意义上讲,花神不再仅仅是某个俗神,而是汤显祖精心设计出来的"至情"保护神。

从结构上看,《牡丹亭》全本五十五出,戏中人物众多,原其初心,止为丽娘一人而设;戏中关目甚多,究其初心,又止为"慕色还魂"一事而设,这一人一事便构成了该剧的主脑,而剧中肯綮处均以花树作连缀。

情不知所起,一往而深。如果一定要给丽娘的至情找一个源起,那么必是杜府的后花园。丽娘步出香闺前,剧中已设下多处伏线唤出这个姹紫嫣红的后花园。"长向花阴课女工",表明丽娘的绣房外亦是花影重重,她偶然一瞥,就会看到窗外明媚的春光和灿烂的春花。当她从春香口中得知原来有座桃红柳绿的大花园,又怎么会不怦然心动呢?此时,花郎的卖花声越过墙头飘然入内,丽娘的心早已被勾去。《诗经》有云:"有女怀春,吉士诱之。"如果说是后花园这个"吉士"诱发了丽娘的春情,倒不如说是丽娘早已于步出香闺前在心中拟构了一座后花园。因此,当万紫千红的百花陡现眼前时,她怎能不感慨"良辰美景奈何天,赏心乐事谁家院!"丽娘因花感情,随后引动花神为其造梦。"咱花神专掌惜玉怜香,竟来保护他,让他云雨十分欢幸也。"[①] 花神对杜、柳的怜惜,就如同他对百花的珍爱一样。也为花神在冥府中替丽娘求情埋下伏笔。

---

① 汤显祖:《牡丹亭》,徐朔方校笺《汤显祖全集》第 3 集,北京古籍出版社 1999 年版,第 2098 页。

当丽娘沉醉春梦时，却"为花飞惊闪"。该剧借用"落花"这一自然现象并不是闲来之笔。如前所述，百花唤起了丽娘的春心，让她感受到了朦胧的生命意识。花神为其造梦，则让丽娘充分意识到自己不可遏止的原始生命力。这股生命意识的洪流要冲破道德意识的防线，决堤而出，片片落花成为点醒梦中人的一记棒喝。花神"拈片落花儿惊醒他"，实则是丽娘精神世界发生质变的一个转折点。

已经觉醒的丽娘，再也回不到过去，只能寄情于心所营构之象——"梅"，最终埋葬于梅根下，这一情节直接为柳梦梅在梅树下请起丽娘埋下伏笔。同一株梅树于两处着笔，前者见证了丽娘为情而死，后者目睹了丽娘为情而生。该剧通过"梅"，传递出"至情"的理念——"情不知所起，一往而深。生者可以死，死可以生。生而不可与死，死而不可复生者，皆非情之至也。"①

由以上分析可见，"因花感情""花神造梦""落花惊梦""埋情梅根"这四个与"花"密切相关的重要关目，构成了丽娘由生入死的动作主线。而在丽娘由死复生的这条情节主线上，"花"同样扮演着不可或缺的重要角色。譬如：在《冥判》一出中，剧作借花神之口道出既然花色花样都是天公定下来的，人的情欲也是人之本性。花神"惜花说情"，与《惊梦》一出中花神珍护二人，为其造梦的情节遥相呼应。在《魂游》一出中，丽娘一脉香魂不散，随风游戏，来到后花园，因闻得冢上残梅余香，最终遇到柳梦梅。从见梅子而发愿，到埋情于梅根，再到寻梅遇柳，这一切不都是因为丽娘对情的执着追求么？"寻梅遇柳"既是偶然也是必然，它是一缕梅香召唤的结果，又是多条伏线水到渠成的汇聚点。

在《幽媾》一出中，杜丽娘唱道："你为俺催花连夜发……牡丹亭，娇恰恰；湖山畔，羞答答。"通过这段唱词，我们可以感受到丽娘幽媾时的欢娱，而这份欢娱正是通过一个核心意象——"牡丹"来诠释，"牡丹"意象本与性爱有着非常隐秘的关系，该意象于《惊梦》和《幽媾》中两次被放大，前者目击了丽娘初涉爱河，后者见证了丽娘重获阳露。因此，"牡丹催发"是丽娘重获新生的契机，也是丽娘由死复

---

① 汤显祖：《牡丹亭》，人民文学出版社1963年版，第1页。

生的转折点。在《回生》一出中,情深不移的柳梦梅在梅树下请起杜丽娘,两人消除了阴阳相隔,有情人终成眷属。"还魂梅根"是对丽娘埋情梅根的呼应,又标志着丽娘完成由死复生的主导动作。吴梅曾说:"此剧肯綮在死生之际。记中《惊梦》《寻梦》《诊祟》《写真》《悼殇》五折,自生而之死;《魂游》《幽媾》《欢挠》《冥誓》《回生》五折,自死而之生。"① 通过进一步分析,我们发现"花"在剧情建构上发挥了起、承、转、合的作用。

"慕色而亡"这条主线上,如果说丽娘"因花感情"是故事起因的话(起),那么"花神造梦"则推动故事进一步发展(承),"落花惊梦"是情节的拐点(转),而"埋情梅根"则标志动作的完成(合)。同样地,在"还魂而生"这条主线上,花神"惜花说情"是故事的起因(起),丽娘"寻梅遇柳"是故事的进一步发展(承),"牡丹催发"标志着丽娘的情感世界发生第二次质变(转),而"还魂梅根"则表明丽娘由死复生这一主导动作的完成(合)。

值得玩味的是,这八个与"花意象"有密切关联的重要关目还相互照应,形成勾连。譬如,"花神造梦"与"惜花说情"相呼应,而"埋情梅根"与"还魂梅根"相暗合。李渔说:"编戏有如缝衣","凑成之工全在针线紧密。""每编一折,必须前顾数折,后顾数折,顾前者欲其照应,顾后者便于埋伏。"②

通过以上分析,可以看出"花"在剧情建构和关目勾连上发挥了极大的作用。这些"花"看似散金碎玉散落在各个角落,实则是连环细筭伏于其中,细密针线暗中埋伏。她们在"瞻前顾后"中织出一个丽花幽情的世界,捏合出一朵意趣盎然的"牡丹"。由花神分身而出的各种"花意象"渗透在该剧的肌骨里,使该剧具有了分外诱人的特殊美感,也使这朵灵奇"牡丹"更富有诗意。从这一角度来看,汤显祖没有选择神仙道化剧里常见的仙真或法师来司花神之职,实在是出于剧本的整体结构和人物设置的考虑。而《牡丹亭》的神性魅力也借由花

---

① 吴梅:《〈还魂记〉跋》,毛效同编《汤显祖研究资料汇编》下,上海古籍出版社1986年版,第973页。

② 李渔:《闲情偶寄》,中华书局2014年版,第53页。

神这个精心设计的形象得以彰显。

三 南柯梦了情不了——《南柯记》与佛道文化

袁晋在评述汤显祖《四梦》时说："临川先生作《紫钗》时，仙骨已具，豪气未除；作《邯郸》时，玄关已透，佛理未深；作《南柯》时，佛法已跃跃在前矣，犹作佛法观也。"① 可见《南柯记》深植了汤显祖的佛教思想。万历二十六年，汤显祖弃官归家的第一年完成《牡丹亭》，之后达观来访。汤显祖从秋试中举到弃官，一晃28年过去了。达观28年前就料定汤显祖有佛心，可度脱。可是28年过去后，汤显祖依然停留在尘世里。他觉得愧对达观的殷切希望，在《达公忽至》中他表达了这种心情："偶然舟楫到渔滩，惭愧吾生涕泪澜。"达观离开后，给汤显祖写了一封长信，表达了接引汤显祖的强烈愿望。汤显祖感触很深，在《达公来自从姑过西山》一诗中流露出出世之想，"厌逢人世懒升天，只为新参紫柏禅"。这一年汤显祖八岁的小儿子西儿夭折，汤显祖逃禅之心日盛。《南柯记》就是在这种情绪下创作出来的。该剧在很大程度上反映汤显祖从官场归来后的一种寂寥心境。

《南柯记》在题材上忠实于《南柯太守传》。《南柯太守传》讲东平游侠淳于棼与二友豪饮，酒醉时被摄魂至槐安国，与瑶芳公主共偕连理。淳于棼任南柯太守20年，政绩颇佳，一次领兵与邻国交战败北，其妻因病去世。淳于棼回京贵极禄位，权倾国都，引王忌惮被逐。淳于棼酒醒，一切如昔。遂依照梦境找到大槐树下一个蚁穴，穴中之情形与梦中所见一一应合。淳于棼顿悟浮生若梦，遂绝弃酒色，栖心道门。三年后终老于家，正应验了梦中其父所言三年后相见。汤显祖的《南柯记》承袭了《南柯太守传》灵肉分离的叙事方法和借梦譬喻的创作思路，并从中抽绎出"梦了为觉，情了为佛"的主题。然而这些是否能说明《南柯记》是一部宣扬佛教思想的作品呢？我想这还是值得商榷的。虽然该剧逃禅的迹象很明显，但还不足以说明汤显祖走入佞佛的道路。由于《南柯记》的故事底本非汤显祖所原创，那么该剧在多大程度上体现了汤显祖的释氏思想，则必须通过对比唐传奇

---

① 隗芾、吴毓华编：《古典戏曲美学资料集》，文化艺术出版社1992年版，第224页。

《南柯太守传》和《南柯记》给予必要的分析。有学者指出《南柯太守传》更多地受到道家思想的影响①,而《南柯记》被喻为"直与大藏宗门相吻合"②。以下就以淳于棼这个人物形象为中心,通过分析人物身份、人物行为、人物所蕴含的审美品格,探讨两者在神性维度上的不同表现向度。

第一,就人物身份而言,《南柯太守传》中的主人公淳于棼随着情节的发展被赋予四重身份:赋闲乡里的武将、位高名重的驸马、飘零他乡的异客和栖身道门的仙家。整部小说以南柯一梦为叙事中心,重点表现淳于棼进入梦境后作为驸马的荣辱一生,淳于棼作为武将和仙家的情节着墨不多。小说不惜笔墨摹写淳于棼初入槐安国时所经历的声色富贵,对其发迹变泰的过程作了详尽描述。其中南柯太守的身份实则是驸马身份的置换。槐安国王一句"卿本人间,家非在此"点醒梦中人,淳于棼顿感飘零,遂请还。一辆破车,两个心不在焉的侍从相送,与当初迎候他的阵仗全不能比。飘零他乡的异客与位高名重的驸马身份所形成的鲜明对比,加深了小说浮生若梦的主题。

值得注意的是小说结尾处淳于棼成为弃绝名利、求仙问道的仙家。而《南柯记》在这一点上与小说有着明显的区别。该剧结尾处淳于棼燃指焚香,在契玄禅师的道场中虔心祷告。忽见一道金光,天门洞开,槐安国五万户同时升天,淳于棼亡父、段功、周弁、田子华、国王、国母、琼英、灵芝、瑶芳一一升天。特别是当看到定情物金凤钗、小犀盒儿瞬间化为槐枝、槐荚子时,淳于棼才意识到"凡有所相,皆是虚妄",其立地成佛的结局强化了佛法无边,诸色皆空的思想。该剧受到佛教思想的影响可见一斑。淳于棼从仙家到佛徒身份的置换,是汤显祖独具匠心的改编。这一笔法绝非凭空想象,而是经过精心安排的立体构思。

首先,该剧保留了原小说中作为赋闲武将时的淳于棼听经情节,并将此情节延展开来,赋予人物更多灵性。淳于棼游寺遇到契玄禅师,即

---

① 参见李宗为《〈南柯太守传〉的题材来源与主题思想——与路工同志商榷》,《苏州大学学报》1985 年第 3 期。

② 刘世珩:《〈玉茗堂南柯梦记〉跋》,毛效同编《汤显祖研究资料汇编》下,上海古籍出版社 1986 年版,第 1329 页。

问他如何破除烦恼，契玄禅师赠与偈语道："老僧以慧眼观看此人，外相虽痴，倒可立地成佛。"① 淳于棼的问禅与契玄禅师的机锋都表现淳于棼的佛性与慧根。其次，剧作在淳于棼周围设置若干笃信佛教的人物，作为副线暗示淳于棼信佛的必然性。《南柯记》中《念女》一出，透过槐安国王后为女儿请经的细节，详细论述了《血盆经》的缘由与作用，具有某种宣教思想。王后请下《血盆经》送予公主供养流传，淳于棼却说："治国齐家，只用孔夫子之道，这佛教全然不用。"② 此处淳于棼奉行孔孟之道，全然不理佛教，而在梦醒之后却皈依佛教，这在某种意义上暗示王后和瑶芳公主持经念佛对淳于棼发挥了潜在影响。最后，该剧还详细敷演另一具有佛教色彩的人物——契玄禅师。《南柯记》中的契玄禅师一上场便交代五百年前自己在佛塔上不小心洒落莲灯灯油于蚁穴中，佛祖预言五百年后这些虫蚁会遭遇一次灵变，所以他特地来扬州感孝寺借说法了此公案。淳于棼亲历了灵变这一事件，此为南柯一梦故事的起因。槐安国王后请琼英郡主到禅智寺求经，契玄禅师进上《血盆经》为瑶芳公主祈福。此情节实则将梦境与现实相勾连。剧末契玄禅师做下水陆道场超度蚁虫升天，点化淳于棼。契玄禅师在剧情肯綮处发挥着关键作用。吴梅评价淳于棼实为场中之傀儡，契玄禅师乃"提掇线索者也"③，可谓的评。除此之外，该剧更通过契玄禅师之口大段宣扬佛法，譬如第八出《情著》，契玄禅师所唱【梁州序】以及之后与淳于棼的对话就是化用《妙法莲华经》之《普门品》，梁廷枬评价道："《南柯》'情著'一折，以《法华·普门品》入曲，毫无勉强，毫无遗漏，可称杰构。"④ 契玄禅师以佛语入曲，甚是高妙。剧作浓墨重彩地敷成契玄禅师这一佛教人物，为该剧涂抹上浓郁的佛教色彩。

第二，就人物行为而言，小说《南柯太守传》中淳于棼是一个带有游侠气质的武将，其行为具有三个特点，其一是豪放，这表现在他嗜

---

① 汤显祖：《南柯梦记》，人民文学出版社1981年版，第32页。
② 同上书，第88页。
③ 吴梅：《四梦跋》，毛效同编《汤显祖研究资料汇编》下，上海古籍出版社1986年版，第712页。
④ 梁廷枬：《曲话》，毛效同编《汤显祖研究资料汇编》下，上海古籍出版社1986年版，第1329页。

酒与养豪客的行为中。淳于棼因酒忤帅，失去主帅的信任后索性自我放逐，与豪客纵诞饮酒，生活惬意，并未显出被贬斥官场后的郁郁之色。其二是黠趣，这表现在少年淳于棼好与女色相狎。淳于棼在禅智寺见灵芝夫人及侍女美貌，言调笑谑，毫不顾忌，又在契玄禅师法座下与上真仙子及其侍女顾盼不舍，一副风流少年的做派。其三是放诞，这主要表现在淳于棼不留心仕途和不拘细行上。淳于棼成为驸马后，其妻劝他为政，淳于棼自谓放荡不习政事。其妻又劝勉他"但为之，余当奉赞"。在妻子周旋和朋友的襄助下，淳于棼成功上任南柯郡。淳于棼行为上的不拘小节一则表现为他饮酒尚侠，二则表现为其拙于揣测上意，故有因酒忤帅和遭主忌惮。

总之，无论是豪放、黠趣还是放诞，小说中淳于棼的行为整体上可用"不经"两字来形容。无论是造梦之前淳于棼尚侠轻儒的行为还是历梦之后坚心修道，远离尘俗，淳于棼行为上的不经都让他与传统的儒业保持着一定的距离，也让整部小说流露出侠与玄的色彩。然而在《南柯记》中，淳于棼的行为更多地指向凡性，这主要表现在淳于棼被赋予了凡人的基本欲念。

首先，《南柯记》着力刻画淳于棼对情的执念。这种情包括人类三种最基本的情感：亲情、友情和爱情。就亲情而言，剧中淳于棼当上驸马之后的一个要求就是获得失散多年的父亲消息。剧末淳于棼燃指发愿，只为能见父亲一面，足见淳于棼重视人伦亲情。就友情而言，淳于棼当上驸马后就力邀好友田子华、周弁为其幕僚，三人交好，占尽富贵荣宠。就爱情而言，淳于棼的一生为情所痴。淳于棼初见三位上仙时，契玄禅师让白鹦鹉道出"蚁子转身"，淳于棼却听成了"女子转身"。契玄禅师将"惟有梦魂南去日，故乡山水路依稀"[①] 的偈语暗藏诗句中，然而为情所障的淳于棼根本没听懂这是自己未来的命运。该剧虽然简化了对淳于棼与瑶芳公主的爱情描写，但淳于棼对瑶芳公主无疑是重视的。因为他深知在槐安国所获得的一切皆是因其驸马身份。当公主去世，寂寞难耐的淳于棼竟然与琼英、灵芝、上真仙子厮混，出现三女侍夫的淫乱场面。值得指出的是，这一情节在小说中并没有，乃汤显祖增

---

① 汤显祖：《南柯梦记》，人民文学出版社1981年版，第32页。

饰。这一笔法无疑表现出作为凡人的淳于棼人性中的丑与真。在剧末，淳于棼眼见瑶芳升天，还要拉扯她下来与之再做夫妻。淳于棼对瑶芳的执念并不全是源于他们二十多载的夫妻情分，而是他为情所执，不愿梦醒的心理。

其次，该剧亦表现出淳于棼对权力的渴望。在《侠概》一出中淳于棼纵有十八般武艺，但对卸甲归田的生活仍怀愤懑之气。他道："一官半职懒踟蹰，三言两语难生受。闷嘈嘈尊前罢休，恨叨叨君前诉休。"① 这份闷与恨正是壮年被弃的淳于棼的心理表现。瑶芳问淳于棼想要当什么官时，淳于棼自我打趣要做"老婆官"。国王除授南柯太守一职，淳于棼立即感谢妻子的抬爱。经过20年的宦场历练，淳于棼早就谙熟权力的魅力。他凭借自己乘龙拜相，受宠三宫的恩遇，在给妻子挑选葬地时，坚持选择蟠龙冈。右相指出蟠龙冈是国家气脉，淳于棼则谓："生男定要为将相，生女兼须配王侯，少不的与国咸休，此乃子孙万年之计。"② 此处淳于棼炽热的权欲昭然若揭。

总之，《南柯记》中淳于棼不是一个集真、善、美为一体的非凡人物，他对情的痴迷、对权的执念是凡人共有的特点。如果说《南柯太守传》中淳于棼不经的行为与整部小说稽神语怪，事涉非经的特点相符合的话，那么《南柯记》则是在人性的维度上重塑淳于棼，通过表现其凡性的一面来阐发万物有情，只要远离颠倒梦想，任何人都能立地成佛的道理。

第三，就人物所表现出的审美品格而言，有学者指出《南柯太守传》真正要表达的主题是：人生如梦，只有委命于天，才能济于大道。③ 因此小说中的淳于棼则被敷成上一层道家玄色。首先，从小说的叙事空间来看，淳于棼从因酒入梦，到大梦初醒。"酒"成为其造梦和梦醒的关节点。以酒醉譬喻人生的执迷，以酒醒譬喻人生的彻悟，酒与梦构成小说中现实与梦境的双重叙事空间，而小说所指向的人生真谛（栖身道门）则是酒与梦之外的第三层叙事空间，酒与梦实则是作为人

---

① 汤显祖：《南柯梦记》，人民文学出版社1981年版，第3页。
② 同上书，第132页。
③ 李宗为：《〈南柯太守传〉的题材来源与主题思想——与路工同志商榷》，《苏州大学学报》1985年第3期。

生若梦中"梦"的意义而存在，如此繁复的叙事空间营构出言不尽、意无穷的意蕴。其次，从人物的命运来看，淳于棼从身无一物的平民到贵极禄位、权倾国都的南柯太守，仅因"玄象谪见、国有大恐"的星象被逐出国门，此谶纬之说成为决定淳于棼命运的重要节点，而谶纬之说的根源与道教文化不无关系。最后，淳于棼潜心修道，三年后卒，合于梦中父亲所说的再见之时，这些细节亦增添了人物奇幻色彩。

同样是表现人生的虚无，《南柯记》中的淳于棼则被敷成上一层深重的悲感文化。而这层悲感色调则主要源于佛教文化。就人物命运而言，该剧中一干人物无不是遵循着因果的宿命。契玄禅师五百年前佛塔灼蚁一案即结下与蝼蚁的因缘。瑶芳公主与槐安国王后持经念佛，是有飞升果报。淳于棼为情所障，遂被蝼蚁摄魂。后经南柯一梦，终发大愿，以燃指焚香的惨烈方式堪破一世情痴，得以立地成佛。相较之下，《南柯太守传》中淳于棼三年而亡合于父亲的预言，为二人终得骨肉团圆留有遐想空间，在某种程度上还保留了对亲情的肯定。而《南柯记》则让淳于棼彻底堪破一切情痴，跳出轮回才终得解脱。《南柯记》借助轮回果报观，以有情写尽无情，比《南柯太守传》更具有生命哲学的意味。

就戏剧情境而言，剧中主人公的情缘发生与结束都与佛门相关。《南柯记》中琼英、灵芝和上真仙姑以佛场为情场，在禅床畔选东床，这一独具匠心的设计让淳于棼与瑶芳的情爱从一开始就与佛教结下不解之缘。淳于棼一梦醒来，仍然不忘梦里诸相，发愿要与瑶芳再见一面。契玄禅师做下水陆道场，众僧持杨枝洒水，为淳于棼洗净心尘，"香风台殿雨花天，人天玉女持花献，花光水色如空旋。仗如来水月观，把世界花开现……"① 在这样一个纯美、寂静的夜晚，淳于棼终圆心愿，哪知再见时亦是诀别时，寂静的水月观成为二人情尽之处。无论是天竺院的观音座下还是水月观的祭坛之上，寂院深寺见证了淳于棼因空见色到因梦悟空的全部过程，淳于棼的情始与情灭都与佛堂僧寺有着密切关联，而后者也为二人虚妄的情缘抹上了一层灰重的色调。

《南柯记》中以一种仰视的姿态静味精微奥渺的佛法，使剧作具有

---

① 汤显祖：《南柯梦记》，人民文学出版社 1981 年版，第 161 页。

了一种空灵、悲悯的色调。在汤显祖的笔下此岸的一切不过是转瞬即逝的幻象。世间的新雨、落花，抑或是一阵东风都成了传递佛法的重要意象，如第一出《提世》【南柯子】："玉茗新池雨，金栀小阁晴。有情歌酒莫教停，看取无情虫蚁，也关情。国土阴中起，风花眼角成。契玄还有讲残经，为问东风吹梦，几时醒？"① 该出既是对全剧内容的概括，更是曲家对妙不可言的佛旨的体味。佛法里有"不著相"之说，意即心无挂碍，不执着于世间诸相。《南柯记》中无论是梦中之相，还是眼前之物，都不过是一场幻影。该剧以一种静默远观的目光看待世间"诸相"，力图在"诸相"背后窥破永恒的佛理。汤显祖用迷离惨淡的戏剧情境写尽人间的真与丑，通过写人性之丑来仰视不可企及的神性之光，然而在面对现实世界时则不免发出一声悲悯的哀叹。

  不可否认的是，无论是《南柯太守传》还是《南柯记》都不是绝对的宣道和阐佛作品。在《南柯太守传》中亦涉及灵芝夫人在天竺院观《婆罗门》舞和上真仙子听契玄法师讲《观音经》等与佛教相关的情节，同时小说本身也包含了某些谈玄尚侠的成分。而《南柯记》情节内容与《南柯太守传》大体相似，因此也具有《南柯太守传》所体现的杂糅之色。总体而言《南柯太守传》呈现出道家的玄秘色彩，《南柯记》则蒙上了灰重的宿命悲调，这与李公佐和汤显祖所处的历史环境和个人身份不无关系。李公佐所处的唐王朝正是中国历史上的辉煌时期，文人借志怪故事表达对现实的批判，并站在儒家正统立场劝解后世君子戒骄戒躁，勿要矜夸自己的功名。李公佐虽然秉持三教思想，但《南柯太守传》中浮生若梦的思想仍然是借道家学说对现实进行批判，因此从根本上仍然立足于儒家思想；汤显祖处在明代晚期，自从宦场自主抽身之后，他对包括自己在内的晚明士子的生命价值进行深刻反思。深受儒释道三教文化濡染的汤显祖在《南柯记》中极力敷陈对现世的幻灭感，并将质疑之声直指儒家生命价值观，这可视为晚年汤显祖精神世界发生蜕变的一个信号。在参悟人生的苦集灭道之后，汤显祖最终将目光投放在遥远的佛国世界，亦可视为对现实世界的一声无奈叹息。

---

  ① 汤显祖：《南柯梦记》，人民文学出版社1981年版，第1页。

四 邯郸梦醒觉难醒——《邯郸记》与佛道文化

万历二十八年，51 岁的汤显祖突遭长子士蘧离世噩耗，一下子跌入人生的谷底。士蘧是汤显祖非常钟爱的长子，从小就备受父亲的关注。"汝从三岁识经书，八岁成文便启予"，"五岁《三都》成暗诵，终星廿史略流通"。早慧的士蘧和幼年时期的汤显祖一样过早地步入举子业的枯燥生活中。然而也许是在父亲的盛名之下，士蘧承受着比父亲还大的精神压力。在他 20 岁秋试失败后，身体状况愈加不好。为了能赶考，身患疟疾的他还用人参、白术进补，结果导致病情恶化，最终没能熬到八月。其实在这之前，汤显祖已经预感到儿子士蘧承受了太多的压力，他责备自己"不合生儿望为龙"。可是没等他调整教育方法，就已经传来士蘧的噩耗。这对汤显祖的打击非常大，他一口气写了 32 首悼诗。第二年汤显祖被正式免职，可以说对他而言仕宦之门彻底关闭了。这件事情对汤显祖不啻第二次沉重的打击。在这种心情下，汤显祖创作了《邯郸记》。

《邯郸记》写吕洞宾以黄粱一梦度脱卢生。卢生在梦里与富家女崔氏结婚，通过贿赂试官举为状元，后被任命为知制诰。却因偷写夫人诰命被贬为陕州知州。又因开河建奇功获擢升，挂印征西大将军，勒石记功，封为定西侯。忽被诬陷通敌，罪当论斩，后改充军；最后平反昭雪，还朝拜相。卢生临死前一会惦记加官赠谥，一会想着为儿子功名护航。一梦醒来，卢生所在的邯郸店内黄粱未熟。吕洞宾点破参差世界皆为妄想。卢生彻悟，拜吕洞宾为师，随吕洞宾至蓬莱。八仙一一点醒卢生，卢生最终执蓬莱扫花之役。不可否认《邯郸记》敷成了大量神仙道化的色彩。从戏曲结构来讲，该剧开篇不久即有吕洞宾现身道明度脱原委，最后一出八仙齐上阵，点醒卢生。凡此种结构乃度脱剧之典型代表。从戏曲人物来看，除了度脱剧中常见的八仙以外，该剧中的驴、鸡、狗等动物幻化成崔氏等一干人物，陪卢生历经梦中之事，这较之一般的传奇剧作，更添幻化色彩。从戏剧情节上看，该剧磁枕勾人入梦的核心情节虽不是汤显祖自创，但也明显借鉴仙真道法营构故事情节。因此后人视该剧为神仙道化剧，与马致远的《岳阳楼》比肩。譬如洪昇说："昔涵虚子论元人曲有十二科，一曰神仙道化。故臧晋叔《元曲选》，此科居十之三。马东篱《黄粱》《岳阳》诸剧尤佳；而临川《邯郸》亦臻其妙。"①

然而细嚼《邯郸记》，该剧却不似纯粹的神仙道化剧。虽然"黄粱一梦"的故事底本已经具有非常明显的道化色彩，但经过汤显祖改编，该剧最终并非走向宣道一途，而是借这一题材表达对现实的批判，进而对封建社会知识分子的价值观进行反思。这具体体现在以下两个方面。

（一）戏剧主人公的蠢与痴

就戏剧人物来看，《邯郸记》以卢生——一个被度脱者为中心，重新敷陈"黄粱一梦"的故事，这使得该剧具有完全不同的视点。《邯郸记》本事据唐代沈既济《枕中记》。以"黄粱一梦"为故事底本的戏曲创作很多。大抵分为两类，一类是以马致远的《黄粱梦》为代表，写汉钟离度脱吕洞宾的故事。一类是以汤显祖《邯郸记》为代表，写卢生被吕洞宾度脱的故事。同样以一梦初醒，黄粱未熟的故事敷演度脱故事，但是前者站在度脱者的角度，强调神仙高人的广通道法，后者以被度者为戏曲故事中心，表现凡人对虚妄世界的执着。《邯郸记》以卢生这一凡人为主人公，让该剧故事重心发生改变。剧中的卢生不再是传统才子佳人戏中才情纵天、命运多舛的公子，而是一个资质平庸、生活普通的凡人，并且还被赋予了"蠢"与"痴"两个主要特征。

就"蠢"这一特征而言，《邯郸记》第一出《标引》即为卢生点题——"蠢卢生梦醒黄粱"。随后剧作通过三个方面表现卢生之"蠢"。首先卢生家世凡庸，文采平平。其先父流移邯郸县，村居草食，是个地道的农户。卢生依赖数亩薄田度日，却自视甚高。自谓"于书无所不窥"，"所事无所不晓"的他却道："李赤是李白之兄"，"梁九乃梁八之弟"②，几令人喷饭。其次，卢生的蠢还体现在他的两次大功上。宇文融设计迁卢生到陕州城凿石开河，卢生却用盐蒸醋煮的方式劈山凿石，开河百里；宇文融再次设计让卢生领兵应敌，卢生却以红叶题诗反间破敌，勒功天山。汤显祖以一本正经的笔法摹写卢生既无文韬亦无武

---

① 洪昇：《〈扬州梦〉传奇序》，毛效同编《汤显祖研究资料汇编》下，上海古籍出版社1986年版，第1252页。

② 汤显祖：《邯郸记》，《汤显祖戏曲集》下，上海古籍出版社2010年版，第706页。

略的"蠢"行,而这样的蠢行居然获功,着实凸显了卢生荒诞的一生。

就"痴"这一特征而言,《邯郸记》沿袭了《枕中记》卢生入梦动机。卢生道:"大丈夫当建功树名,出将入相,列鼎而食,选声而听,使宗族茂盛而家用肥饶,然而可以言得意也。"① 这种人生价值观可谓彼时儒生的标配,卢生正是因为执着于此,所以才被吕洞宾以磁枕勾入梦中。同时,《邯郸记》还具体刻画了卢生如何一步步滑入功名利禄的沉障深渊。首先,与崔氏结为秦晋,卢生本无心功名,只被崔氏"我家七辈无白衣女婿"为由,打发去应试。卢生授命制诰,为答谢崔氏题桥捧砚之情,偷写了夫人封诰,此乃卢生因"功名"二字犯下的第一次罪。其次,卢生两次功成原本是利民利国的好事,却为"功名"二字所累,一步步将自己逼到人生的绝境。第一次开河成功,卢生为在皇帝东巡之际邀功,大动民力。不料一介书生却被委以帅印,奔赴沙场。第二次卢生平乱有功,却为青史留名,勒石天山,留下通敌之嫌。表面上卢生是为宇文融所妒,步步遭人构陷。实际上若不是卢生醉心功名,则不会因功绩越大而获罪越多。再次,卢生经历人生的大起大落之后,原本有机会幡然醒悟,可他仍然沉醉不醒。剧中两次提到卢生梦境外的家乡。一则是卢生走到人生的最低谷,宇文融诬告卢生通敌卖国,皇帝判他死罪。卢生感叹道:"吾家本山东,有良田数顷,足以御寒馁,何苦求禄,而今及此?"② 此时的卢生再想过着衣短褐,乘青驹,行走邯郸道中的日子却不可得也。跪在断头台上,卢生道:"朝家茶饭,罪臣也吃勾了。"人生的陡起陡落让卢生对功名二字产生悔意,可是即便如此,他也沉障不醒,足见其功名之心日炽。二则是卢生走向人生巅峰,却也是死之将至时,卢生嘱长子念奏表称谢,表文道:"臣本山东书生,以田圃为娱。偶逢圣运,得列官序。过蒙荣奖,特受鸿私。……顾无诚效,上答休明。空负深恩,永辞圣代。"③ 不同于《南柯记》中的淳于棼,入梦后不曾记得自己来时的路,记起原来的家乡时就已是梦醒时分。卢生即使入梦也一直记得自己原来的家乡,只是自

---

① 汤显祖:《邯郸记》,《汤显祖戏曲集》下,上海古籍出版社2010年版,第719页。
② 同上书,第794页。
③ 同上书,第842页。

己选择不愿醒来。足见卢生被"功名"二字蒙蔽,并非受惑于某个世外高人,而是自己"自由意志"的选择。最后,卢生濒死之前所记挂的几件事情最能反映他被功名利禄耗尽一生。他一愿同年官友在朝护佑,二盼自己青史留全名,三讨加官赠谥,四佑幼子荫袭,五奏朝廷功表,六嘱妻存服留念。卢生死之将至,仍不忘功名利禄。当卢生醒来后,最为不舍的竟然是"那几个官生的儿子"。《邯郸记》通过精心地摹写将卢生一步步滑入功名深渊的心路历程细腻生动地表现出来,通过对卢生这一典型人物的描写,表现了千万个儒生的"蠢"与"痴",也进一步批判了封建社会知识分子价值观的虚妄和荒诞。

(二)"黄粱一梦"的真与幻

就剧情建构而言,《邯郸记》花大量笔墨描写"黄粱一梦"的梦境,却以精练的笔墨写梦境外的故事。全剧共三十出,除了前三出和后两出以外,有二十五出摹写梦境。这让《邯郸记》呈现出一种独特的剧情逻辑。如果说《邯郸记》托迹灵幻,有慕仙之色的话,那么对彼岸的向往恰是通过逼肖的梦境来实现。换言之,黄粱一梦的故事愈是逼真,人生如梦的主题就愈是凸显。为此,汤显祖在《枕中记》的基础上对"黄粱一梦"的故事内核做了很大程度的改编。具体而言,表现在"黄粱一梦"内容上的真实性和形式上的虚幻性两个方面。

第一,就"黄粱一梦"内容而言,《邯郸记》进行了大量细节的填充,为的是增强其真实感。具体表现在情节、人物两个方面。首先,从情节上来看,《邯郸记》补充了卢生入梦后中举的原因。在原故事底本《枕中记》中,仅有卢生娶美艳娇妻,第二年登科及第的寥寥几句。但《邯郸记》就卢生考中状元进行了非常细节的描写。一是卢生中举,全因其妻崔氏的催促;二是卢生中举全因崔氏的家兄——孔方兄的大力保荐。无怪乎汤显祖在第六出《赠试》下场诗里调侃道:"状元曾值几文来?"① 这一细节的补充可谓神来之笔。一则表现了卢生对"功名"二字态度的变化;二则着力嘲讽了封建社会人才甄选的不公,"有钱能使鬼推磨"的讽喻呼之欲出。此外,《邯郸记》还敷陈了一系列真实生动的情节,正如沈际飞云:"状头可夺,司户可笞,梦中之炎凉也。凿郯

---

① 汤显祖:《邯郸记》,《汤显祖戏曲集》下,上海古籍出版社2010年版,第732页。

行谍，置牛起城，梦中之经济也。君复丧元，诸番赐锦，梦中之治乱也。远窜以酬悉那，死谗以报宇文，梦中之轮回也。临川公能以笔毫墨沈，绘梦境为真境，绘驿使、番儿、织女辈之真境为卢生梦境，临川之笔，梦花矣。"①

其次，就人物而言，《邯郸记》塑造了好几个生动真实的人物形象。除去上文中已经分析过的卢生以外，《邯郸记》较之原故事底本最大的改编则是塑造了以宇文融为代表的宦场群像人物。在小说《枕中记》中，并没有宇文融这一人物。卢生在取得河功和边功之后，被时任宰相以流言蜚语中伤后贬迁。不久之后卢生被征为常侍，担任宰相，复又为同列所害，被诬通敌，下到狱中。可以说，小说中卢生两次遭难都来自宦场同僚，但却来自不同人的构陷。《邯郸记》将矛盾集中化，将卢生两次遭难的罪魁祸首都集中于宇文融这个人物身上，这样不仅能使戏剧矛盾更为集中，而且能将宦场之中的权力斗争更加鲜明地表现出来。《邯郸记》中宇文融一上场就表明自己"性喜奸谗，材能进奉"。因为自己最会揣摩圣意，取媚权贵，所以当他得知卢生与满朝权贵相知，却偏偏没有"相知"于他，就暗埋杀机；待御宴之上，卢生因不肯曲就宇文融而为自己埋下祸根；卢生开河成功，却被宇文融举荐守边；卢生守边有功，却被宇文融构陷通敌。可以说，从没有"钻刺"宇文融开始，卢生就步步被宇文融算计，若不是匈奴使臣为卢生翻案，卢生恐怕从此就老死崖州了。可以说，《邯郸记》以精纯老道之笔摹写出一个将捧杀和棒杀之法玩弄于股掌的宦场老手形象。如果说宇文融代表绝对的"恶"，那么崖州司户、萧嵩、裴光庭则代表了宦场不同层面的人物形象。崖州司户是一个小官，原本难以见到尚书阁老，想着卢生或许有钦取还朝之日，因此并不十分为难他。不想宇文融修密函给崖州司户，让他了结卢生，于是崖州司户对卢生痛下杀手。当朝廷使臣手捧文书来请卢生还朝时，崖州司户还以为是宇文融提拔他。喜不自胜的他在使臣面前摆出一副傲色道："天使来取司户回朝拜相，体面不跪。"②

---

① 沈际飞：《题〈邯郸梦〉》，毛效同编《汤显祖研究资料汇编》下，上海古籍出版社1986年版，第1249页。

② 汤显祖：《邯郸记》，《汤显祖戏曲集》下，上海古籍出版社2010年版，第823页。

当得知是卢生拜相时，心中叫苦不迭，立刻自绑请死。崖州司户这种前倨后恭的态度和其丑不安其位的嘴脸几令人喷饭。然而卢生不仅放过了这个小人，而且笑道："此亦世情之常耳。"① 卢生在经历鬼门关一劫后，心态发生了改变。他不仅洞悉了职卑位低者的无奈，也明了崖州司户背后的指使者宇文融行为的"必然性"。有了这种对世情的理解，卢生的宦场之路从此通遂。如果说崖州司户代表底层官僚的典型形象的话，那么萧嵩、裴光庭则代表了高级官员的形象。萧嵩、裴光庭一是梁武帝之后，一是前宰相裴行俭之子。此二人与卢生有同年之谊，却也是明哲保身之流。所以当宇文融设计陷害卢生通敌叛国时，萧嵩原本不愿签字画押。不料宇文融以"同通卖国"相要挟，萧嵩只得同意。当卢生被问斩，满朝文武居然无人为之伸张。此时的萧嵩、裴光庭选择明哲保身，足见所谓同年之谊也不过是互相借光的借口。如果无光可借时，"同年"只会成为引火烧身的导火索。卢生病危之际，萧嵩、裴光庭在背后互递消息。萧嵩预判卢生命不久矣，马上恭喜裴光庭大拜在即，其赤裸裸的功利之心昭然若揭。卢生的死于他们而言，恐不是忧事而是喜事。萧嵩、裴光庭这两个人物形象真实而生动地反映了宦场之上的人情心态。《邯郸记》用细腻的笔法描写了宦场之中高级官员真实的生存法则和心理状态，其鲜活生动的形象具有很强的代表性。吴梅评论《邯郸记》道："记中备述人世险恶之情，是明季官场习气，足以考镜万历年间仕途之况。"② 可见，《邯郸记》虽本唐人小说而作，却是对明代官场真实现状的摹写。

第二，就"黄粱梦"形式而言，徐中翰云："《邯郸》离合悲欢，倏而如此，倏而如彼，绝无头绪，此都描画梦境也。"③《邯郸记》中"黄粱梦"的腾挪置换和变幻莫测突出表现在时间和空间两个维度上。

就时间的维度而言，"黄粱梦"中的卢生30岁壮年入梦，80岁高龄去世，须臾之间50年过去。"黄粱一梦"有详有略地展现了卢生这

---

① 汤显祖：《邯郸记》，《汤显祖戏曲集》下，上海古籍出版社2010年版，第824页。
② 吴梅：《〈邯郸记〉跋》，毛效同编《汤显祖研究资料汇编》下，上海古籍出版社1986年版，第1266页。
③ 徐中翰：《〈邯郸梦记〉总评》，毛效同编《汤显祖研究资料汇编》下，上海古籍出版社1986年版，第1244页。

50年的人生经历,将笔墨重点放在其人生中三起三落的时间节点上,表现出"黄粱梦"时间上的可伸缩性。具体而言,"黄粱梦"重点展示了卢生人生中的三起为:中举、河功、边功;其人生的三落为:外补、问斩、流放。在这个过程中其人生的三起三落环环相扣,汤显祖集中表现了卢生人生前半段的故事,直到流放三年后,卢生昭雪,复被朝廷擢升。所谓"二十年丞相府,一千日鬼门关"。此后卢生20年丞相府生活被一笔带过,直到80高龄的卢生因纵欲过度而殒命。可以说"黄粱梦"并不是对卢生人生的每一个时间节点展开,而是选择了最具代表性的几个重要节点展开,这种对时间的压缩与凝聚正体现了梦在时间维度上的特点。

就空间的维度而言,"黄粱梦"包含了不同人的不同叙事空间。譬如,主人公卢生所涉及的叙事空间包括清河县崔氏门宅、长安曲江宴、陕州、天山、云阳市、崖州、丞相府等;崔氏除了谨守闺阁外,还在卢生流放之时被投入内府作坊。正是因为到了此处,崔氏才得以通过织锦回文为卢生讨得回还之机;此外,以吐蕃丞相悉那逻为视点,展开的塞外描写也颇有异域色彩。总之,"黄粱梦"并未完全局限于卢生一人的视点。从这个意义上来说,"黄粱梦"并非专为卢生所设,其梦中多种叙事空间的交叉、叠加,实则敷陈出一个真实的明代生活图景。

"黄粱梦"展现了卢生波澜起伏的一生。在梦中卢生一世奔波、迁贬数地,其空间跨度之大、之多,正如同"黄粱梦"在时间上的表现一样,充分体现了梦境在空间维度上的压缩和凝聚性。正如沈际飞所云:"人生如梦,惟悲欢离合,梦有凶吉尔。邯郸生忽而香水堂、曲江池,忽而陕州城、祁连山,忽而云阳市、鬼门道、翠华楼,极悲极欢,极离极合,无之非枕也。"[1]

虽然"黄粱梦"在时间和空间的维度上大开大合,变化无穷,但与杂剧《黄粱梦》相比,《邯郸记》里的梦更趋向真实。杂剧《黄粱梦》里吕岩入梦后与高太尉之女翠娥结为夫妻,生了一双儿女。吕岩奉命在外征讨却临阵脱逃,收钱回家,撞破了妻子翠娥与魏尚书之子魏

---

[1] 沈际飞:《题〈邯郸梦〉》,毛效同编《汤显祖研究资料汇编》下,上海古籍出版社1986年版,第1249页。

舍的私情。吕岩欲杀翠娥，院公劝阻他。又因吕岩犯案，被发配。途中解差将他及其一双儿女释放。三人迷路，一樵夫指点他们去草庵乞食。吕岩一双儿女被壮士摔死，吕岩自己也被壮士追杀。吕岩从梦中惊醒，这时才知高太尉、院公、樵夫和壮士都是钟离权幻化而成，于是出家。该杂剧梦境情节不合理处较多，度脱者通过梦境"恫吓"被度脱者，最后使其出家。被度脱者的梦境越是荒诞，越能体现施法者的道法。相比较而言，《邯郸记》中除了吕洞宾授枕以外，所有梦中情景都是卢生对功名二字的执念幻化而成，所以一切幻象皆为心象。正如剧中卢生醒来追问道："一辈儿君王臣宰，从何而来？"吕洞宾道："都是妄想游魂，参成世界。"① 此处道法威力被淡化，卢生自我对功名的彻悟成为其放弃执念的最根本的动因。因此，"黄粱梦"的梦境越是真实，卢生彻悟的动力就越真实。

从严格意义上来讲，《邯郸记》并不是度脱剧，而是借度脱的故事来表现汤显祖对自己宦海沉浮的反思。这种反思可以透过该剧三层叙事空间来表现。第一层叙事空间是凡人卢生生活的邯郸，第二层是卢生梦中的幻化世界，第三层是八仙齐聚的蓬莱仙岛。与这三层叙事空间相对应的分别是卢生功名之心的变化。在第一层叙事空间里，卢生栖身邯郸莆田，不得意于困顿的现实生活，那番大丈夫当建功立业之论是他素有的心志，这也是卢生被引入梦的根本动因；在梦中，卢生由无心再上科场到被功名之心蒙蔽双眼，至死方休。这是卢生在梦醒之后得以放下功名之心的最大动因。在第三层叙事空间里，卢生恐邯郸游仙梦碎，不愿醒。当卢生被吕洞宾点醒，店小二说黄粱饭熟，可吃了。卢生紧接着说："罢了，罢了，待你熟黄粱又把俺那一枕游仙耽误的广。"② 此处，卢生将邯郸一梦与游仙梦并提，表明虽然卢生已经勘破黄粱一梦中的宦海幻影，然而一枕游仙梦又何尝不是梦一场呢？当八仙分别上场和卢生畅谈仙真之道时，卢生却道："【前腔】……老师父，你弟子痴愚，还怕今日遇仙也是梦哩。虽然妄蚕醒，还怕真难认。（众）你怎生只弄精

---

① 汤显祖：《邯郸记》，《汤显祖戏曲集》下，上海古籍出版社2010年版，第845页。
② 同上书，第846页。

魂？便做的痴人说梦两难分，毕竟是游仙梦稳。"① 由此可见，汤显祖虽然在该剧结尾为卢生设置了一个美好的结局，但游仙亦是梦一场，只不过比耽溺宦海更安全罢了。沈际飞云："卢生蕉蘗八十年，蹒跚数千里，不离赵州寸步。又乌知夫诸仙众非即我眷属跳弄，而蓬莱岛犹是香水堂、曲江池、翠华楼之变现乎？凡亦梦，仙亦梦，凡觉亦梦，仙梦亦觉。"② 可以说，汤显祖自始至终都没有走入仙佛之道，是因为他勘破的不仅是传统文人信奉的"学成文武艺，货与帝王家"价值观，更有对仙佛之道所描绘的虚幻世界。对于这一点袁宏道深有所感，他道："一切世事俱属梦境，此与《南柯》可谓发泄殆尽矣。然而仙道尚落梦影，毕竟如何方得大觉也？"③ 从这一点上看，《邯郸记》虽然落笔于游仙梦，但人生的大梦如何能醒？汤显祖在面对这一问题时显示出了自己思考的困境。

"临川四梦"之后，汤显祖再无剧作问世。现实生活中长子的骤然离世，不仅让汤显祖饱受丧子之痛，更让他有机会审视自己和爱子的悲剧究竟从何而来。汤显祖通过《邯郸记》透彻地描绘了传统文人对仕途的渴望，功名二字不仅毒害了自己更扼杀了自己的孩子。作为父亲没能早点预见这一切，而是成为帮凶，一步步将一个鲜活的生命逼入绝境。此时的汤显祖所承受的痛苦足以让他真正离开那个喧闹的名利场，重新寻找生命的价值所在。在深刻的悲剧面前，汤显祖没有选择投入佛、道的梦幻世界，因为他深知兜率天与蓬莱岛也不过是白日梦一场，他所能做的只能是直面惨淡的人生，并努力去重构自己人生价值观，这正是汤显祖作为明代伟大剧作家的原因所在。

《南柯记》《邯郸记》虽然充满了亲佛近道的味道，但究其根本仍是表现人生如梦的主题。虽然剧中仍有很多对现实世界的影射和批判，同时也部分寄托了汤显祖的政治理想，但要注意的是这两剧是汤显祖真正从官场中撤离出来，并且有距离地审视自己的人生和之前所走过的路

---

① 汤显祖：《邯郸记》，《汤显祖戏曲集》下，上海古籍出版社2010年版，第853页。
② 沈际飞：《题〈邯郸梦〉》，毛效同编《汤显祖研究资料汇编》下，上海古籍出版社1986年版，第1249页。
③ 袁宏道：《〈邯郸梦记〉总评》，毛效同编《汤显祖研究资料汇编》下，上海古籍出版社1986年版，第1244页。

之后，作出的告别这个闹腾官场的别语。汤显祖下决心要告别的不是这个尘世，而是告别长久以来他所秉持的政治抱负，进而去寻找真正有价值的人生目标——那就是和真正需要他的人在一起，汤显祖似乎认识到只有观众和演员才是真正需要他的人。在其余生里汤显祖脚踏实地地做一个曲家，他不仅作了《宜黄县戏神清源师庙记》，该记从哲学和社会思想的高度提出戏曲的重要性，并全面阐述了戏曲表演、导演、演出等方面的理论，"无愧为中国戏曲表导演艺术的奠基之作"[1]。更难能可贵的是，汤显祖在晚年和戏曲艺人相互切磋，并在他们中间找到了知己。《与宜伶罗章二》中汤显祖关注艺人的经济收入和生活；《七夕醉答君东二首》透露出他"自掐檀痕教小伶"的教学生活；《遣宜伶汝宁为前宛平令李袭美郎中寿》《九日遣宜伶赴干参知永新》则告诉我们他曾派遣这些戏曲演员到外地为其朋友演出，可见他与艺人间的交情甚好；在《作紫襕戏衣二首》中我们甚至发现汤显祖面敷粉墨，执笏登场。他将这些与艺人的书信收录在自己正式出版的诗文集中，可见他对这些艺人的尊重。

汤显祖的一生是孤独与矛盾的。他青年时代拒绝高攀首辅张居正，但在张居正死后却向他被流放的儿子致以慰问；他同情东林党人，与他们声气相和，但并没有入社，始终保持着思想和行动的独立性；内阁大臣张位是汤显祖的同乡兼老师，在汤显祖被贬遂昌时并没有对汤显祖施以援手。但张位罢相后，汤显祖反而与他频繁接触，甚至在张位去世后，汤显祖还一再关照其家人……汤显祖一生都在矛盾中孤独地追寻自我。因此在政坛上，他不苟同于世，不应和于长官，保持着独立的判断与高洁的作风；在文坛上他不步趋于师长，坚持做自己。因此，我们不难理解，虽然汤显祖深受佛道思想影响，但在戏曲创作中，他总是在出世与入世间徘徊，不能做到"忘情"。虽然晚年他邀好友前往庐山共结莲社，甚至还作《续栖贤莲社求友文》。但真正到临死前，他却要求家人不要请和尚为他超度，不要杀牲祭献，不要烧冥钱，不要选吉时而推迟下葬……这些让我们看到汤显祖在生命最后的时刻仍然对彼岸的佛道世界保持了一定的距离。

---

[1] 徐朔方：《汤显祖评传》，南京大学出版社1993年版，第194页。

第二章　明代嘲佛讽道曲家及其剧作研究

明世宗嘉靖皇帝是明代皇帝中最崇奉道教之人。他一方面大肆斋醮，另一方面不遗余力地排佛。他在位期间，受宠遇的道士最多，给道士的特别待遇也最多。邵元节、陶仲文皆以方士之身授得一品。受此政治因素影响，明代社会中期谈玄尚怪的风气日炽，这也引起了部分曲家的不满。他们在其戏曲作品中对佛道之荒诞与虚妄极尽嘲讽，表现出嘲佛讽道的一面。

第一节　明代嘲佛讽道曲家及其剧作引论

虽然明代后期曲家中嘲佛讽道者不少，但从批评的程度和对象来看，这一时期曲家对佛道的嘲讽多集中在佛教上，尤其着重从"色""财""杀"三个字上入手。譬如，黄方胤的杂剧《淫僧》就写和尚染指尘世，偷当佛器以供嫖资，最后竟焚了度牒，与妓女厮混；徐渭的《歌代啸》中的李和尚与有夫之妇勾搭成奸；冯惟敏的《僧尼共犯》写僧、尼破了色戒，最后一起还俗；孟称舜的《伽蓝救》中有一段情节写佛寺住持贪恋美色，光天化日之下竟然诱拐女香客，将之囚于寺中；傅一臣的《没头疑案》写九华山和尚海云为筹建地藏王大雄宝殿四处化缘，夜遇陈氏燃烛守盼，淫心顿起，强行闯进房间欲奸污陈氏。陈氏奋力反抗，被海云用戒刀割颅。可见"色"字头上一把刀，"色"心往往后面就包藏着"杀"心。又如傅一臣的《截舌公招》中的尼姑蕴空、定慧贪财，将女香客迷倒，供恶少奸淫；沈璟的《博笑记》之四《起复官遘难身全》中空空寺僧人迷倒官吏,将之喂肥,然后四处骗人谓之天降活佛;许自昌的《灵犀佩》写文昌庵中的尼姑帮恶少尤效拐骗琼玉;许恒的《二奇缘》写宝华寺僧人悟石、觉空与强盗勾结,杀人越货,谋财害命;路迪的《鸳鸯绦》写宝华寺恶和尚广智、广谋为非作歹,杀人越货,因分赃不均,杀死张小二,因不愿出钱,二人锁住公差,投奔外敌。这类剧作或正面或侧面地反映出明代中期至明末佛门弟子为谋"财"而犯下的种种罪行。还有剧作将矛头直接对准明代中后期遍行于世的禅宗,考问其真实面目。譬如李开先的《打哑禅》写相国寺长老真如和尚自称在世活佛,本想效法祖师救济众生,于是设哑禅糊弄信众,不料败给一个根本不知禅为何物的屠户。其座下大徒弟卧柳眠花,毁师骂祖,见此状后立马转投屠户门下。该剧揭露了"不会参禅不会诵经"的末流禅宗,其讽刺批判之意不言而喻。

还有一类剧作主旨并不是揭露佛道乱象,但是剧情却从侧面反映出佛、道二教教令松弛的现状。譬如高濂的《玉簪记》讲金陵女贞观道士陈妙常与书生潘必正在道观因两情相悦,私下结合的爱情故事。该剧歌颂了男女的自由爱情,却也从另一方面反映了道教教规松弛。汪廷讷的《投桃记》写舜华与潘用中在天竺禅房幽会合欢,佛门禁地成男女欢爱场。

如果要细究曲家为什么对佛徒犯"色""贪""杀"三戒格外敏感的话,我想可以从三个方面来找原因。从政治因素上讲,如上所述这大概与嘉靖皇帝排佛有关。应该说,嘉靖皇帝是明朝历代皇帝中唯一对佛、道二教实行区别对待的皇帝。他不仅下旨汰僧,更令尼姑还俗,严格控制寺庙的发展。其礼部官员摸透了皇帝的心思,嘉靖六年上疏主张:"尼僧、道姑有伤风化,欲将见在者发回改嫁,以广生聚,年老者量给养赡,依亲居住。其庵寺拆毁变卖。"[1] 明世宗准奏。

从现实层面上讲,明代中后期,丛林现状堪忧。不仅有私自剃度者,更有逃避差役、作奸犯科的人为求庇身而躲入佛门。于是佛门成为社会藏污纳垢的重要角落。关于这一点佛门中人圆澄就提出过严厉的批

---

[1]《明世宗实录》卷83,《明实录》第9册,"中央研究院"历史语言研究所校印,1962年版,第1866页。

评，他认为以前僧人要通过考试，考上的僧人中尚有一、二漏网之鱼不能遵守教律。而今的僧人概而无凭据，漫不可究。僧伽队伍里有打劫事露者，有牢狱逃脱者，有悖逆父母者，有负债无还者，有缺衣短食者，有妻为僧而夫戴发者，或夫为僧而妻戴发者……①对于这一点明朝统治者也深以为祸，明世宗曾下令各级管理机构对佛道团体进行彻底清理，规定寺观不许收行童，也不许私自簪剃或收留寄名出家、逃避差役的人。如果有人私创寺观庵院，会被立即拆毁，财产没入官库。由此可见寺观已然构成社会隐蔽的不安定因素。

此外，从佛道二教的教义教规来看，道教的教规相较于佛教而言更亲近世俗。他们允许道徒结婚生子，这就在很大程度上减轻了人们对道徒近"色"的注意和批判；同时道教中的一大门派——正一教一直以法术闻名，道教徒通过施法、驱魔等道法而为民祈福禳灾进而获得物质报酬的生活方法也能为人们接受。这从另外一个层面说明道徒亲"利"也是能被认可的。然而佛门向来被认为是清心寡欲的禁地，如果佛教徒破了"色""财""杀"的底线，必然会引起人们的注意和批判。再加上自明代中期后佛道政策日趋松弛，滋生了大量为利奔走的宗教贩子，而丛林乱象也成为明代后期世风日下的一个缩影，这引起一批有良知的知识分子的愤怒。所以自明代中期开始至明末，曲界对丛林乱象的批判之声不绝于耳也成为明代曲界的一个重要现象。

如果对这些批判的声音作仔细分析，我们不难发现，明代中后期曲家中所谓嘲佛讽道者究其根本是基于两个原因，其一是因为其耿直狷介的性格，这类曲家对一切不平之事皆不能不言，故对佛道界里的窳滥现象又不能不持猛烈批评的态度；其二是站在维护封建正统的角度，斥佛骂道，这类曲家的动机仍是肃清流毒以维护封建社会肌体的健康。冯惟敏和沈璟可谓其中的代表。

---

① 圆澄《慨古录》："古之考试为僧，尚不能免其一二漏网，今之概而无凭据，则漫不可究。或为打劫事露而为僧者，或牢狱逃脱而为僧者，或悖逆父母而为僧者，或妻子斗气而为僧者，或负债无还而为僧者，或衣食所窘而为僧者，或妻为僧而夫戴发者，或夫为僧而妻戴发者，谓之'双修'。或夫妻皆削发而共住庵庙，称为'住持'者。"蓝吉富主编：《禅宗全书》第33册，文殊文化有限公司1989年版，第130页。

第二节 冯惟敏及其剧作研究

一 忠君爱民儒立身，呵祖骂佛难忘情

冯惟敏，字汝行，号海浮。生于正德六年（1511年），卒于万历六年（1578年）①。检视冯惟敏的一生，我们可以发现其中有两个显著的特点：其一，冯惟敏一生以儒立身，然性格狷介，颇与时流不合。冯惟敏出生于山东望族，其父冯裕是标准的封建官员，清正廉洁，爱民惜生。冯惟敏自幼随父宦游，父亲的言传身教使他受益颇多。在南京宦游时，他接触的大多是父亲的官长学仁。在耳濡目染中，冯惟敏确立了正三纲、端百行的儒家思想。27岁时乡试中举曾让他踌躇满志，锐气难挡。然而现实的残酷与黑暗常常让他抑制不住地愤怒，在其曲作中他犀利地抨击了官场凶险和对民生疾苦的深切同情。在他眼中，朝中的一品高官也好，手握重兵的武将也罢，都是为了蝇头蜗角的名利忙忙碌碌不得闲。冯惟敏在【北双调玉江引】《纪笑》中说："有眼无睛，何曾识好人。侧耳听声，强将假当真。举世见钱亲，穷胎为祸本。满口胡云。休言清慎动。一味贪嗔。休嗔我笑君。我笑君贪财不顾身，昼夜无穷尽，更不辨苍白。何处寻公论。把英雄折倒的沿地滚。"② 此一曲将世人见钱眼开，为钱作使的形象刻画得入木三分。"世路如同天样远，就里多坑堑"大概就是他经历宦海沉浮后悲凉心境的写照。

因为不能忘情于世，所以才有曲家对世情的嬉笑怒骂。如果说嬉笑怒骂的背后隐藏着曲家根深蒂固的儒家思想的话，那么对民生百姓疾苦的关注则从正面表现出这位以儒立身的知识分子可贵的一面。且看冯惟敏笔下农民颗粒无收时，却还要遭受官府的层层盘剥的悲惨情形。【北双调胡十八】《刈麦有感》："穿和吃不索愁，愁的是遭官棒。五月半间便开仓，里正哥过堂。花户每比粮，卖田宅无买的。典儿女陪不上。"③ 冯惟敏曲作中有大量表现民生疾苦的作品，这充分反映出冯惟敏善良耿

---

① 一说冯惟敏卒于万历十八年即1590年，又说卒于万历十年即1582年。
② 谢伯阳编：《全明散曲》第2卷，齐鲁书社1994年版，第1901页。
③ 同上书，第1916页。

直的一面。冯惟敏狷介耿直的性格不仅体现在其曲作中对官场黑暗的讥讽与批判以及对民生的关注，还表现在他与贪官污吏斗争的实际行动中。嘉靖三十一年冯惟敏见地方贪官污吏与豪绅勾结，争夺银矿，蠹财害民，于是写了《矿洞议》，怒斥其贪腐行为；嘉靖三十六年，山东巡按段顾言，巧立名目，大肆搜刮民脂民膏，不服者则投入监牢，百姓苦不堪言。为了满足一己之私欲，他甚至强占民家。生性耿直，关注民生的冯惟敏挺身而出，为民述冤。在其套曲《财神诉冤》的跋里，他道出创作实情，"有墨吏某，每按郡县，辄罗捕数百千人，囹圄充塞……某自谓山东之民易于残虐，密请于故相，独留二年。六郡之财悉归私室而后去。呜呼！诉冤二词，人所不敢言者，而仙言之，亦异矣哉！"① 然而正是这份特立独行、不畏强权的人格让冯惟敏深受缧绁之苦，此后他对宦海世情有了更深的体认。

正是因为坚定地秉持儒家的治世理想，所以在面对强权和黑暗的社会现实时，冯惟敏即使多年居乡不出，但仍然表现出对世情惊人的批判力度。然而在政治理想受到重创后，冯惟敏颇为消极，这时他寄情山水，吟风啸月。其大量曲作抒写了自己跳出宦海波澜的喜悦之情，亦有几许仙家隐客的味道。譬如他在【北双调胡十八】《辛未量移东归》中道："每日价说归湖，忘不了访仙路。烟月艇水云居，悠悠荡荡小蓬壶。载的来艳姝，钓的来好鱼。也会吃也会顽。人道俺尽豪富。"② 该曲表达了冯惟敏对花酒神仙、富贵安宁生活的向往。此外，在其曲作中我们不难发现大量"寻仙""访仙"的字眼，在其交游的对象里也包括郭第、雪蓑这样的隐士。这一思想趋向与历代倾慕道风的文人相近，但值得注意的是冯惟敏亲道的同时却特别排佛，这可以视作其思想上的第二个重要特点。

譬如在【北双调玉江引】《纪笑》中就嘲笑了打哑禅的僧人装腔作势，只为图财。"论地谈天，逢人说一篇。希圣希贤，空听口内言。心迹总茫然。经纶方大展，妙旨通玄，教人打哑禅。外貌清廉，生来只爱钱。好一似鹭鸶毛色鲜。素质无瑕玷。包藏吞噬心。两脚忙如箭，零碎

---

① 谢伯阳编：《全明散曲》第 2 卷，齐鲁书社 1994 年版，第 2103—2104 页。
② 同上书，第 1889—1890 页。

鱼儿嗦儿里趑。"① 此一曲极尽挖苦之能事，为外貌清正、心藏利欲的禅僧画了一幅生动的肖像。冯惟敏尤其对佛教徒不守清规，贪色逐利的行为很是反感，他在【北双调仙子步蟾宫】《留僧》里辛辣地讽刺了僧、尼骗财、贪淫的丑恶嘴脸。"俏姨夫换了个秃姨夫，旧施主做了个新施主。化缘簿改了个姻缘簿。倒赔钱当积福，花藤儿缠住了葫芦，手问心道了个万福，百衲衣打了个窝铺。斋馒头券了个胸脯。斋馒头券了个胸脯。鹞儿开言，行者铺谋。俺子索早起腰胱，午间中袖，夜晚包袱。巧藏拽金面皮观音老母，偷夹拿铜法身弥勒尊者。总不如剃了头颅，做个尼姑。这世里配一对光头，那世里变两个毛驴。"② 此一曲语言粗朴，纯用白描的方法和几个特写镜头描绘了僧尼与施主偷情、四处撞骗的行径，几令人喷饭。"这世里配一对光头，那世里变两个毛驴"之语更是赤裸裸的咒骂。这和他在【南商调黄莺儿】《嘲僧》直接咒骂僧人"现世上刀山"之口吻如出一辙。

冯惟敏如此辱骂僧尼在明代曲家中是少见的，探究其内在原因，大概不外乎两个：第一，其以儒立身的思想根基甚是牢固，作为一个关注民生，有着积极经世治国理想的知识分子，冯惟敏无法容忍明中后期丛林乱象以及由此衍生出的一系列社会问题。他对佛教徒的污行极尽嘲讽与他为民诉冤的行为有着相似的出发点，即都以廓世清俗为己任。第二，冯惟敏可能具有汉族文化中心论的思想，即对外来文化具有一定的排除性。这就不难理解冯惟敏虽然深染儒风，但并不排斥本土宗教——道教。事实上他在很多曲作中都表现出浓烈的道家情怀。只是作为外来宗教的佛教，冯惟敏似乎很是排斥的。其大汉族文化沙文主义鲜明地体现于其套曲《劝色目人变俗》中。冯惟敏站在儒家文化的高度俯视少数民族文化，讥笑其毫无礼数。"堪叹回回，生不惺惺死着迷。难存济，不信阴阳不请医，爱家私，顾不得衣衾不整齐。下场头只自知。现放着有帮无底千家器，是何家礼。"冯惟敏对他们"生不惺惺死着迷"的宗教信仰很不理解，在他看来"望西方天遥路迷，在中原看生见死，总不如随乡入乡。早做个子孙之计"。

---

① 谢伯阳编：《全明散曲》第 2 卷，齐鲁书社 1994 年版，第 1900 页。
② 同上书，第 1988 页。

二　白首不坠青云之志，作戏嘲讽佛子污行

冯惟敏作杂剧二种：《不伏老》《僧尼共犯》。这两部剧作恰好反映了冯惟敏以儒立身的思想底色。

《不伏老》以洪迈《容斋四笔》里记载82岁梁颢中状元的故事为蓝本。剧写梁颢少年中举，然进京赶考，屡试不第。家人亲友皆劝其选官为仕，梁颢不为所动。79岁仍进京赶考，人皆笑其老矣，梁颢不改其志。然揭榜后梁颢又不第，其仆人亦不免讥讽。梁颢入山林找老友抒怀，其间不免感慨白首已至，功名无成。3年后，梁颢以82岁高龄再次入京赶考，被监试官刁难讥笑。然而其仆人梦其高中，果然应验。皇帝在御殿传胪唱名，梁颢等及第者觐见，举朝共欢。

嘉靖十七年，冯惟敏与其兄弟一行三人同进京参加会试，然兄弟皆中进士，唯独冯惟敏落第，这对正意气风发的青年冯惟敏而言不啻一个重大打击。但他很快就振作起来，他将自己比作飞花，宁愿周流在御沟水上，也不愿开放在上林枝头。此后他又多次进京，皆不第。后来冯惟敏僻居山林23载，深感"男儿四十未致身，穷途屈曲怕问津"。直至嘉靖四十一年，51岁的冯惟敏再次出山，进京谒选。从此他为官10年，南迁北往，仕途坎坷。大约在1573年左右，冯惟敏卸甲归田，后因病离世。纵观冯惟敏的一生，我们不难发现他自始至终对出仕都抱着十分的热情。从27岁到51岁，这20多年的时间都不能磨灭其经世治国的理想，足见冯惟敏对出仕的热望。因此他创作《不伏老》一剧，就颇有些"自况"的意味了。

该剧共5折，其中3折细致生动地表现了梁颢这个老考生因屡试不第遭受的冷遇。譬如，与其同场考试的年轻人见他如此老迈还来参加考试，讥笑他是"生馒头"，"难入笼了"；梁颢的仆人见其未中，不免发牢骚，谓自己从光着头儿跟随会试，如今做了个老苍头不曾挣得些银两，连娶妻生子，添置几件像样的衣服都不行；而考场的监试官更戏称他是诈伪举人，让他进"神童科"考场……凡此种种白眼、奚落都将梁颢这个老考生的可怜、无奈表现得淋漓尽致。

梁颢访友抒怀，酒后佯狂的情节更是将这个老考生复杂心酸的心理表现得丝丝入扣。梁颢和老友反复申辩，说自己年纪虽大，但耳聪目

明，记性好，筋骨活。他一边哀叹自己命运不济，"眼见的紫金鱼不上钩，小朱衣不点头，妙文章一笔勾"，到头来落得一个"破头巾贼不偷，穷酸丁鬼见愁"的悲惨命运；一边又思想前后，向往鼓腹而游、紫府丹丘的无忧生活。可以说，冯惟敏以梁颢之口道出自己多年科场不如意的心酸史以及辗转于出世与入世间的矛盾心态。

从佛道文化视野来看《不伏老》的意义恰在于该剧从正面直接反映出冯惟敏坚定的儒家信仰，这构成其嘲佛的重要心理起点。这种嘲佛心理具体表现在其杂剧《僧尼共犯》中。

《僧尼共犯》剧写年轻寺僧明进难耐春情，与碧云庵中女尼慧朗在佛堂上偷情，被人发现，擒去见官。明进谎称进城晚归，恐怕犯夜，因此寻到亲戚尼姑处借宿。二人仅隔墙打坐，并无奸情。辖司吴守常和班房先生收了二人贿赂，从轻处理，令二人还俗。明进和慧朗喜笑颜开，从此抛弃佛门教义，乐享夫妻人伦之乐。

该剧是一部轻松幽默的戏剧，情节虽然不复杂，但是语言诙谐粗朴，插科打诨甚为捧腹，王季烈称之可与徐渭之《歌代啸》比肩抗衡。然而《歌代啸》全篇纯是"骂"，《僧尼共犯》则通篇全是"笑"。以佛道文化视野来审视该剧，其嘲佛色彩甚为浓烈。其具体表现在以下三个方面。

其一，从主题上讲，该剧以喜剧的笔法描写了一对难耐春情的佛教徒，借此批判了让人断欲绝爱的佛教教义。值得注意的是，冯惟敏站在儒家的立场对不合人伦的佛教教义进行批判。剧中寺僧明进自幼投身佛门，每日五更起，半夜睡，看经念佛不知为甚。他想起古圣贤的话：有天地，然后有夫妇。有夫妇，然后有父子。男女居室，人之大伦。然而佛教让人削发出家，永不婚配，人之大伦在佛门中却成禁忌。冯惟敏借明进之口道出这种让人绝嗣的教义本身充满荒谬，因为佛祖住世修行时，尚不轻易伤毁身体发肤，又怎教佛徒剃作光头。如果佛子们都做光棍，那么又有谁来传灯接续呢？虽然神有灵，佛有灵，但面对佛子"你有情，我有情"的时候，又怎能叫人因情入狱？剧中辖司吴守常令僧尼还俗，正是基于曲家对人欲的肯定。从这个角度看，冯惟敏不是全然的腐儒，在他看来，明进和慧朗首先是人，然后才是佛徒。正如明进自谓道："俺也是爹生娘养好根芽，又不是不通人性，止不过自幼出家",为什么长大成人反而要和自己天然的本性作斗争呢?冯惟敏通过彰显佛徒的欲望来肯定人欲的合理。从这一点来看,该剧可谓明代剧作中的杰作。冯惟敏通过肯定人欲,彰显人伦来批判不合人伦的佛教教义,成为该剧重要的旨趣。

其二,从内容上看,该剧借僧尼共犯的故事从侧面反映出明代中晚期以来丛林污行泛滥的社会现实。剧中写僧道犯奸,律有明条。这说明僧道犯奸实际上在现实生活中是存在并且成为一个不容忽视的现象,所以当权者才制定了一系列严格的政策来规范僧道行为。该剧不无打趣地描写了明进、慧朗禅房结缘的镜头。色胆包天的他们竟然不顾佛堂净地,将佛席当作象牙床,把偏衫做成鲛绡帕。这不禁令释迦佛瞠目结舌,当阳佛指手画脚,弥勒佛捧腹笑倒,天王火性齐发,八金刚怒发决眦,伽蓝佛红脸发急……在这一个个特写镜头下,二人全然不顾,只把禅房当作洞天福地,好不受用。此番情境只叫人喷饭,但也让我们深切感受到明代寺庙律例废弛,僧人想要收拾起心猿意马,一心向佛是件多么难的事情。

其三,从艺术手法上看,该剧着重刻画了身在佛门禁地,然而心旌摇曳的青年佛教徒形象。他们的行为虽然违反了佛门矩规,但曲家并未完全站在批判的角度来表现这对难耐春情的男女,而是以一种诙谐可笑甚至是同情而理解的笔调来刻画他们,因此该剧具有了一定的人性解放的姿态。剧末明进、慧朗还俗后欢天喜地,立即要行三媒六聘之礼,打鼓吹笛办一场胜似华严会的婚礼。他们将旧袈裟改作中衣,铁香炉铸成锅。还俗后的慧朗立即恢复了女性爱美的天性,她穿上罗裙衫,戴上假发髻,剃了两道柳叶眉,穿了一双绣花鞋。焕然一新的生活让他们不禁感慨,要是当初没有被捉奸,他们俩就不能跳出火池,又怎能够绣帐里偎红倚翠?佛教视尘世如火宅,目人欲为鸩酒。而此二人却视佛门为火池,不得不说充满了讽刺的意味。剧末二人唱道:"惟愿取普天下庵里寺里,都似俺成双作对是便宜",这简直和王实甫"愿普天下有情人终成眷属"的心声如出一辙。从这一角度来看,冯惟敏通过剧作进行嘲佛有着一定人性解放的味道。

第三节 沈璟及其剧作研究

一 王谢家风、孝友天植

沈璟字伯英，晚字聃和，号宁庵，别号词隐先生，明世宗嘉靖三十二年癸丑年（1553年）出生于吴江（今属江苏省）。沈璟出生于吴江重要的文化家族——沈氏家族中。其祖父沈汉曾任刑科给事中，以直言敢谏闻名。他曾反对宦官专权，被捕入狱。后来出狱，恢复名誉，获得朝廷的奖掖。沈汉后与其父沈奎同列乡里忠义孝悌祠。沈璟的父亲沈侃与朋友侠义相交，"生定死酬，不异古人之范张"。沈侃科场蹭蹬多年，却与功名无缘，因此他将全部的精力放在对下一代的培养中。在沈璟小的时候，其父就对他进行严格的教育，待其长大，也很少让他见到异端邪说。如果沈璟犯了过错，其父必然严厉责罚。沈侃总是把沈璟带在身边，对其进行言传身教。并且给他延请名师良友。在父亲严格的教育下，沈璟及其弟沈瓒一举得第，文采风流耀于一时，家族中女子也皆多才，吴江沈氏家族的文化地位越发引人瞩目。无怪乎吕天成誉之"金张世裔，王谢家风"。①

沈璟自幼聪颖过人，深受儒家传统文化的熏陶，性格谦卑，以"孝友天植"闻名族中乡里。沈璟通六书，善行、草。万历二年（1574年）沈璟21岁时即中进士，历任兵部职方司主事、礼部仪制司、礼部员外郎、吏部稽勋司。沈璟刚刚步入仕途时，可谓少年得志，加之外形俊朗，"举朝望之如玉树琼花"。

由于深受正统思想的影响，沈璟虽然仕途顺遂，但谨言慎行，斤斤于礼法，其行为举止受当时诸多谦谦君子的推崇。与同时代放浪狂荡的文人相比，沈璟思想显得相对保守。在他不算太长的宦途生涯里，仅有一次向朝廷上疏，是在万历十四年，他要求早立皇长子为皇太子，并给皇长子的生母恭妃以封号。而当时正值郑妃专宠，其子亦是太子位的有力竞争者。首辅申时行与一干大臣坚持立皇长子，大概是受申

---

① 吕天成：《曲品》，中国戏曲研究院编《中国古典戏曲论著集成》第6册，中国戏剧出版社1959年版，第212页。

时行的授意，沈璟也加入了上疏的行列。皇帝正憋得一肚子的火，不能对着首辅发作，只能朝品秩较低的沈璟来发泄，沈璟连降三级。申时行向以"软熟"的政治作风闻名，此时他并没有为沈璟据理力争。而是迂回疏通，过了一段时间才施以援手。沈璟复迁升，还做了春试的房试官。却因录取申时行的女婿和王锡爵之子王衡，而遭到清议派的攻击。这时沈璟的上司主考官黄洪宪将责任全部推给下属，沈璟再次被推上风口浪尖。沈璟谨慎而脆弱的心理似乎再也经受不住，索性以养病为由离京归乡。此时他才37岁，正值壮年的他全身心地投入到制曲之中。

通观沈璟仕途，我们不难发现沈璟并不是一个有着极强政治野心的人，两次宦海沉浮就让他心生倦意。在他的第一部传奇《红蕖记》中就表达过他寄情于词的心境。"袖手风云，蒙头日月，一片闲心休再热。鲲鹏学鹪各有志，山村钟鼎从来别。"① 他别号词隐先生表明了他的志趣。沈璟一边以词曲自娱，一边却仍然以卫道为己任。这不能不归因于他的家庭环境和师受于唐枢、陆稳理学大儒的学习经历。沈璟的一生都在坚守他深信不疑的"道统"，其文化性格和人格模式都深受"道统"的规定和制约。可以说，"在政治领域，道统是他恃以批评朝政、抗礼王侯的精神凭借；在艺术领域，道统是他据以安排戏剧情节、塑造典型人物的心理依据"。②

二 书忠曰孝，寄愤含悲

沈璟著有17种戏曲，总称《属玉堂传》，现存7种：《红蕖记》《双鱼记》《埋剑记》《义侠记》《坠钗记》《桃符记》《博笑记》；而《十孝记》《分钱记》《鸳衾记》《四异记》《凿井记》《珠串记》《奇节记》《结发记》8种仅存残出或残曲；《合衫记》《分柑记》2种已佚。沈璟改汤显祖《牡丹亭》《紫钗记》为《同梦记》和《新钗记》，这二剧也已佚。这17部剧作或是旌表孝子贤妻、忠臣义仆，或是批判奸夫

---

① 沈璟：《红蕖记》，《沈璟集》，上海古籍出版社1991年版，第5页。
② 廖奔：《万历剧坛三家论——徐渭、汤显祖、沈璟》，《河北学刊》1995年第1期，第69页。

淫妇、市井暴徒。沈璟虽然隐于词，但骨子里对维护道统的热忱从未减弱。譬如《十孝记》虽然已佚，但胡文焕《群音类选》卷 24 选有十出，一事一出，全演孝子故事。据傅惜华先生考证，其内容大概依次是黄香扇枕温衾事，张孝、张礼兄弟孝义事，缇萦救父事，韩伯愉亲丧泣杖事，郭巨埋儿获金事，闵损芦衣忍冻事，王祥卧冰求鲤事，孝妇张氏事，薛包孝母事，徐庶孝义事；吕天成称《十孝记》乃有关风化之作，其实沈璟剧作命意皆主世风，所以诸如《埋剑记》《双鱼记》《义侠记》等都从维护封建伦理道德的角度针砭时弊，将"孝""友""义"视为理想的人格典范。譬如沈璟在《埋剑记》第一出《提纲》中就对朋友间"朝同兰蕙，暮变荆榛"的无义少信行为进行了批评。这一宣言无疑表现了沈璟的创作主旨，即以忠、孝、节、义的道统观向世人宣教；而《义侠记》中沈璟将任侠好义的武松精心打造成心怀忠义、野居民间的贤才达士。武松不仅一心等待招安，还有一个节妇烈妇型的未婚妻。这些添设的情节分明体现出沈璟宣扬"人生忠孝和贞信，圣世还须不弃人"的意图。吕天成评价该剧"使奸夫淫妇、强徒暴吏，种种之情形意态，宛然毕陈。而热心烈胆之夫，必且号呼流涕，搔首瞋目，思得一当以自逞，即肝脑涂地而弗顾者。以之风世，岂不溥哉"。①

由此我们也不难理解，沈璟为何能在其晚年之作《博笑记》中对市井民生中不"孝"、不"友"、不"义"之举作出辛辣的讽刺和批判，这同他早期传奇作品有着共同的内在理路，即维护他心目中的"道统"。《博笑记》以 10 个故事合编而成，每个故事两出或四出，第一出皆以七字标目，形式上如同小说回目。从佛道文化的角度看，《博笑记》中最引人瞩目的是《起复官遘难身全》，试分析之。

《起复官遘难身全》讲一州县僚属到京候补官吏，行至空空寺投宿。寺僧见其身形肥胖，保养得宜，好似弥勒尊佛，便在其酒食中下药，使之如痴似哑。后为其剃发，每日使其茹荤饮汁，不予茶水。三月后被拘之人果然面貌如玉，手脚似绵。信众皆以为是天降活佛，拥入寺内，烧香布施。州府夫人欲见活佛，州府来请活佛。空空寺僧不敢违抗，请求斋后即送回活佛。州官不许，准一月后送回。府衙丫头求告往

---

① 吕天成:《〈义侠记〉序》,《沈璟集》,上海古籍出版社 1991 年版,第 923 页。

生西方，活佛动一指。空空寺僧诓称是老夫人与丫头修行年久，故有此报。州府言能动一指就能动遍身，活佛半月不曾饮食，不知饥渴？活佛又吃又饮，遍身皆动，只不能言。州府明了活佛非佛乃人也。拷问之后，俱得实情。于是送起复官回去，将空空寺僧收监。

该剧本事出《耳谈类增》卷52"寺僧诈化"条。云：浙江山阴某寺庙，每年度化一僧，其术愚一丐者，先期髡首，秘密养至他处。至期高置座上，身首四肢皆用绳子暗中绑缚在龛座上。口中噉物。约好三日后某时回首，届时果化去。有某令公识破其术，逮寺僧，俱伏法。① 沈璟将这个故事稍加改动，将乞丐化为起复官，尤见寺僧之胆大妄为。这个短剧虽然仅有三出，但将明晚期僧侣和寺庙的种种污行暴露无遗。

从情节上看，该剧以寺僧拘客，使之冒充活佛后被揭穿为情节主线，通篇围绕一个"诈"字来做文章。空空寺僧诈拘起复官是一诈；假活佛诈欺信众骗取供奉是二诈；空空寺僧诈骗州府及夫人是三诈。仅这三"诈"就将批评的矛头直指明代晚期寺僧的虚伪。该剧最为荒诞的情节莫过于空空寺僧将起复官养成胖胖的活佛形象，然后以麻药迷其心，令其"饿一年也不死，饿十年也不死"。此等匪夷所思的情节只为凸显沈璟眼中的晚明佛寺之窳滥行状。

从人物来看，该剧塑造了一个令人发指的恶僧形象。在第一出里空空寺僧不仅在佛寺置酒，美其名曰"法苑醍醐"。还更施以"麻药"教他如痴似哑，每日给起复官喂以荤食肥汁。为达到目的，空空寺僧不择手段，将起复官的两个家人处死。此一节中空空寺僧就犯了酒戒、食戒和杀戒；空空寺僧蓄养起复官以为木偶活佛的手段可谓残酷，而他所做的一切不过是为了骗人钱钞。所谓"笑伊不是老江湖，走入屠家肯放疏。不施万丈深潭计，怎得骊龙颔下珠"。在空空寺僧看来，只能怪起复官太单纯，明明是茹毛饮血的屠户家，可起复官以为身在佛门自可放心。在利益的驱使下，就算是骊龙颔下珠，空空寺僧也要千方百计去获取。可见"人为财死鸟为食亡"，佛徒亦不过是这般。此一节中空空寺僧犯下了贪戒；空空寺僧不仅以假活佛诓骗信众，更在州府老爷面前满口谎言。州府问他活佛在何方得来，他道自天而堕。如此弥天大谎让我

---

① 参见郭英德《明清传奇综录》，河北教育出版社1997年版，第209页。

们看到他所犯下的妄戒。佛教教条中规定出家人不得犯杀戒、盗戒、淫戒、妄戒、酒戒、贪戒、食戒、嗔戒，然而空空寺僧犯戒无数，通过这些情节，该剧淋漓尽致地刻画出一个无恶不作的寺僧形象。

从语言来看，《博笑记》是沈璟晚期作品，最能体现其明白晓畅的语言风格。然而，这些语言并不是不经锤炼的率性之语，而是颇能体现沈璟独特用意的语言。譬如该剧第十出，乡夫村妇听说天降活佛，赶着去瞻仰。乡夫说："有禅无净土，十人九错路。"村妇说："无禅有净土，千修万个度。"乡夫之语正是出自净土宗之永明禅师之口，意在证净土宗优于禅宗。然而沈璟借乡夫村妇之口道出此言，恰暗示了佛教之语恰似村语妄言，不可信真。

从主旨上来看，沈璟通过该剧对佛教之虚妄和佛徒之恶行极尽嘲讽。此外该剧也从侧面反映出沈璟对于民众的佛教信仰很是怀疑。除了借乡夫村妇之口反讽佛教外，他还通过剧中一个白发丫头的言行表现出民众并不坚定的佛教信仰。该剧第十一出写白发丫头一世无夫，一生命苦。欲种来生善果，正好被州府夫人派去给活佛点烛烧香。过了半个月之久，"还不得托生西方，如今也有些心懒了"。白发丫头在佛前点烛烧香才十五日，就想往生西方。没见到效果，就心懒了。可见民众的佛教信仰是多么容易变卦。更重要的是该剧还塑造了一个儒种州府老爷，此人颇能代表沈璟自身对佛教的态度。当州府差人请来活佛，他解散众人，独自和夫人拜佛，因为在他看来这种"效愚蒙"之事不宜让人知晓。他虽然带着疑信相参的心情作揖，但心里却是不信的。所以当闻知活佛能动一指时，他当下判断饿了十五天的"活佛"必然饥渴难忍。可以说，州府老爷从头至尾都是不信所谓天降活佛之说的，他是剧中唯一一位具有理性精神的人，这一人物形象在很大程度上反映出沈璟对待佛教的态度。

值得注意的是《博笑记》之六《诸荡子计赚金钱》写无名观道士被市井诬赖设计骗财。虽然该剧主旨是批判市井诬赖坑蒙拐骗，但是剧中把无名观道士描写成一个有钱的"迟货"，因贪恋美色收留送上门的小旦，因此中计被勒索钱财。这是明代戏曲中不多见的表现道士贪色的情节，某种程度上也说明沈璟对道门污行的批评态度。

应该看到的是虽然沈璟对晚明丛林乱象提出批评，但是那也是基于他骨子里对封建道统的维护。因此无论是对空空寺僧的批评还是对无名观道人的揶揄，沈璟都还止于对佛道乱象之社会层面的批判，至于对佛道教义和佛道精神的反映在沈璟剧作中几乎无从察见。与此同时，沈璟反而同明代大多数文人一样都会借鉴佛道智慧来营构戏曲，使其剧作具有了某些奇幻、灵动的色彩。

譬如《桃符记》中有三处情节颇具神异和浪漫的色彩。其一是天仪灯下见青鸾鬼魂，二人诗词酬和；其二是青鸾以鬓边碧桃花赠天仪，次日碧桃花变成了桃符一片；其三是青鸾被神丹救活。该剧本事源于郑廷玉《包龙图智勘后庭花》杂剧，不过该剧末作崔鸾死，赵忠为之建造坟墓；沈璟改为青鸾复生，为天仪妻子。令人死而复生的"神丹"多在道教故事中出现，此处借助"神丹"之功令青鸾复生的情节为沈璟增饰，表现出沈璟对道教智慧的吸收。

又如《红蕖记》中有扮作售菱芡老人的洞庭湖龙神，常与郑德璘共酌。当他得知郑德璘与楚云原有姻缘之份，不仅救了因船翻落水的楚云，并遣水神将楚云送到郑德璘处，促使二人结婚；在楚云赴巴陵县的途中，龙神化身水手，向楚云暗示自己的身份。并引楚云入水府拜见已经被封为水神的楚云父母，以解楚云思亲之苦。剧末，郑德璘与韦楚云、崔希周与曾丽玉两对因红蕖结缘的夫妻将红绡、红笺与画卷同置桌上，以酒遥谢红蕖一杯，又向空中拜谢龙神。该剧中洞庭湖龙神如同月下老人一般保护着有情人，使之终成眷属。这一带有神话色彩的人物不仅为剧作平添了几分浪漫色彩，也让原本发自男女本性的相悦之情成为命中注定的姻缘。让原本可以表现为男女勇敢追求恋爱的婚恋剧变成处处充满巧合的雕镂之作，而这也反映了沈璟保守的思想。

再如《博笑记》之七《安处善临危祸免》本讲的是一个虎患的故事，但沈璟用果报观贯穿其中，使老虎成为主持人间公正的化身。该剧讲池州老百姓安处善路遇虎，跪求老虎，言家中有八旬老母，等熬粥侍母后再来受死，虎放之。另一船家谋害贫士，强夺其妻。路遇虎，被虎衔走。土地神告知被虎吃者皆为前世恶人。安处善原应被虎吃，以其孝心信行，顺命达生，躲避被吃的命运；船家原不应被虎吃，因其谋害旅客，欲占人妻，故替安处善被吃。第二天，安处善赴老虎之约，老虎不食，反将船家身上的银子奉予安处善为赡母之资。该剧中的食人虎如同明鉴，对世间的善恶赏罚分明。该剧同《中山狼》一样带有某种寓言色彩，传递出的仍是善恶有报的思想。有趣的是该剧也表达出沈璟独特的视野，即站在封建士大夫的立场劝告市井小民，就算贫穷也要安之若素，只要心怀善念，定能逢凶化吉。对于这一点袁于令在《盛明杂剧》的序中，明确指出曲家"寓言"于戏皆因"物感于外，情动于中"，于是"寄悲愤、写跅弛、纪妖冶、书忠孝。无穷心事，无穷感触，借四折为寓言"①。沈璟直接将他的主导思想加在主人公的名字上——安、处、善，足见其维护道统的良苦用心。

应该看到的是沈璟的剧作或是源自正史、野传，或是根据已有杂剧改编，大多有所出，班班可考。最明显的莫过于其传奇《坠钗记》（亦作《一种情》）。该剧写崔嗣宗与何兴娘以金凤钗为聘。崔嗣宗父母双亡，过泰州拜谒父执卢二舅。卢二舅以仙术招兴娘之妹庆娘魂至，弹筌篌佐酒。兴娘戴钗而亡，其魂附妹妹庆娘身，与崔嗣宗幽媾。崔嗣宗和兴娘私情被人撞见，便私奔至旧仆家。崔嗣宗携妻上庙，兴娘魂被鬼卒惊吓，炳灵公许以一年还阳之期，准二人结为魂魄夫妻。一年将满，崔嗣宗携妻归，称愧携庆娘私奔。何父称庆娘卧病，未曾出门，怒斥崔嗣宗。崔嗣宗拿出金钗为凭。忽然庆娘作兴娘语，道出真相，嘱庆娘配崔嗣宗。崔嗣宗之父执卢二舅修行圆满，位列仙班，特下凡度脱兴娘。崔嗣宗高中探花，衣锦还乡与庆娘完婚。

该剧本事出自崔佑传奇小说《金凤钗记》。情节大抵相似，唯崔嗣宗携妻上庙祈愿、崔嗣宗高中探花情节为增饰。其中卢二舅摄庆娘魂魄演奏筌篌，源自唐卢肇《逸史》。而庆娘离魂情节亦有唐陈玄祐小说《离魂记》和郑光祖《倩女离魂》等前本。姐姐去世，附妹躯以嫁的情节则有元杂剧《碧桃花》为前人之珠玉。

该剧杂取种种合成一个，且情语婉切，颇有与《牡丹亭》一较高下之势。王骥德判断该剧应为沈璟较劲《牡丹亭》而作，不过该剧中兴娘变成鬼魂后，两人再无相见，只是末折二人成仙会合，似缺针线。后来应郁蓝生之请，补入第二十七出卢二舅指点修仙的情节，始觉完

---

① 袁于令："序"，沈泰编《盛明杂剧》二集，民国十四年董氏诵芬室刻本，版内第2—3页。

整。我们今天所看到的该剧卢二舅度脱兴娘为第三十出《卢度》，可知已非沈璟原本。由此可见沈璟对该剧的增饰止于崔嗣宗高中探花，与庆娘成婚一段。该剧虽然有摄魂、离魂、幽媾、度脱等情节，但这些都是沈璟通过移花接木的方法杂糅在一起，由此判断沈璟的佛道情结似乎站不住脚。但不可否认选择本身也是一种眼光，从这一角度来理解沈璟对佛道智慧的巧妙利用倒未尝不可。

第三章 明代佞佛崇道曲家及其剧作研究

相较于亲佛近道的曲家，佞佛崇道的曲家是指沉迷佛道，具有强烈宣教情结的剧作家。这类曲家以剧作为祭品，向世人展示了自己虔诚的宗教信仰。因此，其剧作往往忽视戏曲艺术的本身魅力，而成为宣教的工具。然而，从佛道文化视野的角度来审视这类曲家及其剧作，我们可以发现某些剧作乃堪比欧洲中世纪宗教剧的伟大剧作。

第一节 明代佞佛崇道曲家及其剧作引论

充满宣教布道热情的明代曲家大抵可分为两类，一类是佞佛崇道曲家，其鲜明特点在于其戏曲作品充满了玄想禅说，剧作中无论是情节还是人物都表现出明显的"自况"色彩；另一类则是身份特殊的僧侣曲家，他们的剧作纯是以戏曲为载体，旨在宣扬佛法，普度众生。此一类另见于第五章。

就第一类曲家而言，明代曲家由于在其戏曲作品中表现出强烈的宣教布道热情，所以其剧作常常成为宣教的传声筒而丧失了戏曲的艺术魅力。譬如，罗懋登的《香山记》本事出自《观世音菩萨本行经》（又名《香山宝卷观音大士修道因缘》），传说是宋代普明禅师在武林上天竺受神感示而作。该剧以此为蓝本，增饰敷演而成。剧写妙庄王有三女：大女儿嫁人；二女儿招得入赘驸马；三女儿妙善坚心向佛，誓不嫁人。妙庄王罚妙善于御苑，曝风日中。又令之浇花，使菊放于春，桃绽于秋，方允削发。佛世尊敕花神放花，又在梦中赠妙善木鱼佛珠，鼓励勤修。

妙善得削发为尼，入清秀庵。王令其洒扫、击钟。鬼判助之。王又使妙善一人准备斋饭，供奉三千羽林军和八百僧众，佛世尊助之。佛世尊幻为秀才引诱妙善，妙善不受。王焚毁庵寺，僧尼皆殁，妙善上钟楼，咬指滴血，礼佛参天，顷刻大雨如织。王怒，谓之妖，押赴刑场，锁械落，刀尽折。王赐自缢，韦驮遣虎往尸陀岭。妙善游地狱，度僧尼。复还阳。诣香山紫竹林，感善财五十三参，为众讲说《妙法莲华经》《观世音菩萨普门品》。王病无药可医，妙善化为医，告诉王当以亲人手眼治疗，可去香山向仙姑讨取。王派勇士取药，药到病除。王率众到香山拜谢，妙善现千眼千手。王幡然悔悟。佛封妙善为大慈大悲救苦救难灵感观世音菩萨，王为伽蓝，母为天仙圣母，二姊为文殊、普贤。

从剧作本身的艺术角度来看，祁彪佳称该剧"词意俱最下一乘，不堪我辈着眼"。① 但是从宗教视野的角度来看，该剧以观音菩萨为主人公，不仅在第二十五出直接引入《妙法莲华经》《观世音菩萨普门品》，对观众宣教，更是在剧情中直接嫁接佛经典故。譬如妙善办合院斋饭，佛现神通，俱得充满，"此本佛经法喜充满意"。② 又妙善啮指为香礼拜，甘雨大注的情节，"此本《普门品》，澍甘露法雨，减除烦恼韶焰"③。而妙善赴市曹，手械忽脱，刀尽折，"此本《普门品》，念彼观音力，刀寻段段坏，手足被杻械，释然得解脱"。④ 妙善遍游地狱，度诸苦恼。"此本《普门品》，种种诸恶趣，以渐悉令灭。"⑤ 除了在文本大段借用佛典外，该剧在主题上亦表现出鲜明的宣教思想。相比较其他佛教度脱剧而言，该剧有一个鲜明的特点：被度脱者本不恋尘世，坚心出家，然而阻挠她出家的不是其尘心而是她的亲生父亲。妙庄王在该剧中可谓面目可憎矣，对自己的亲生女儿一而再、再而三地施以酷刑，最后竟然是身染重疴，食亲而愈。可以说，该剧将儒、释二教最关键的分歧通过这样一种戏剧情节表现出来。儒家以人伦纲常为中心，而佛教

---

① 祁彪佳：《远山堂曲品》，中国戏曲研究院编《中国古典戏曲论著集成》第6集，中国戏剧出版社1959年版，第112页。
② 康海：《曲海总目提要》，人民文学出版社1958年版，第857页。
③ 同上。
④ 同上。
⑤ 同上。

以绝情断欲为根本。罗懋登从文人的角度力图调和此矛盾，设计出这一情节，让坚意出家的妙善以身奉亲的"大孝"来感动视女为妖的父亲。最后妙庄王正是在"孝"感召下，幡然悔悟，立地成佛。康海认为该剧剧末"以文殊、普贤成为观音之姊，荒唐太甚"①。从文人笔法来看，这种安排只能视作文人剧作的凑成之趣。可以说该剧只是通过戏曲这种特殊的文艺样式来宣扬佛教，所以纯是一部佛教度脱剧。

如果说罗懋登的《香山记》表现了曲家宣佛的热忱，那么杨慎的《洞天玄记》则表现了曲家崇道的一面。杨慎是明代著述甲于士林的学者型文人，他以进士第一授翰林院修撰。因上疏反对世宗追尊亡父为皇帝而被捕入狱，后充军云南，过着远游荒徼的生活。居滇17载间，杨慎创作了该剧。该剧写形山道人无名子降服昆仑山下心猿、意马等六贼。无名子向六贼阐释易卦、炼丹、降龙、伏虎之玄机，六贼决定了结宿债后拜师修道。一年后，无名子下昆仑，六贼了却尘心，随道人修行。又东蛟老龙因年少轻狂，被罚形山白云潭内，见无名子降伏六贼，心中不平，兴风作浪。无名子用符牌镇之于潭底。西林一怪虎，称霸百兽，无名子派人讲和遭拒，双方恶战。无名子降伏怪虎，夺其奴姹女、婴儿。无名子功德圆满，众仙接引他飞升。

玄都浪仙称该剧是作者"休暇而戏为之者也"②，关目不甚着意，腔调也不甚合律。王季烈亦称该剧"于曲不屑寻宫数调，信笔挥洒，故拗天下人之嗓子"。该剧通篇旨在演说道教玄理，是杨慎"神游外物"之作。清代焦循认为"《洞天玄记》写形山道人收昆仑六贼事，所以阐明老氏之旨"③。该剧最大的特点在于运用拟人化的方法阐明道教修身养性、炼丹烧汞的方法，用戏剧化的表现方式使玄妙晦涩的宗教语言变得亲切易懂。从题材上看，该剧以无名子道人降妖伏魔，最后功德圆满，飞升天界为剧情，这样的情节可谓典型的度脱剧；从人物上看，该剧中大量人物都是道教隐喻的符号，譬如昆仑六贼分别为袁忠、马

---

① 康海：《曲海总目提要》，人民文学出版社1958年版，第858页。
② 玄都浪仙：《〈洞天玄记〉序》，蔡毅编著《中国古典戏曲序跋汇编》，齐鲁书社1989年版，第858页。
③ 焦循：《剧说》，中国戏曲研究院编《中国古典戏曲论著集成》第8册，中国戏剧出版社1959年版，第123页。

志、闻聪、睹亮、孔道、常滋六人，其名与道家"六贼"相暗合。道家以色、声、香、味、触、法六尘为媒，而引动劫夺诸善之恶，故以贼喻之。以色为眼之贼，香为鼻之贼，声为耳之贼，味为舌之贼，触为身之贼，法为念之贼，谓为六贼也。① 又无名子降龙伏虎，收服姹女、婴儿，这龙虎、姹女、婴儿则与道教炼丹法相关。唐人梅彪集《石药尔雅》说，"铅精一名金公，一名河车，一名白虎，一名黑金；水银一名汞，一名玄水，一名河上姹女，一名青龙"。② 张天粹在《〈洞天玄记〉跋》中也发现了该剧无处不在的隐喻性。"曰中秋赏月者，喻金精之旺盛也。曰三日月出庚者，指大药之时至也。曰没弦琴一无孔箫者，喻二气细缊造化争驰之机也。曰降苍龙、捉金虎者，取坎内之阳精，伏离宫之阴气也。曰收婴儿夺姹女者，取先天之未判，夺后天之初弦也。又曰两弦会花开上苑，一阳动漏永中宵，是羌采地癸之初生，用天壬之始判也。曰虎变金钗者，见九鼎大符抽添之用也。曰六贼驯伏者，显抱元守一无为之旨也。曰山顶鸣雷者，示九载羽化妙隐显之神也。"③ 张天粹称赞这种隐喻手法"用心何其仁哉"。总之，《洞天玄记》与《香山记》一样，是一部纯粹的宣教作品，只不过这份宗教热忱是出于剧作家本身的宗教信仰，还是出于遁世遥想犹未可知。

事实上除了上述两部剧作外，明代佞佛崇道的曲家更多地热衷于将自己化身于剧中人，通过演说宗教故事，畅想自己得道飞升的梦境。因此，这类剧作有着很强的"自况"特点。以下就以屠隆、汪廷讷为重点进行分析。

第二节 屠隆及其剧作研究

一 风流仙令卖诗文，栖身佛老慰终身

屠隆生于1543年，卒于1605年，浙江宁波人。字纬真，号赤水，又号冥寥子、溟涬子、由拳山人、一衲道人、蓬莱仙客，晚号鸿苞居

---

① 参见李叔还编撰《道教大辞典》，浙江古籍出版社1987年版，第109页。
② 转引自容志毅《中国炼丹术考略》，上海三联书店1998年版，第26页。
③ 张天粹：《〈洞天玄记〉跋》，蔡毅编著《中国古典戏曲序跋汇编》，齐鲁书社1989年版，第861页。

士。由这些字号可见屠隆深染佛道思想。事实上，从佛道文化的角度来考察屠隆，我们不难发现，屠隆作为晚明文人中比较典型的崇佛佞道者，其宗教思想甚浓，而这与其所处的家庭环境、交游有着密切关系。

从其家庭环境来看，屠隆虽然出身布衣，但其屠氏家族在鄞县（今宁波市鄞州区）是大族。明中叶以后屠氏一族兴旺，其族内有人官至礼部尚书、兵部右侍郎。只是屠隆一支一直没有人当官。屠隆的父亲屠潎性格豪爽，幼时喜爱操弓矢弹的童子游戏。稍长读书后尚义轻财，为替兄还债，竟然变卖家产，举家迁入茅屋。至此开始陷入贫困。然而屠潎倒能安守清贫，终日以花木自娱。最终为了守护晨夕把玩的花木，夜犯霜露，得疾而亡。屠潎不拘小节、尚义轻财、自适自安的品行在其子屠隆身上似乎可以找到一些影子。

除了父亲外，屠隆的母亲可谓是对屠隆影响最深的人。屠隆共有兄弟姐妹七人，他是家中幼子，出生时家境已十分贫困。屠隆小时候从学堂回来经常饿肚子。由于父亲不甚懂得应付世情俗务，一家生活重担都落到母亲肩上。母亲赵氏勤俭持家，面对艰难的生活，她数十年如一日，念珠不离手，佛教是助其挨过艰难岁月的重要动力。母亲的持斋念佛对幼年的屠隆影响至深。

而屠隆的妻子杨氏和屠隆的母亲赵氏一样，甘受寂寞清贫。屠隆出仕期间，交游广阔，时常置办酒席宴请宾客。有时竟然当着宾客的面拿妻子杨氏的首饰去换买酒食。就是这样杨氏亦无怨言，泰然处之。原来，杨氏和赵氏一样，都信佛教。她不仅和屠隆讨论佛理，还经常和屠隆及母亲礼佛持斋。在这样的家庭环境中，屠隆的子女也多信佛崇道。屠隆生二子，长子国教，更名金枢，字西升；次子国民，又名一衡、玉衡，字仲椒，号紫玄、通真。从其字号可见其子慕道思想。又屠隆有一女，名湘灵，有诗才亦信佛道。屠隆的戏曲《修文记》中对其全家信佛崇道有详细的描写，此不赘言。

从屠隆的交游来看，屠隆一生交游广阔，尤喜宴客。在其宴席上士子如云，世之好侠者以侠至，好诗文者以诗文至，好仙释者以仙释至。可以说，侠者、文者、仙佛者都是其座上宾。在其交游的人群中，有几位重要的人物影响了屠隆的宗教信仰。譬如，冯梦祯是万历进士，做过国子监祭酒，他是晚明著名居士，既信佛又崇道。他先师祩宏，又尊真可。曾发愿护法，刺血写经、律、论各一卷。他在万历十五年拜道士聂道亨为师，受金丹玉液大道。受冯梦祯影响，屠隆与冯梦祯一同拜在聂道亨的门下，学习道法。同时亦拜昙阳子为师，修行玄门。屠隆沉迷道法至深，对炼丹烧汞深信不疑。甚至冯梦龙多次写信规劝他不要过于沉迷。除了沉迷道法外，屠隆对佛教亦有很深的研究。在旅居金华时，他与莲池、冯梦祯、虞淳熙等人结成西湖放生社，形成了一个小型的居士群。更重要的是他还撰写了不少讨论佛理的文章。譬如屠隆为莲池《戒杀生文》作序，作《放焰口疏》《超度历劫戒杀众生疏》等，万历三十年他写了著名的《佛法金汤》，彰显了其坚定的弘法意愿。

屠隆与汤显祖都是才华横溢的戏曲家，二人仕途坎坷，遭遇相近。在晚年二人不约而同地选择了佛教作为精神栖息地。只是屠隆比汤显祖崇佛之心更甚，和汤显祖临终前一再嘱咐家人不得请和尚超化念经截然相反，屠隆去世时要求家人为他念诵佛号，以求得归西，足见其皈依心切。总之，屠隆是晚明士子中比较典型的崇佛佞道者，尤其表现在其戏曲作品中，他精心营构了一个个果证朝元的宗教美梦，而其中的主人公或多或少地映射出屠隆自己的影子。

二　作戏自况消块垒，广潭三教陈果因

屠隆作传奇三种：《昙花记》《彩毫记》《修文记》。从佛道文化的角度看，这三部剧作有着非常浓厚的佛道思想和自况色彩，充分显示出屠隆沉迷宗教的一面。

从情节上看，《昙花记》和《修文记》讲述的都是度脱故事。《昙花记》写唐人木清泰功高权重与郭子仪比肩，有一妻二妾，贤惠美丽。一日，一疯僧和一痴道并谒木清泰，以功名富贵皆梦点化他。木清泰当下醒悟，辞别妻妾，换上道服，追随僧道飘然而去。临别前，木清泰摘下昙花枝植于庭院前，言若能得道，昙花即能无根生长。木清泰随僧道修行，先后救济弱妇贫夫，激昂之气不减，被僧道责备。木清泰遂寂心泯气，遇鬼妖、投冥府，皆心如止水，木清泰前植昙花果然抽枝长叶。木清泰随僧道访故友郭子仪，郭子仪不悟，留宿木清泰。当晚，花神扮美妾接近木清泰，木清泰不为所动。木清泰劝西川节度使严武弃恶忏悔，至潼关处被小魔王擒住，受蒸鼎之刑，得关真君救。木清泰随僧道

游地府，见曹操被刑铁鞭；严武妾报勒死之仇；奸臣卢杞受尽苦刑；西施鹤发；项羽病老；李林甫等变虫豸。木清泰又随僧道入天堂，目享诸多乐景。木清泰立字弃尽家私，群魔毕伏。郭子仪觊觎木清泰妻妾美貌，木清泰妻妾坚心修道，不为所惑。木清泰归家，多方试妻妾，妻妾心坚意笃，不为所动。灵照女修成正果，见其妻妾修道心坚，遂传妙法。木清泰子因功授将军，为郭子仪婿。木清泰随僧道游蓬莱，历净土，修行十年，终于得道。一时仙乐鸣奏，菩提下降，昙花盛放。如来降旨，木清泰与其妻妾共赏昙花，同登天界。木清泰之子亦晋爵袭封。该剧情节上最大的特点在于设计了很多次的"试探"。木清泰随僧道修行，历经师父多次试探其修行的意志；木清泰为了度脱其妻妾，也多番试探。可以说，通过反复的试探，一方面使该剧中的度脱情节充满了戏剧性，另一方面也渲染了修行者坚定的意志。

《修文记》讲蒙曜被谗离仕，有离尘之心。蒙曜育有二子一女，女湘灵颇有慧根，坚心修行。琉璃宫偶霭母上真降凡，令湘灵勤修，异日度脱。湘灵受父母之命，嫁王生后仍不弃仙佛之志，终随偶霭母上真升天，居琉璃宫，习天书。蒙曜外出访师，得慧虚仙师指点，言当为道门翘楚。蒙曜长子玉枢及妻，因杀生罚在地狱受苦，亟待超度。蒙曜归家与妻修道，超度玉枢。玉枢拜慧虚为师，法名觉空。蒙曜次子玉璇修道成仙，与玉枢及其妻同会湘灵，一起拜见已经得道的父母。全家以修文阁供养湘灵，故名《修文记》。该剧情节上最大的特点则是以女儿湘灵为中心，表现一家人修道，最后阖家飞升。蒙曜一家人在修行办道的过程中，遭遇的难度是不一样的。湘灵是一家人中最早的觉悟者，她自始至终都未曾有丝毫的动摇，而且道业精进，几乎未曾受阻，因此湘灵是一个十足的宗教徒。蒙曜则表现出士子入道的过程。他从开始因仕途受困而萌生离尘之想，到外出访师，得知自己前世乃文昌宫星主，遂发愿勤修勉学，与妻双修。特别是剧末蒙曜与妻超化长子的情节表现出屠隆试图以亲情来调和离尘别家的宗教精神与重视人伦的儒家思想的矛盾。蒙曜的修行经历表现出有着儒家文化背景的文人崇奉宗教的思想轨迹。

从人物上看，屠隆的剧作有着明显的自况性，而其自况性又与屠隆的宗教信仰有着密切关系。

《昙花记》中的木清泰纯属杜撰人物，有人根据其名字指出此记实为屠隆晚年悔悟自己往昔过于孟浪，连累友人蒙羞，因此作此剧表达忏悔之心。这里涉及屠隆现实生活里的一桩公案。屠隆原本颇有政声，自诩仙令。然而不拘小节的他一次与友人畅饮，酒酣之际，友人提出不日偕夫人拜望屠隆妻，政敌因此罗织"淫纵"罪名，诬陷屠隆与西宁侯宋世恩夫人有私。后虽经查实，无所凭。屠隆仍因"淫纵"污名，被革职罢官。此后屠隆纵情山水，鬻文为生。在作《昙花记》之前，屠隆的这位友人去世，这又勾起了屠隆仕宦生涯中最痛苦的回忆。他作该剧似有悼念这位友人的意味。该剧中，木清泰之"木"与"宋"形近，"清"与"西"相对，"泰"与"宁"通义。木清泰暗指"宋西宁"之说虽然有附会之嫌，但持此说者大抵也是洞察到该剧中浓厚的"自况性"。

　　剧中木清泰置"昙花"的情节，取材于屠隆现实生活。董康在《曲海总目提要》里记载："隆家有昙花阁，取佛氏优钵昙花以为名。昙花即青莲花，三千年一开，世所稀有。经称佛为希（稀）有世尊，亦以昙花为拟。隆盖自负其才，托名喻己。"① 屠隆将这一情节移植到木清泰的故事里，自喻性不言而喻。事实上，屠隆曾跟随莲池法师持斋修行，他以"昙花"为剧作题目，本身就体现出浓厚的佛教思想。剧中又写木清泰被魔军俘在黑山狱，后被关真君解救。此处屠隆尤敬重关真君与他在万历二十三年，为救友人在关帝庙虔诚祷告并写就《告关真君疏》一事暗合。由此可见，《昙花记》中的人物和情节与屠隆的现实生活丝丝扣合，这是该剧的一大特点。

　　如果说，《昙花记》中人物与情节的设计来自屠隆的现实生活，那么《彩毫记》中的主人公李白则是屠隆精神情感的隐喻。在《彩毫记》中李白被描写成天才的诗人和国家的股肱之臣。同时李白前世既是金粟如来，又是太白星精。这一人物设计满足了屠隆出仕报国与修行得道的两种心愿。无怪乎吕天成谓之"此赤水自况也"。②

---

① 董康：《曲海总目提要》第7卷，人民文学出版社1959年版，第315—316页。
② 吕天成：《曲品》，中国戏曲研究院编《中国古典戏曲论著集成》第6册，中国戏剧出版社1959年版，第235页。

《修文记》中的蒙曈则完全是屠隆的化身。蒙曈被谗罢官，醉心仙道。其经历与屠隆非常相似。又剧中蒙曈一家皆修道，亦与屠隆合家崇道情形相符。吕天成在《曲品》中谈及这一点时说道："赤水晚年好仙，为黠者所弄，文人入魔，信以为实。然遂以一家夫、妇、子、女托名演之，以穷其幻妄之趣，其词固足采也。"①

从主旨上看，屠隆的剧作体现出三教并立的思想。②《昙花记》第七出《仙佛同途》正体现了屠隆三教并立思想。与以往度脱剧不同，度脱者不是僧人就是道者，然而该剧中居然有两位度脱者——疯僧和痴道，此二人携手相游，带领木清泰游地狱，赏天庭。在上穷碧落下黄泉的游历过程中，此二人仿佛是同道中人，从未发生争执。由此我们可以看出屠隆既崇佛又佞道，佛、道思想在他心中并行不悖，可以共存。值得注意的是，屠隆要求伶人表演《昙花记》前必须斋戒，不许荤秽亵狎。这与智达作《归元镜》时对演员的要求如出一辙。可见屠隆借戏曲宣教的目的不言而喻。

第三节　汪廷讷及其剧作研究

一　坐隐园中参佛老，琼蕊房里梦纯阳

汪廷讷是晚明剧坛中一怪诞人物。关于其生平资料十分有限，根据徐朔方《晚明曲家年谱》所记，汪廷讷生于1569年左右，卒于1628年后。字去泰，改字昌朝，别号无无居士，徽州休宁人。事实上，汪廷讷的宗教思想是比较驳杂的，从其规模宏大的园林建筑就可见其一二端倪。

汪廷讷幼年过继给一富商，义父死后，他继承了一大笔家产。他在家乡大兴土木修建隐园，顾起元《坐隐园百一十二咏》曾详细

---

① 吕天成：《曲品》，中国戏曲研究院编《中国古典戏曲论著集成》第6册，中国戏剧出版社1959年版，第235页。
② 关于屠隆三教并立，不可偏废的思想，已有很多研究者对此作出阐发，具体可参见吴新苗《屠隆研究》第1章第1节"屠隆的三教融合论"，博士学位论文，首都师范大学，2006年。

介绍过。① 其中无如书舍、半偈庵、全一龛、紫竹林、无无居等多与佛教文化相关，而玄庄、云区烟道、曲霞藏等建筑又似乎与道教文化相关，可见汪廷讷慕道崇佛的思想。

汪廷讷著述杂多，其中包含了大量与佛道相关的著作。譬如《文坛杂俎》中就将其文分为十类，其中包括经史，亦有别教，"所录上及周、秦，下迄明代。如无名氏之《雕传》，佛家之《心经》，俱载入之，特为冗杂"。②

汪廷讷一生交游甚多，在其《坐隐先生全集》第十八卷"丝""竹"部记载了大量名人题序，其中不乏内阁大臣张位耿定力之辈，又包括文坛名宿李贽、汤显祖③、张凤翼、屠隆等，其中不少人有着离尘出世思想。汪廷讷与他们声气相合是极有可能的。此外，汪廷讷也好接引方外之人。譬如与汪廷讷交往的不少人物，如李赤肚、了悟禅师都是出家人，他们对汪廷讷的出世思想产生了深刻影响。顾起元《坐隐先生传》云："先生旧尝游武当，遇了悟禅师谈佛乘。归来跌坐全一盒，阅数寒暑，隐隐有跌迹。复与吾乡如真李先生论心学玄理，益畅。"④ 汪廷讷在《秋夜遇了悟禅师》说"岁戊申秋夜遇了悟，相与谈禅更身世超然"。⑤ 这些都说明汪廷讷的出世思想或是受到这些方外之人的影响。

汪廷讷被称为晚明一怪人，最主要的是其行事作风颇为诡异。汪廷

---

① 陈所闻《题赠新安汪高士昌朝环翠堂三教园景》眉批云："新安汪昌朝，辟园静修，中有环翠堂、白云扉、嘉树庭、五老峰、鹤巢、松院、兰台、羽化桥、凭萝阁、冲天泉、兰亭遗胜、洗心池、万花丛、长林、石几、观空洞、棋盘石、眺瞻台、解嘲亭、凭闳轩、菊径、秘阁、空花巷、悬榻斋、东壁、洗砚坡、嘤鸣馆、曲霞藏、无如书舍、半偈庵、全一龛、青莲窟、玄津桥、朗悟台、紫竹林、百鹤楼、天花坛、达生台、昌公湖、隐鳞潭、万锦堤、六桥、浮家一叶、湖心亭、沧州趣、面壁岩、钓鳌台、砥柱、鸿宝关、茶丘药圃、玄庄、云区烟道、无无居、仁寿山、笑尘岩、天放亭。"《北宫词纪》卷4，顾廷龙主编《续修四库全书》第1741册，上海古籍出版社2002年版，第573页。

② 张奉书：《道光新都县志》，道光二十四年尊经阁版，第41页。

③ 有关汪廷讷与汤显祖的交游后人存有异议。如徐朔方认为二人并未见面，汪廷讷伪作汤显祖题序；朱万曙则持相反意见。其理由中有重要一点是汪廷讷与汤显祖晚年都有出世思想，汤显祖或因此垂青于他。

④ 汪廷讷：《坐隐先生全集》第18卷，《四库全书存目丛书》第188册，齐鲁书社1997年版，第518页。

⑤ 同上书，第751页。

讷未曾中举,通过捐资得了个七品官,但政绩不错,仕途上也未曾遭受重大打击。然而他却凿湖开园,渐渐隐于园中,"尝谢绝朋济,偃息山庐,一意修古,二三质友外,罕得窥其面目"①。其隐园落成之时,竟然发生奇事。原本阴雨不绝的天气,突然放晴。上梁之时,宾客咸集,丽日当空。至仪式完毕,复下起大雨。人皆称奇。② 此说可能有后人增饰附会之嫌,但汪廷讷有着强烈的出世情结是毋庸置疑的。他在一些诗文中流露出浓烈的烟霞之气就是一例证。有些人指摘他建坐隐园实则是托韬敛之术,遂钓名之念,他颇为自负地称自己才高八斗,求仙而力透玄关,归佛而早窥名理。而非通过终南捷径,博得世人好奇心。因为沽名钓誉者终难长久,身在此而意在彼,这只是一种策略,而非真心归隐。汪廷讷自谓从小到大,从朝到夕,他的一切行为均源于己愿,既不是受人指使,也无人可以禁止。他的归隐行为是为纵情而非矫情,是为亡名而非钓名。作为一名仕官,他进退有余,悠然自得。既无案牍劳神,又无车马喧门。平日仅和几个知己抵掌而谈,何曾与俗士往来?他本是闲云野鹤,身心皆闲,事时俱瑕,就更不会为这种不干己的非议让自己劳神费思。

此外汪廷讷还在一些诗文中反复描述他在梦中与吕纯阳相会之事,如《赋世事如棋局局新》:"我居琼蕊房,有梦面纯阳",《秋夜遇了悟师》:"余自纯阳示梦之后,遂耽烟霞之趣",汪廷讷将自己的宗教想象表达成令自己和他人深信不疑的事实,足见其崇道之深。

汪廷讷最神秘也最独特的地方就是他晚年的去向问题。董康在《曲海总目提要》里所转引的董其昌作汪廷钠传记记载:"一日航次高盖山,忽云外畸人窥其宿根高洁,有功成名退之勇,倏来指导。仙客即豁尔顿悟,易号先先。翩翩于天函之洞,友仙证道。诏起,莫知何

---

① 汪廷讷:《坐隐先生全集》第18卷,《四库全书存目丛书》第188册,齐鲁书社1997年版,第518页。

② 李之埠《坐隐园落成碑》记载:"谋欲首事土木,卜庚子岁,而已亥仲冬淫雨不休,穷阴晦朔,人不知有旭色。开岁孟春十有三日,卜筑之期也,雨忽止,渐有光霁,至望日,日午举栋,贺客云集,乃丽日当空,纤云尽敛。……移时事峻,复大雨经旬,则益异矣。"《坐隐先生全集》第18卷,《四库全书存目丛书》第188册,齐鲁书社1997年版,第607—608页。

之。"① 按照董其昌的说法，汪廷讷晚年到福州西南的道家第七洞天高盖山，遇见高人接引，改以先先子为号，不知所终。这种颇具神道色彩的归隐，让文人对其事迹颇感兴趣，甚至有人以汪廷讷求仙问道的事迹为蓝本创作戏曲，譬如文九玄作《天函记》，就是据汪廷讷悟棋遇仙一事为蓝本，或订谱，或古语合其意者，采集而稍缘饰之而成，几可称实录。② 又如东海一衲作《同昇记》，剧中的"全一真人"即是汪廷讷的别号，其中多演廷讷的故事，题旨意在纽合三教。潘凌云代表了"儒"，了悟禅师代表了"释"，全一真人代表了"道"。此三人都是汪廷讷自己及当时所交，不过改易姓名，现身说法而已。由此可见汪廷讷笃信道教，几乎成为后世文人心目中另外一个神话。

二　红氍毹上演罗刹，三圣相忘于一龛

汪廷讷一生作传奇18部，现存《狮吼记》《投桃记》《彩舟记》《义烈记》《天书记》《三祝记》。其中以《狮吼记》最负盛名。吴梅在《顾曲麈谈》中认为：该剧"不加深考，贸然谱之，乃至鬼魅杂出，十尺红氍毹上，几成罗刹世界，此何为者也。"③ 可以说"十尺红氍毹上，几成罗刹世界"是汪廷讷戏曲的一个重要特点。具体而言表现在以下几个方面。

第一，汪廷讷的戏曲充满了浓烈的宗教迷信思想。其宗教迷信思想不同于以断欲绝爱为主要特点的佛、道思想，其剧作更偏重表现谶纬、梦示等民间宗教。

应该说，梦一直都是宗教领域里一个独特的现象。恩格斯在《路德维希·费尔巴哈和德国古典哲学的终结》中指出远古时代的人们相信"梦中出现的人的形象是暂时离开肉体的灵魂，因而现实的人应当

---

① 董康：《曲海总目提要》，人民文学出版社1959年版，第448页。
② 据董康《曲海总目提要》："此记据坐隐先生纪年传，摘而敷衍，称实录也。"又陈端明序云："赤城山人以坐隐先生纪年传中悟棋偶仙一事，或本传，或订谱，或古语合其意者，采集而稍缘饰之，名《天函记》者。以仙翁挂冠时，贻先生天函藏书，则指其实而名之也。按剧中所演，多神仙之事，廷讷好神仙，故文九玄为之作此记。"人民文学出版社1959年版，第447—448页。
③ 吴梅：《顾曲麈谈》，《吴梅戏曲论文集》，中国戏剧出版社1983年版，第58页。

对自己出现于他人梦中针对做梦者而采取的行为负责"。① 从原始社会到封建社会，梦示一直都具有某种宗教色彩。特别是到了明代，佛、道二教与民间宗教有了进一步的融合，民间宗教思想异常活跃，表现在戏曲中则是大量和民间宗教相关的题材、人物和观念进入到戏曲创作中。譬如在汪廷讷的《天书记》中，孙膑受髌刖之刑，其母梦见雏燕折翅，其妻梦游鱼去尾；《种玉记》中仲儒梦见福、禄、寿三星，并得到他们所赠玉绦环、玉拂尘、紫玉杖。俞氏及其母皆梦一持玉拂的男子称与俞氏有宿世姻缘；《三祝记》中范仲淹梦灵威大王威胁自己不要赎取业已被占去的土地。这些梦示既彰显了诸如福、禄、寿星等的神力又为戏剧情节的发展埋下伏笔，引发悬念，因此颇具戏剧性。

谶纬之学起源于西汉，盛行于东汉。在明代由于宗教文化环境相对宽松，市民阶层兴起，谶纬成为一种有趣的娱乐活动丰富着市民阶层的市井生活。《如梦录》小市纪第八描述明代开封市井道："平时，又有占课、相面、算卦瞎子……述之不尽。"② 可见在明代占卜、相术是十分流行的市井文化。明代戏曲、小说也成为表现谶纬之学的重要载体。在汪廷讷的戏曲中也有多部戏曲对此有所表现。譬如《种玉记》中公孙敖为卫青占卜，认定其将来能封侯，他为少儿面相，认为其将会拜一品夫人；他为自己占卜，认为自己会像英布一样刑而王；后为霍去病论骨相认为其将封侯。在《三祝记》中王天倪堪舆范仲淹知其门第多贵；又《狮吼记》中苏轼观察柳氏手如干姜，知其夫陈慥必官拜王侯。

第二，从人物来看，汪廷讷现存的多部剧作中的人物可谓仙佛莫辨，人鬼杂出。譬如《天书记》中有授天书和剑法给孙膑的白猿大圣；《三祝记》中有韦驮菩萨和灵威大王；《狮吼记》中有阎王、佛印禅师和巫婆；《彩舟记》中有掌管姻缘的氤氲大帝和帮助江情成就爱情、功名的龙王等。这其间既有佛教人物韦驮、佛印禅师，又有道教仙班如氤氲大帝，还有来自民间宗教的巫婆等。从这些人物的设置我们可以看出汪廷讷并不是纯粹的笃道或者佞佛。很多时候，这些宗教人物的设置只是出于剧情的需要。这也从侧面反映出汪廷讷驳杂的宗教信仰。

---

① 恩格斯：《马克思恩格斯选集》第 4 卷，人民出版社 1972 年版，第 219 页。
② 无名氏：《如梦录》，中州古籍出版社 1984 年版，第 81 页。

第三，从剧作思想来看，汪廷讷常借宗教之果报观宣扬人伦风化。譬如《天书记》（重订）批判了背信弃义、恩将仇报的行为。庞涓本和孙膑师出同门，庞涓拜师是为了有朝一日能拜将封侯，扬名立万。庞涓对孙膑非常嫉妒，就怕孙膑有朝一日超过自己。当得知孙膑手握天书，他设计陷害孙膑。孙膑一再相信他，却一再受骗、受厄。最终邪不胜正，孙膑计俘庞涓，庞涓自刎于马陵道。孙膑拜为太师，其母、妻皆被封赏。该剧通过孙膑、庞涓这两个截然相反的人物角色，表达了"善有善报"的主旨。孙膑虽然处处受庞涓算计，最后总能化险为夷。作为孙武的后人，孙膑不仅得到鬼谷子的教授，更获得白猿大圣的帮助。这一系列的情节安排均表现出剧作家"交情应鉴孙庞祸，义气当追管鲍芳"的醒世用意。

又如《三祝记》中范仲淹在穷困潦倒时受恩于张术士，张术士将水银炼成一囊白金，连同炼金方术一并授予范仲淹。然而范仲淹穷困潦倒至极，也未动用丝毫。后张术士之子张贫士穷困潦倒，范仲淹与之，贫士感激不尽。于是向天祷祝范仲淹多福、多寿、多男子，是为"三祝"，后皆灵验。汪廷讷借剧中人之口道出："称觞莫讶多贤嗣，积德从来是福基"的题旨。除了积德行善外，汪廷讷还自述题旨："寻常风月何堪记，总不如孝和悌，倡与随，忠兼义。"可见，该剧通过演绎范仲淹父子事，意在宣教忠孝节义的人伦观，起到敦伦尚义的作用。

再如汪廷讷的代表作《狮吼记》，是一部表现婚姻生活的家庭伦理剧。该剧塑造了两个前无古人的角色——善妒妻子柳氏和惧内丈夫陈慥。陈慥三番五次外出偷欢，又假意欺蒙妻子柳氏。柳氏实在忍无可忍，于是系一绳索在丈夫身上，自己则执另一端绳索，以监视丈夫。陈慥遇见一个巫婆，向她求救。巫婆牵羊易陈，陈脱身。柳氏牵绳，竟然牵来一只羊，大惊失色。巫婆托言是鬼神惩罚，令柳氏斋戒三日，丈夫自能复形。柳氏照做，三日后，丈夫果然归来。柳氏大喜，接受了丈夫陈慥在外蓄养的小妾秀英，但心绪难平，竟至病卧。一日，苏轼至，闻柳氏怒号，戏称"狮子吼"。作诗记之。柳氏魂游地府，阎王问罪。佛印禅师为其求情，使柳氏巡视地府，柳氏幡然醒悟，削发为尼。数年后，苏轼擢升，荐陈慥入朝。佛印度脱柳氏、苏轼妾琴操、侍女秀英，同三女共赴灵山。吕天成评价之："惧内从无南戏。汪初制一剧，以讽妒榆，旋演为全本，备极丑态，总堪捧腹。"① 该剧笑点频出，譬如《变羊》《复形》这两出就是以巫婆为核心人物来设置的情节。如果说巫婆、陈慥、苏轼、阎王都是站在"夫为妻纲"的封建人伦立场来压迫柳氏的话，那么县令夫人、土地娘娘则是站在支持柳氏的一方。在一干宗教人物譬如佛印禅师、土地娘娘、阎王等的映衬下，柳氏之善妒性格呼之欲出。虽然该剧是一部喜剧，但从女性角度来看，柳氏是一个悲剧性人物。在无爱和无信任的婚姻里，柳氏不惜触犯"三从四德""夫为妻纲"的伦理思想，用尽一切手段来维系自己的婚姻。可是在地府，她被挖眼折臂，只因"妒心犯了神人的公恶"。该剧在第三十四出《冥游》中细致描绘了阿鼻地狱的可怖情境，让同样善妒的吕后、杀驸马的唐宜城公主等恶妇在地狱受尽苦难。相较于她们而言，只有那些古今百十辈皆以贤德流芳的女子才能登天成仙。汪廷讷以这种方式唬住妒妇，让她彻底放弃争取幸福婚姻的权利，一心办道。这样的安排在现在看来可谓可笑之极，可是在汪廷讷的时代，这就是他伸张夫纲的好方法。由此可见，该剧中无论是宗教人物，还是阿鼻地狱的空间营造，都是汪廷讷宣扬其人伦思想的重要手段。

第四，汪廷讷痴迷宗教，其剧作亦有着强烈的自况性。汪廷讷不仅将自己平日里的宗教想象放入剧中，还以自己的别号来为剧中人命名。譬如《长生记》虽然已佚，但该剧实际上记述了汪廷讷求仙证道的故事。从《曲海总目提要》卷八引陈弘世序言中我们可以得汪廷讷尊信导引之术，崇信吕纯阳。他于环翠堂右，建十丈高的百鹤楼，专奉纯阳子。他祈祷能广续子嗣，吕纯阳感其志坚，竟然在梦中允诺报子。汪廷讷还详细地记载了这一细节。乙巳暮春的某一天，汪廷讷晨参纯阳子，礼毕，在琼蕊房中稍作休息。梦寐中吕纯阳向他阐发玄扃，力驱宿垢，且嘱以指导尘世，将降子以报答。汪廷讷醒来后满室异香，神情爽朗。他则急翻吕真人集暨列仙传逸史百家，搜求关于吕纯阳的故事，遂作《长生记》。第二年夏五月，汪廷讷果得一子，于是对吕纯

---

① 吕天成：《曲品》，中国戏曲研究院编《中国古典戏曲论著集成》第6册，中国戏剧出版社1959年版，第235页。

阳更深信不疑。① 剧中有一无无居士，号全一真人即汪廷讷自己。无无居士在剧中云："小生自辟庐湖上，时人便以昌公湖名之，湖上建百鹤楼，奉事纯阳大仙，祈广嗣续。一日晨起，参礼方毕，假寐琼蕊房，纯阳子捐余，开示玄机，且嘱以指导尘世，当有生兰之报。予觉而异香满室。越明年，果举一丈夫子。获此灵验，余志益虔。"② 此段正与汪廷讷自序符合。该剧中的故事多据列仙传，如戏押牡丹，剑斩黄龙，召将除妖，岳阳度柳等出，亦本稗官小说，非尽属无稽。盖作者考实敷陈，未尝凭虚杜撰也。

此外，《同昇记》也是一部极具"自况"色彩的剧作。剧中以东海一衲、无无居士、赤肚子、了悟禅师为主人公。而无无居士即是汪廷讷自称，赤肚子即汪廷讷方外之交李赤肚，了悟禅师亦是他的师友。汪廷讷以自己的交游生活为蓝本创作该剧，郑振铎在《插图本中国文学史》中说："汪廷讷的《长生》《同昇》二记，也和屠隆的《修文》《昙花》同样的荒唐可笑。《长生记》叙述某人因虔敬吕仙而得子成道事，《同昇记》写三教讲道度人事，其中主人翁也皆为汪氏他自己。"③ 同时该剧亦反映出汪廷讷三教归一的思想。虽然《同昇记》惜未获见，但从徐渭为《同昇记》④ 所作的序中亦可看出若干端倪。该序首先表达了徐渭自己三教归一的观点，他认为海内梵刹儒、释、道三师并于一龛，然

---

① 陈弘世序云："新安友人汪昌朝者，尊信导引之术，为阁事吕祖甚谨，通籍拜醮大夫。志益修洁，别号坐隐先生。一日梦感纯阳之异，若以元解授记而报之诞子者。公觉而搜罗仙籍，摭纯阳证果之始末，演为传奇，标曰《长生记》。又其自序云：余凤慕乎元宗，于环翠堂右，建百鹤楼，高十丈许，奉事纯阳子唯谨，盖表余一念皈依之诚，且祈以广嗣续，其雅志也。乙巳暮春，余晨参纯阳子，礼毕，假寐琼蕊房，纯阳子捐余，阐发玄肩，力驱宿垢，且嘱以指导尘世，将降令子以报若。余觉而异香满室，神情爽朗。转思无诱世之术，则急翻吕真人集暨列仙传逸史百家，搜求纯阳子颠末，为作《长生记》。按纯阳子未遇云房时，垂涎富贵，若非黄粱一梦，几不免堕落宦海中。厥后名登紫府，谁非此梦力也？余今琼蕊之梦，虽不敢上拟黄粱之梦，然感我师之提诲谆谆，敢不书绅敬佩之。是秋杪而记成，越明年夏五月，余果举一丈夫子。于是信我师之梦，果不我欺矣。"董康《曲海总目提要》，人民文学出版社1959年版，第361—362页。
② 董康：《曲海总目提要》，人民文学出版社1959年版，第362—363页。
③ 郑振铎：《插图本中国文学史》，作家出版社1957年版，第851页。
④ 徐朔方指出汪廷讷喜乔改甚至造假某些名人的序，来提升自己的文名，因此他怀疑该序言非徐渭所作，很有可能是汪廷讷自作。参见徐朔方《晚明曲家年谱》第3卷，浙江古籍出版社1993年版，第508页。

而没有几个人能真正认识到三圣相忘之旨。他谦虚地说自己的《度翠柳》专明佛乘,未及三教。而汪廷讷的《同昇记》则真正做到这一点。剧中有东海一衲,与无无居士、赤肚子、了悟禅师数人。初遇时三人各持门户,相互矛盾,而最终相忘于无言。剧内有潘太史,则东海一衲所自寓也。[①] 该序指出汪廷讷作《同昇记》实则为表达"三圣相忘"的题旨。从晚明整体的宗教氛围来看,三教归一是主流的发展趋势,汪廷讷虽然笃信道教,但思想的底色仍脱不了这个特点。

---

① 徐渭:《〈同昇记〉序》,蔡毅编著《中国古典戏曲序跋汇编》,齐鲁书社1989年版,第1281页。

第四章　佛道文化视野下明代宫廷曲家及其剧作研究

如果说前三章是以明代曲家与佛道文化的关系为考察重点，那么后三章则是摘选三种个案，深入分析明代曲家中三种有代表性的创作主体，即宫廷剧作者、僧侣曲家和藩王曲家。就剧作家身份而言，前后三章最大的不同在于前三章所考察的多是文人曲家，其创作多是我手写我口，其戏曲作品所体现出来的对佛道文化态度多是一种无意识的流露；后三章三种创作主体，则是出于某种明确的目的，有意识地利用佛道文化进行戏曲创作。大体而言，宫廷剧作者多为宫廷宴乐服务，因此其剧作常借用佛道文化表现祈福增寿等情节，为执政者歌功颂德；僧侣曲家为广大信众服务，其剧作带有鲜明的佛道仪轨，剧作宣教意图明显；藩王曲家身份特殊，其剧作一方面娱情娱己，具有很强的娱乐性，另一方面也借离尘绝世之想点缀富贵闲暇的生活，向执政者释放其无心向政的信号。可以说这三种曲家与佛道文化的关系都带有目的性，因此具有典型意义。以下分节述之。

第一节　佛道文化视野下明代宫廷曲家及其剧作引论

明代宫廷戏剧是指在明代宫廷上演的戏剧。从剧本创作时间上来看，包括前元戏曲、元明之间戏曲和明代戏曲。从创作者身份角度来看，明代宫廷剧作者既包括前元戏曲名家和本朝戏曲名家，也包括元明两代寂寂无名曲家。明代宫廷职业曲家因为效力于宫廷，其剧作更多地体现出宫廷趣味。以下具体论之。

一 明代宫廷演剧作者辨析

据李真瑜《明代宫廷戏剧史》统计，现存明代宫廷剧包括杂剧157种，南戏、传奇15种。其中有名可考的杂剧73种，南戏、传奇10种。[①] 在这172部剧作中过半数剧本无名可考。具体而言，分为以下几种情况。

第一，前元名家。在这172部作品里，关汉卿、高文秀、白朴、李文蔚、郑廷玉、尚仲贤、宫天挺、赵明道、费唐臣、金仁杰、马致远、王实甫、李取进、郑光祖、张国宾、刘唐卿、周文质、乔吉、戴善甫、鲍天佑、孟汉卿、秦简夫、王晔、施惠等均是元代著名曲家。这充分说明明代宫廷对前元戏剧的重视和喜爱。此外，细心体会不难发现明代宫廷甄选前元名家名作，有自己的一套标准，譬如关汉卿就有《单刀会》《望江亭》《武侯宴》《哭存孝》《陈母教子》《裴度还带》6部作品被搬演，其最具代表性的《窦娥冤》《救风尘》等均不在列，可见明廷搬演前元剧作，并不是以优秀为标准。历史记载，永乐九年颁布过一条禁令，"今后人民、倡优装扮杂剧，除依律神仙道扮、义夫节妇、孝子顺孙、劝人为善及欢乐太平者不禁外，但有亵渎帝王圣贤之词曲驾头杂剧，非律所该载者，敢有收藏传诵印卖，一时拿送法司究治"。[②] 可见，明代宫廷有意制定一套自己的戏曲甄选标准，以此垂范后世。

第二，明朝名家。明代宫廷演剧同样搬演本朝名家名作，譬如贾仲明、谷子敬、朱权、朱有燉、高明、沈采、王镀、张凤翼、张四维、高濂、陈与郊、阮大铖等的曲作就被明代宫廷搬演。这些被留名的本朝名家，除了朱权、朱有燉属于藩王之外，余者都是早有文名的曲家。这些曲家也是因为其作甚佳，符合明廷选曲条件，因而被内廷搬演。此外，本朝名家除了前四位是以杂剧留名外，其余都是因其南戏、传奇创作而被内廷选择其作品进行搬演。可见明朝名家作品多以南戏、传奇而受到内廷重视。

第三，无名氏曲家。在现存的172部宫廷剧作中，有89部作品为

[①] 据李真瑜《明代宫廷戏剧史·附录一》，紫禁城出版社2010年版。
[②] 王利器：《元明清三代禁毁小说戏曲史料》，上海古籍出版社1981年版，第14页。

无名氏曲家创作。这些无名氏曲家从历史的角度来看，据李真瑜《明代宫廷戏剧史》附录记载，又分为三种情况：一种为元代无名氏曲家，这类曲家包括《赤壁赋》《千里独行》《留鞋记》《老君堂》《抱妆盒》《黄鹤楼》《破窑记》7部作品；一种为元明间无名氏曲家，包括《存孝打虎》《金印记》等52部作品；一种为明代无名氏曲家，包括《下西洋》《玉环记》等30部作品。从身份上来看，这类无名曲家或为沉寂下僚的无名文人，或为栖身宫廷的职业伶人。然而哪些剧作是宫外无名文人所作，然后渐由宫外传到宫内，成为宫廷上演的剧作，因缺少文献资料而暂时无法考辑。因此，本章所讨论的明代宫廷曲家从时间上来看，为元明间和明代无名氏曲家，从身份上来看，明代宫廷曲家是专门为明代宫廷演剧进行创作的曲家。

明代宫廷演剧主要由钟鼓司、教坊司完成，前者应承内廷演剧，后者掌管朝贺宴飨时的礼乐活动。两者有内外之别，然而明代宫廷曲家到底出自钟鼓司还是教坊司，一直为学界所争讼。目前大抵有三种说法。

第一，明代宫廷曲家出自教坊司。邵曾祺认为脉望馆抄校本无名曲家作品中"一些剧本恐大多数也出于教坊艺人之手，不过这一类似是专为喜庆节日所编的承应戏而已"。[①] 这一观点并未论证现存明代宫廷剧都来自教坊司，仅指出承应戏这类剧作出于教坊司。又孙楷第在《也是园古今杂剧考》中提出："或曰'今本《古今杂剧》不有教坊编演杂剧若干种乎？其剧大部分系教坊编，其剧本亦安知不录自教坊司，何以必云钟鼓司乎？'余曰：'此易辨。明教坊司隶礼部，系外庭，教坊纵有剧本不得谓之内府本。今本《古今杂剧》有教坊编演剧本，盖教坊编演之本为钟鼓司采用耳，非其本属教坊司也。'"[②] 此外，有学者还根据内府本本身的特点判定内府本乃出自教坊艺人之手，钟鼓司偶尔搬演客串。[③]

第二，明代宫廷曲家出自钟鼓司。有学者指出现存明代新创的宫廷

---

① 邵曾祺：《元明北杂剧考略》，中州古籍出版社1985年版，第597页。
② 孙楷第：《也是园古今杂剧考》，中华书局1965年版，第100页。
③ 参见张影、韦春喜《论明教坊与内府编演本杂剧》，《戏剧文学》2006年第4期；[日]长松纯子《明代内府本研究》，博士学位论文，中山大学，2009年。

第四章 佛道文化视野下明代宫廷曲家及其剧作研究 123

杂剧就有七十多种,在明前期剧坛占据大半江山,这与钟鼓司艺人的创作和演出密不可分。① 然而这一观点并没有给出钟鼓司进行剧本创作的有力材料。

第三,明代宫廷曲家既来自教坊司,也来自钟鼓司。有学者认为内府本中直接标注"本朝教坊编演"的剧本由教坊司独立编演,而很多没有标注且附有"穿关"的剧本应有不少出自钟鼓司编演,至少是由钟鼓司曲家做了相应的改编。该学者从内府本的宦官化特征推测包括钟鼓司艺人在内的多才多艺的内廷宦官完全有资质进行内府本的创作和编演。②

笔者认为明代宫廷曲家来自钟鼓司和教坊司。然而两司在编创剧本上的分工不同。具体而言,钟鼓司侧重于对已有剧本进行加工和编演,教坊司侧重于创作宫廷所需剧本。提出这一论断的原因有以下几点。

第一,有材料明确指出明代教坊司做剧。宋懋澄《九籥集》记载每遇内廷节日时,"则教坊作曲四折,送史官校定,当御前致词呈伎。数日后复有别呈,旧本更不复进"。③ 这则材料说明明代宫廷剧本是由教坊司创作,并经史官校订。由于教坊司进献之曲需要经过史官校订,以保证政治正确,这也暗示了明代宫廷剧非一人所作,而是融合了史官之笔。又《都公谈纂》记载"成化末,内官阿丑年少机敏,善作教坊杂剧"。④ 这则材料提到钟鼓司著名内官演出教坊杂剧,证实教坊司做剧,钟鼓司演剧的情形。

第二,现存内府本中有些剧本明显出于文人之笔。众所周知钟鼓司属于内廷,其艺人都是宦官;而教坊司属于外廷,艺人非宦官,容纳职业文人剧作家则更为可能。元明间无名氏所作杂剧《乐毅图齐》,本事出于《史记·乐毅列传》,今存脉望馆抄校本。王季烈评价该剧"曲文朴茂而饶有机趣……皆古质丽又清新,虽元曲亦不多见。此本意必名家

---

① 参见郑莉、邹代兰《浅谈明宫廷演剧机构——钟鼓司和教坊司》,《四川戏剧》2008年第1期。
② 参见高志忠《明代宦官演戏剧目暨内府本作者考略》,《暨南学报》(哲学社会科学版)2012年第5期。
③ 宋懋澄:《九籥集》卷九,中国社会科学出版社1984年版,第218页。
④ 都穆:《都公谈纂》卷下,清钞本。

所作也。惜传抄多误，无从校勘"。① 这则材料说明宫廷剧出自文人之笔是可能的，从人员构成来看，教坊司更有可能容纳这种带有文人身份的职业剧作家。教坊司的乐户来源有三：其一是明灭元蒙后，蒙古族后裔被贬为乐人；其二世代为乐户者或因家贫被迫入教坊司者；其三是因政治原因被惩罚入教坊司者。② 这里除去第二种外，余下二种皆是有一定文化修养的乐户，与钟鼓司的习乐太监相比，他们更有能力进行戏曲创作。

第三，从与廷外的联系程度来看，教坊司人员更容易与民间接触，吸纳流行的民间剧本。钟鼓司由内廷习乐太监组成，囿于身份，他们不太可能与外廷接触。而教坊司不仅负责宫廷演乐，还兼管南北两京乐户。各州县乐户轮值于教坊司，也为宫廷带来更多民间演剧因子。史料记载洪武时期，南京都城形成了富乐院、御勾栏、十六楼的演剧形制，这些官办的演剧场所开设在宫廷外，实际上是一种半民间半宫廷的性质。富乐院是教坊司乐工专处之地，御勾栏是教坊司乐工在宫廷外的演剧场所。由此可见教坊司人员比钟鼓司太监有更多的空间接触到民间的演剧元素，这为明代宫廷上演民间流行的剧本提供了可能性。

综上所述，明代宫廷曲家就创作而言更多地来自教坊司，而就编演而言，更多地来自钟鼓司。这就是为什么现存明代宫廷剧中附有大量穿关，而这些穿关体现出了浓郁的宦官色彩。因此本章所讨论的明代宫廷曲家不仅是一般意义上的曲本创作者，还包括戏曲的改编与演出者。而我们现在所看到阙名的明代宫廷剧既由教坊司曲家创作，也由钟鼓司曲家编演，还包括民间无名氏文人创作（这部分作品也极有可能经过钟鼓司伶官改编而成内府本）。在现存剧本中要进一步厘清哪些是由教坊司和钟鼓司的宫廷曲家创作，哪些是由民间无名氏文人创作，则需要更多的资料进行考辑。

不可否认的是教坊司和钟鼓司虽然分工不同，但也经常合作。这种合作包括戏曲舞台上的表演，如据沈德符《万历野获编》"杂剧院本"

---

① 王季烈：《孤本元明杂剧提要》，王季烈编《孤本元明杂剧》第1册，中国戏剧出版社1957年版，第27页。

② 参见李真瑜《明代宫廷戏剧史》，紫禁城出版社2010年版，第206页。

第四章　佛道文化视野下明代宫廷曲家及其剧作研究　125

条云:"以至三星下界、天官赐福,种种吉庆传奇,皆系供奉御前,呼嵩显寿,但宜教坊及钟鼓司肄习之。"① 由于御前供奉的庆赏剧需要大量人物登台上演,所以两司一起学习、合演的情况常见。此外,钟鼓司技艺精湛,教坊司向其学习亦有之。《酌中志》卷 22 载"光庙喜射,又乐观戏。于宫中教习戏曲者,近侍何明,钟鼓司官郑稽山等也"。② 钟鼓司著名艺人在宫中教习戏曲,足见钟鼓司艺人技艺精湛。又皇甫录《皇明纪略》记载"正德己巳,(武宗)诏问教坊童孺百人,送钟鼓司习技"。③ 由于钟鼓司习乐太监技艺高超,教坊司与之技艺切磋、学习亦是常态。

至于明代宫廷剧作为什么阙名,大抵有以下四个原因:第一,教坊司和钟鼓司曲家不以这类剧本为自己的作品,他们创作出的这类剧本仅为演出提供台本,是一种服务性的工作,所以没有意识到其署名的意义。

第二,栖身教坊司的文人虽然以创作剧本为职业,但却深以与伶人相伴为耻,故深藏姓与名,不愿为自己的剧本署名。武宗朝教坊伶人臧贤推荐杨南峰之才,"上欲以伶官与之,南峰大惭恨,求归不许,又赖贤力为之请,得放还。南峰隐居,久负重名,一旦轻出,为圣主所侮,时以为真倡优畜之也"。④ 杨南峰虽然颇负才名,但一旦赐予伶官之职,却深以为耻。可见当时的文人仍以戏曲为贱业,不欲与之为伍。又"武宗召徐霖在临清谒见,欲授霖教坊司官,霖泣谢曰:'臣虽不才,家世清白,教坊者倡优之司,臣死不敢拜。'"⑤ 徐霖宁愿一死,不敢授教坊司之职,这也从反面说明明代宫廷中文人任教坊司之职虽非常态,但亦有之。

第三,民间文人创作的剧本虽然被教坊司甄选入宫,但剧本在创作之初就已阙名,故剧本辗转入宫后,亦不知其姓名。

---

① 沈德符:《万历野获编》,中华书局 1959 年版,第 648—649 页。
② 刘若愚:《酌中志》,北京古籍出版社 1994 年版,第 190 页。
③ 皇甫录:《皇明纪略》,王云五主编《丛书集成》初编,商务印书馆 1936 年影印版,第 15 页。
④ 沈德符:《万历野获编》,中华书局 1997 年版,第 545—546 页。
⑤ 李诩:《戒庵老人漫笔》,中华书局 1982 年版,第 133 页。

第四，明代宫廷剧本多是集体创作，不便署名。从以上论述不难发现，一个剧本很可能由民间文人创作或者是教坊司曲家创作，经过史官校订，再由钟鼓司艺人在舞台上搬演之后不断完善，最后形成附穿关的定本。在这个过程中很难说一个剧本是由哪一个曲家完成的，因此阙名是最好的选择。

二 佛道文化视野下明代宫廷曲家的创作特点

据李真瑜的《明代宫廷戏剧史·附录一》，现存明代宫廷无名氏曲家作品共计 89 部，除去明确表明是元代作品的 7 部剧作外，其余 82 部作品都应被纳入明代宫廷曲家作品的考察范围内。从佛道文化的角度来解读这 82 部作品，其题材主要集中于三个方面，即历史题材、现实题材、仙佛题材。这三种题材依次对应的是过去、当下与彼岸世界。

从佛道文化视野下考察这三种题材的剧作可以发现，佛道文化色彩于这三种题材剧作的浸染有轻重之别。就历史题材剧作而言，明代宫廷剧横跨春秋、战国、唐、五代、宋等多个朝代，显示出一种有意识的历史眼光。这类剧作以历史故事为蓝本，敷以神异笔法，使这类历史故事平添几分遐思。如，同是讲薛仁贵的故事，《飞刀对箭》和《龙门隐秀》都提到皇帝夜梦白袍小将，后有薛仁贵投军，成为一代名将。又《存孝打虎》中李克用梦见一只生肉翅的老虎闯入帐房，后收义子李存孝，李存孝在军中成长为飞虎将军。又《破天阵》是关于杨家将的故事，其中有天文官夜观星象，得知杨六郎未死等情节。《定时捉将》里寇恂施法术用风沙迷住邠全的军阵，这些情节都是在历史故事的基础上稍加点染神异色彩，使严肃的历史故事变得生动有趣。

在历史题材的宫廷剧中有一部《南极登仙》别出一格。这部剧作以孙思邈为主人公，剧作前半部分剧情出于《唐书》，越到后面越荒诞不经。孙思邈精通医药，受唐太宗所邀进京，却辞掉高官厚禄坚心修道。东海龙王患病，化作白衣秀才请孙思邈治病，孙思邈药到病除。龙王非常感激，在龙宫宴请孙思邈，并赠予上古仙方。孙思邈潜心修道，功成圆满，南极仙翁派福、禄二仙下凡接引，孙思邈升仙，与众仙同赴瑶台，东海龙王献宝庆贺。该剧将历史剧与度脱剧相结合，神化了孙思邈这个历史人物。剧末南极仙翁云："孙思邈，你今日功成行满，身列瑶池，皆因你在世积功累行。你听着，行医道在世施仁义，积阴功人物蒙其利。治龙神病患得安全，保长生永远无灾晦。"① 该剧运用佛道文化中的因果报应说，将度脱剧与历史剧相嫁接，增加了历史剧的神化色彩和趣味性。

就现实题材剧作而言，明代宫廷剧中现实题材剧作数目较少。相较于历史题材剧作而言，现实题材剧作更多地表现现实生活，而非历史上著名的人物和故事。从这一角度来看，《延安府》《刘弘嫁婢》《村乐堂》《浮沤记》《独角牛》《升堂记》《冯玉兰》《玉环记》《四美记》等剧作表现的都是小人物的故事，这些故事有些来自作家编创，有些来自民间流传的故事，总体而言都是表现凡人的世情生活。这类剧作更倾向于表达现实生活，因此神异色彩的笔墨亦不多见。以佛道文化视野考察这类剧作，仅有部分剧作用果报思想来旌彰忠孝。如《刘弘嫁婢》一剧中刘弘虽贵无子，太白金星化为货卜先生，告之要多行善事即有福报。后刘弘厚待故人李逊的妻与子，资助典身葬父之女。李逊死后被玉帝赐为增幅神，李逊上禀刘弘善举，玉帝为刘弘增寿赐子。该剧借用佛道文化里的因果报应思想，劝人多行善举。另一部剧作《浮沤记》则将地府、鬼力搬上舞台。剧中王文用被歹人所迫，惨死于东岳庙，他临死前指着东岳庙太尉神像和屋檐下的滴水浮沤，请他们为自己做证，他死后要到阴曹地府控告歹人。后东岳庙太尉神果然为其申冤，派鬼力捉拿歹人，为其报仇。该剧以阴曹地府为人生的终极法院，以"举头三尺有神明"的神鬼说恫吓世人莫作恶。这一思路与《刘弘嫁婢》中善有善报的思想共同构成了世人所熟知的善恶终有报的因果论。这种混合了民间宗教思想和佛道文化的果报剧在明代宫廷和民间大量上演，也显示出明廷一贯的宗教策略——以佛道暗助王纲。

在现实题材剧作中，有一部特别的剧作直接记录了明代大事记，即取材于郑和下西洋故事的《下西洋》。该剧本事见于《明史》卷三百四《宦官传一》，史料记载郑和初下西洋，乃是因"成祖疑惠帝亡海外，

---

① 无名氏：《南极登仙》，王季烈编《孤本元明杂剧》第4册，中国戏剧出版社1957年版，版内第12页。

欲踪迹之，且欲耀兵异域，示中国富强"。① 永乐三年，郑和与侪王景弘率领将士27800余人，通使西番。出使中郑和遍宣天子诏，给赐君长，不服则以武慑之。

该剧剧情出于史实，且就发生在明朝初年，可谓无疑的现实题材。然而该剧却不囿于史实，在很大程度上显示出一种荒诞不经的色彩。从佛道文化的视角来看，这种荒诞的色彩具体表现在以下几个方面。

首先，从剧情来说，《下西洋》借助民间河神信仰，安排了祭祀天妃庙的情节。第一折里夏尚书问郑和为何先祭神灵，其答道："我将这神灵神灵相问，要一个稳便稳便风顺。喒人这必敬神，知必定准。"② 第二折还花大量笔墨描写了郑和率领众人祭拜天妃庙。正如剧中庙官所言，这座天妃庙建立于宋代，此庙好生灵圣，"但是来往人等，过海登船，必须先祭了俺神道，平风静浪，若不祭了俺神道，打头风就来，哪个敢开船？"③ 待郑和率领众人拜过124拜后忽然觉得一阵困意袭来，梦中得到天妃娘娘示喻，一路平安。这些情节无疑神化了郑和下西洋的过程，奠定了其通番过程一帆风顺的叙事基调。事实上，郑和下西洋是充满波折的。史料记载郑和出使过程中，也有不服者如旧港酋长陈祖义，他想通过诈降诱迫郑和，然"和大败其众，擒祖义，献俘，戮于都市"。④ 又有锡兰山国王诱降，实则发兵劫持郑和舰队。郑和趁其国内虚空，以两千兵力破其城池，俘虏其妻子官属，令其归降。又吞并交阯国，将其领地化为郡县。这一系列举措震动诸邦，归顺者益多。这些细节在《下西洋》中几无展现。剧中西洋国王听闻天朝派使臣前来，立即备下奇珍异宝迎接郑和。又有苏禄国、彭亨国、穿心国等意欲打劫，郑和佯装妥协，以一棵能结瓷器的瓷器树将他们诱骗上船，然后令其臣服。该剧以一种轻松调笑的方式，遮盖了通番过程中的武力事件，以神灵护佑让郑和西行一帆风顺，这无疑使该剧缺少必要的戏剧冲突，因此缺乏打动人心的力量。

---

① 张廷玉等：《明史》第26册，中华书局1974年版，第7766页。
② 无名氏：《下西洋》，王季烈编《孤本元明杂剧》第4册，中国戏剧出版社1957年版，版内第4页。
③ 同上书，版内第7页。
④ 同上书，第7767页。

其次，从人物来说，该剧登场人物众多，仅朝廷官吏就有殿头官、定国公、思恩侯、蹇尚书、夏尚书、郑和、王景弘、曹铨、潘子成、牛金住、刘林保、平江伯、庙官、小吏等十五位，又有西番国王和众小吏等十六位。此外还有天妃娘娘和两位仙子。一部就有三十多位角色登场，足见这部宫廷剧的规模。而天妃这一人物的出现则让这部剧作表现出明代宫廷剧作惯有的借神灵之口为国祚祈福的创作思路。剧中天妃乃统领三界、镇世间江河淮济的神祇，她享祭安民，保助山河。因她感念三保忠诚报国，真意飨神，因此许他"此一去不动干戈，自然得宝回来"。[①] 可以说天妃娘娘这一人物设置，让该剧具有了一丝庆赏剧的味道。庆赏剧借助神仙之口，为朝廷大唱赞歌是一贯的叙事策略（详见后文），而这部取材于现实的剧作借助庆赏剧的思路，为自己平添了几分幻色。

最后，从舞台呈现来说，该剧不避繁复，呈现出宫廷剧特有的夸饰之风。剧中罗列的宝物非常多，有珊瑚树、夜明珠、玻璃瓶、沉香、西洋布、各色宝石等。剧作花费大量笔墨描写各国献宝和郑和夸耀各种宝贝。于剧情而言毫无必要，但于宫廷剧而言，这样夸饰的笔法则可以理解。该剧剧本后附有穿关，说明这部剧人物众多，其穿戴多有异域风情。譬如西洋诸多国王人物穿戴就有犀牛冠、海蛟项帕、金箍陀头、撒发陀头、杂发陀头等。于舞台呈现而言，这部剧作带有相当的异域风情和荒诞不经的色彩。

就仙佛题材剧作而言，明代宫廷剧上演的这类剧目比较多，仅次于历史剧。这类剧作无论是剧情、人物还是舞台呈现都充满着玄幻色彩。就内容而言，这类剧作集中表现神仙道法、度脱飞升、节庆寿贺等，因此这类剧作可谓之仙佛剧；就形式而言，这类剧作热衷人物纷繁的舞台呈现、腾挪热闹的打斗场面、争奇斗艳的道具展现。重要的是与后者而言，有十几本剧作都明确标识"本朝教坊编演"，而这类剧作多有为皇帝高呼万岁，为太平盛世大唱赞歌的规定动作，其服务宫廷宴乐的性质非常明显，因此这类剧作可以称为庆赏剧。以下将从仙佛剧和庆赏剧两个方面分别关注佛道文化视角下的明代宫廷剧。

[①] 无名氏：《下西洋》，王季烈编《孤本元明杂剧》第 4 册，中国戏剧出版社 1957 年版，版内第 10 页。

第二节　明代宫廷仙佛剧研究

据《孤本元明杂剧》目录，王季烈将明代无名氏剧作分为几类，其中《双林坐化》《鱼篮记》《哪吒三变》三剧被归为"释家故事"；又《拔宅飞升》《三化邯郸》《度黄龙》《洞玄升仙》《李云卿》《桃符记》《锁白猿》《齐天大圣》《斩健蛟》九剧被归为"神仙故事"；另有《宝光殿》等十六剧被归为"本朝教坊编演"。王季烈没有单独摘出宫廷剧作，但根据这些剧作的版本，《双林坐化》《三化邯郸》《桃符记》都是于小谷本，《锁白猿》虽未明版本，但根据其剧作内容和形式，既无为皇朝唱赞歌的规定动作又无"本朝教坊编演"字样，也无穿关等记载，所以暂时不纳入宫廷剧。《鱼篮记》《哪吒三变》《度黄龙》《洞玄升仙》《李云卿》《齐天大圣》《斩健蛟》《拔宅飞升》等八部明代无名氏剧作，除去《哪吒三变》外，其余七部剧作在剧末都附有穿关，并题有内府校本的标识，《哪吒三变》虽无这两项指标，但剧中人为明朝圣上大唱赞歌，属于明朝宫廷剧作的规定动作。基于此，这八部剧作被纳入明代宫廷仙佛剧考察范围中。以下将从佛教题材剧和道教题材剧两个方面展开分析。

一　佛法无边证菩提，降服妖魔入法门

在这八部剧作中仅有《鱼篮记》《哪吒三变》是佛教题材剧作。这两部剧作从结构上来讲，人物都以归入佛门为终点，其情节充满天马行空的想象，其排场热闹非凡，其语言追求禅林趣味，兼具宣教和娱乐之用，以下展开具体分析。

就结构而言，拜入佛门成为两剧人物行动的终点。《鱼篮记》全名《观音菩萨鱼篮记》，讲述的是观音菩萨得如来法旨，下凡度脱迷失正道的第十三尊罗汉张无尽，剧末张无尽在观音菩萨、布袋和尚、普贤菩萨、文殊菩萨的点醒下回归正道，果正朝元。《哪吒三变》讲的是哪吒三太子奉如来之命下凡收拾扰害生灵的五鬼四魔女，最后一众妖魔被降服，永皈佛门。两剧的结构主线虽然不一样，一则为度脱，一则为降服，但最终都以人物皈依佛门为终结。

就情节而言，两剧都设置了三个场景来彰显佛法无边。《鱼篮记》观音菩萨化作渔妇，嫁给张无尽，要求张无尽看经、吃斋、行善，可张无尽生平最讨厌这三件事，为了尽快娶渔妇过门，他只得假意答应。渔妇要将篮中金鱼放生，以行善事。又见金鱼入河便掀起惊涛骇浪，一时间电闪雷鸣，这一场景让一旁的张千惊惧不已；第二个场景是渔妇不随顺张无尽，张无尽让她一夜磨完十担麦子，张千奉命前去查看，只见渔妇在打盹时，土地神领众鬼力顷刻间磨完麦子，张千第二次被吓到；第三次是张无尽让张千用白绫勒死不听话的渔妇，但白绫自动断成十根，至此张无尽断定此妇人必有蹊跷。直到布袋和尚领着普贤、文殊来到后花园与观音菩萨说话，张无尽还没醒悟。又见韦天从天而降，张无尽才跪地求饶，普贤、文殊、观音分别用禅机佛语警醒他，他才省悟。剧中张无尽虽有菩提果证之根，但却沉湎于酒色财气人我是非之中，在得到一系列神示之后，始觉佛法无边，省悟前身。

《哪吒三变》同样有三场彰显佛法的情节。哪吒原是如来座下弟子，因下界魔鬼扰乱生灵，他奉命前往降妖伏魔。哪吒是佛教中护法神，他在与五鬼的打斗中，化身两头四臂，在佛祖金光护体下，五鬼只能走不能飞，败下阵来。哪吒又命五鬼去诱战四魔女，哪吒手持天印、摇动金铃，招来四方揭谛和四大天王，布下天罗地网，四魔女无处遁形，化作四块顽石。哪吒开启天眼识破她们的本相，四魔女无处可逃，只能随哪吒回天庭面见佛祖。该剧哪吒三次使用法力大败魔与鬼，充分显示作为护法神的威猛与神勇。

《鱼篮记》《哪吒三变》的故事并不复杂，两剧于人物形象上都不甚用心，只是重在彰显佛门法力，因而情节荒诞不经，充满想象力。

就排场而言，正是因为这两剧情节充满想象力，所以场面热闹。首先表现在两剧中人物众多。《鱼篮记》里上场人物包括：释迦牟尼佛、阿难、迦叶、观音、寒山、舍得、布袋和尚、鬼力、土地神、韦天、善财、狮、吼、白象、张无尽、张千十六位人物，而《哪吒三变》里的人物就更多，包括释迦牟尼佛、阿难、迦叶、护法天神、善胜童子（哪吒）、异鳞鬼、狮头鬼、铁头鬼、无边鬼、金睛鬼、天魔女、地魔女、运魔女、色魔女、金头揭谛、银头揭谛、波罗揭谛、波罗僧揭谛、多闻天王、持国天王、增长天王、广目天王二十二位人物。这类宫廷剧在一部杂剧中容纳这么多人物登场，也就不太可能对人物进行精雕细刻。其次，这两剧为了追求舞台效果，非常讲究动作和声效。譬如《鱼篮记》中观音扮演的渔妇放生金鱼，让张千躲到一旁，以免吓到他。张千不信，说："一个鱼放了便罢，可怎生说唬杀我。我不信，你放我看。"渔妇说："你不信，我放你看。[做放科]（鬼力上做接鱼科）（锣鼓霹雳响科）（张千唬倒科）（云）哎哟，唬杀我也。"张千醒后，后怕不已，说："夫人，你放这鱼，可怎么滔天浪滚，那水中不知是什么东西，我则见霹雳闪电，风云罩满了江面。唬杀我也。"① 此处剧本用一系列动作科、声响科作为舞台提示，营造出强烈的舞台戏剧效果。又《哪吒三变》里哪吒与五鬼打斗一场里有哪吒"做放光科""众鬼做走科"、哪吒"做赶科" "狮头鬼打哨子科"、哪吒与护法天神"做拦科""众鬼跪科"等；哪吒与四魔女打斗一场里有金睛鬼"做变科"，变成一个麋鹿，哪吒"做击印三下科" "做摇金铃科" "怒踩住天魔女科" "做要摔科"②……这一系列舞台动作设计充满张力和戏剧性，王季烈称此剧"排场极为热闹"③，也让观众目不暇接。

就语言而言，两剧都是佛教题材剧作，语言充满禅林趣味。如《鱼篮记》第四折里，寒山、舍得、布袋和尚一人一句法言点醒张无尽，寒山云："张无尽，你道你做的事瞒昧过人。岂不闻奸汉瞒痴汉，痴汉总不知。奸汉变驴子，可与痴汉骑。尽日往东行，回头便是西，冤冤来相报，件件失便宜。"布袋和尚云："布袋包藏千世界，杖头拨动五须弥。思量兜率宫中景，静坐之时说与谁?"④ 这些语言既像偈语，又符合人物身份。透过人物之口在舞台上表达出来，具有一定的宣教作用。王季烈评价该剧"曲文间有俊语，通体亦妥适"。⑤

---

① 无名氏：《鱼篮记》，王季烈编《孤本元明杂剧》第 4 册，中国戏剧出版社 1957 年版，版内第 3 页。
② 同上书，版内第 9 页。
③ 王季烈：《孤本元明杂剧提要》，王季烈编《孤本元明杂剧》第 1 册，中国戏剧出版社 1957 年版，版内第 50 页。
④ 无名氏：《鱼篮记》，王季烈编《孤本元明杂剧》第 4 册，中国戏剧出版社 1957 年版，版内第 8 页。
⑤ 王季烈：《孤本元明杂剧提要》，王季烈编《孤本元明杂剧》第 1 册，中国戏剧出版社 1957 年版，版内第 49 页。

《哪吒三变》则在开篇就由释迦牟尼佛出场交代了自己的出生、成佛经历和佛教中的基本教义,如释迦牟尼佛曰:"佛者何也?正觉菩提。人能觉悟其平日所为,去其不善而行乎善事,此心即佛心也。"①第四折又通过释迦牟尼佛之口,宣布法门教义,如"贫僧三来化身,自东度西,来传六祖。初祖达摩禅师、二祖慧可大师、三祖僧璨大师、四祖道信大师、五祖弘忍大师、六祖慧能大师。又传五宗五教之正法。五宗者临济宗、云门宗、曹溪宗、法眼宗、沩仰宗,五教者,南山教、慈恩教、贤首教、天台教、秘密教"。② 该剧大部分内容表现的都是腾挪打斗的场景,但在剧首和剧末都通过人物之口传递法门要义,具有宣教的作用。与此同时,《哪吒三变》的语言也非常顾及场上需求,具有滑稽逗乐的效果。如《哪吒三变》里五鬼王四魔女拜入佛门,饿鬼道:"佛爷爷,我则跟着他们趁打哄,并不曾伤害生物。与你做个徒弟,舍些酸馅吃罢。"③ 一声"佛爷爷"让崇高庄严的释迦牟尼佛形象立刻具有了亲和力,"舍些酸馅吃罢"既符合饿鬼贪食的特点,又引发滑稽感。可见,《哪吒三变》虽是佛教题材剧,但并不全然追求严肃、端庄的宣教效果,其娱乐观众的目的非常明显。

综观这两部佛教题材剧,在题材上虽以佛教故事为主,但并不以宣扬佛法为目的;在人物上也具有佛道兼具的特点。譬如哪吒为护法神,原为毗沙门天王第三子,后化身善胜童子,这一个比较典型的道教人物形象,再加之五鬼四魔的人物群像,更添道教气息;在情节上,两剧基本上都不是以理服人而是以武服人,被度脱者都是被强大的佛法唬杀住,或是省悟入了佛门,或是被迫皈依。在舞台效果上,由于重点表现各种斗胜场面和荒诞不经的场景,所以充满了戏剧性。值得一提的是,《哪吒三变》剧末有"翊赞圣明君,永坐黄金殿,愿大明享升平万万年"④ 之语,则显示出明代宫廷剧特有的服务功能。

---

① 无名氏:《哪吒三变》,王季烈编《孤本元明杂剧》第4册,中国戏剧出版社1957年版,版内第1页。
② 同上书,版内第8页。
③ 同上书,版内第10页。
④ 同上。

二　神鬼莫辨显神力，重道轻佛布玄言

如果说以上两部佛教题材剧已经显示出明代宫廷仙佛剧热爱排场、讲究动作性特点的话，那么以下六部道教题材剧则在这一点上更为明显。大抵而言，明代宫廷道教题材剧在情节上以斗胜和度脱为主，在形式上具有"神仙而兼武剧"① 的特点，在主旨上有明显重道轻佛的倾向，在功能上有服务宫廷的意识。

就情节而言，《度黄龙》《洞玄升仙》《李云卿》《斩健蛟》《齐天大圣》《拔宅飞升》六部剧作大抵分为两类：一类是以度脱为主要叙事线，如《洞玄升仙》《李云卿》《度黄龙》；一类是以斗胜为主要叙事线，如《斩健蛟》《齐天大圣》，而《拔宅飞升》兼顾度脱与斗胜。

从度脱剧的角度来看，《洞玄升仙》《李云卿》《度黄龙》中的主人公都是颇有仙种的神仙预备役。《洞玄升仙》里的主人公边洞玄本是道姑，自幼父母双亡，在清静庵中出家，她乐善好施，不食烟火，专心修道20年；《李云卿》中的李云卿本在庐山修道，苦修20年；《度黄龙》中的黄龙禅师在黄龙山清修，颇有仙缘。边洞玄、李云卿、黄龙禅师因为自身有悟性，长期修行，只是未遇名师，不得关窍，所以当钟离权、吕洞宾、张紫阳等仙真对他们传以金丹妙诀之后，他们很快就能得道飞升。所以从度脱的方法来看，边洞玄、李云卿、黄龙禅师都不曾受过太多的磨难，不似《鱼篮记》《哪吒三变》中的人物需要被恫吓才能皈依佛门，他们以一种心悦诚服的方式轻松飞升。

从武剧的角度来看，《斩健蛟》《齐天大圣》《拔宅飞升》中都有大量的斗胜场景。《斩健蛟》中已经得道神仙的二郎神与健蛟、健神、健鬼大战，最终收服他们；《齐天大圣》中有二郎神领着十万天兵和梅山七神与齐天大圣三兄弟斗法，最后押着他们面见驱邪院主；《拔宅飞升》里许逊见鄱阳湖妖气冲天便画符斩妖，湖中蛟精被逼上岸，化作黄牛，许逊剪纸成黑牛与黄牛搏斗，蛟精被刺伤左脚，逃往长沙，化作

---

① 王季烈：《孤本元明杂剧提要》，王季烈编《孤本元明杂剧》第1册，中国戏剧出版社1957年版，版内第52页。

一秀才，入赘贾家。许逊来到贾家，逼出蛟精原形。蛟精又逃往南昌，被天兵捉拿，镇于南昌紫霞观井中。这三部剧作都以斗胜场面为重头戏，以邪不胜正为终点。虽然情节脉络简单，但胜在场景热闹，排场宏大，体现出宫廷剧的特点：即虽是道教题材剧作，但不以宣教为最终目的，通过斗胜场面丰富舞台表现，增强戏剧性和娱乐性，此所谓王季烈评价的"神仙而兼具武剧"。

从主旨上来看，道家题材的明代宫廷剧明显具有重道轻佛的倾向。就剧本数量来看，佛教题材剧仅有两部，而道教题材的剧作有六部；从内容上看，这六部剧作无论是以斗胜为主，还是以度脱为主，都是在彰显道法和道家修行的要旨。尤其是《李云卿》一剧，基本没有强烈的戏剧冲突，只有李云卿在山中采药，迷路遇仙，张紫阳赐予金丹，李云卿服食之后，随即与张紫阳同登仙界。从内容上看，该剧实在平平无奇，剧作通过人物之口，大谈修仙之道。譬如第一折，混元真人上场即云："道悟玄元不记春，无为无事养天真。生涯只在阴阳鼎，活计惟凭日月轮。八卦气中藏至宝，五行光内隐元神。"[①] 刘海蟾上场即云："个个觅长生，根源不易寻。要贪天上宝，须弃世间金。炼就水中火，练成阳内阴。金蝉脱壳后，明月照天心。"[②] 几乎每一个上场人物都有一大段关于修道要旨的言论，足见剧作者不是道门中人就是谙熟道教教义之人。

在这六部道教题材的宫廷剧中，《度黄龙》尤为特别，充分体现出明代宫廷剧重道轻佛的倾向。从内容上看，《度黄龙》中的黄龙禅师本是黄龙寺的和尚，为众人讲解大乘妙法。吕洞宾、汉钟离奉玉帝之命下凡度脱有仙缘的人。吕洞宾看中黄龙禅，一心想度他入道门。可是黄龙禅师先拜澄净禅师，后入黄龙寺修行。悟得佛祖不传之秘和无上真文，已是悟明心地，了达玄宗。在这种情况下，吕洞宾先是通过墙上题字，引得黄龙注意，二人机锋相对，大谈天地至道，黄龙禅师被吕洞宾精深的道行所吸引，约他明天来讲道。吕洞宾第二天如约而至，

[①] 无名氏：《李云卿》，王季烈编《孤本元明杂剧》第4册，中国戏剧出版社1957年版，版内第1页。

[②] 同上书，版内第2页。

直言要黄龙弃佛皈道,并告诫黄龙身有三恶,须除掉之后才能登仙界。黄龙禅师临危自省,第二天再向吕洞宾请教性命双修之道,吕洞宾阐释要道,禅院众弟子不相信吕洞宾所说,要吕洞宾带领他们神游琼花观证明道法无边。吕洞宾带领他们神游琼花观,并随手变出花和酒,众人信服。黄龙禅师真心佩服,并愿修道门,吕洞宾携黄龙登瑶池赴会,八仙来贺。该剧以"三度"的情节模式让一位禅师转投道门,并得道飞升。这无疑暗示道旨高于佛义,剧末吕洞宾还不忘挖苦佛教一番,唱道:"道理分明心印传,枉了那蒲团上数年,吃酸馅,枉劳倦。""毕罢了僧房禅院,受用波酒美桃鲜。再不念如来心愿,熟读俺仙家经卷《道言》《至玄》数篇。"① 该剧无疑是明代宫廷剧重道轻佛的典型例证。

　　就功能而言,这六部道教题材的宫廷剧具有三重功能:一则彰显道法无边,这主要是通过斗胜武剧来体现;一则宣传道教要旨,这主要是通过度脱剧中大量唱词和人物念白来传达;一则服务宫廷,为大明朝唱赞歌。这主要体现于这些剧作结尾处礼赞大明朝的唱词中。譬如《拔宅飞升》剧末东华仙道:"愿四海风调雨顺,赞皇图永远遐龄。喜一统万年社稷,贺圣寿天下太平。"② 又如《李云卿》剧末张紫阳唱道:"保圣主遐龄康健,贺皇朝君圣臣贤。感应的真仙出现,将至理虚无修炼。今日个自然寿延,保吾皇万年,大一统江山清晏。"③ 又《斩健蛟》剧末驱邪院主道:"健蛟斩首除残害,民安国泰胜汤尧。风调雨顺皆欢乐,四海升平贺圣朝。"④ 这些颂词从内容和出现的位置都惊人地相似,说明宫廷剧,尤其道教题材的剧作具有服务皇家的功能。

---

① 无名氏:《度黄龙》,王季烈编《孤本元明杂剧》第 4 册,中国戏剧出版社 1957 年版,版内第 13 页。
② 无名氏:《拔宅飞升》,王季烈编《孤本元明杂剧》第 4 册,中国戏剧出版社 1957 年版,版内第 16 页。
③ 无名氏:《李云卿》,王季烈编《孤本元明杂剧》第 4 册,中国戏剧出版社 1957 年版,版内第 18 页。
④ 无名氏:《斩健蛟》,王季烈编《孤本元明杂剧》第 4 册,中国戏剧出版社 1957 年版,版内第 8 页。

第三节 明代宫廷庆赏剧研究

据王季烈《孤本元明杂剧》目录，还有包括《宝光殿》在内的十六部剧作封面标识"本朝教坊编演"，而据《古本戏曲丛刊》四集目录，有十八部剧作标识"本朝教坊编演"，其中《灵芝庆寿》为朱有燉所作，又《庆赏蟠桃会》一剧根据邵曾祺考订，为朱有燉《群仙庆寿蟠桃会》的改编本，实乃教坊剧作。所以属于"本朝教坊编演"的剧作实际上有十七本。①

从创作目的上看，这些教坊编演的剧作主要出现在宫廷筵席之上，以曲侑觞，在歌舞升平之际，为执政者歌功颂德；从体制上看，这些剧作多为杂剧，主要是因为相较于传奇、南戏而言，杂剧体制精短，适合宫廷排演；从场上性来看，这类剧作不以追求深刻的思想内涵为目的，更重视在戏剧的舞台呈现上下功夫，因此讲究热闹，注重排场也成为这类剧作一个显著的标志。总体而言，这些剧作较之宫廷佛道剧在形式上更具有整饬性，即充满观赏娱乐性和对皇朝的歌咏。有学者将这类剧作归入庆赏剧之列。所谓庆赏剧是指多由内廷所作，内容是为皇帝或者达官贵人祝寿祈福，固有"庆赏"之名。② 此外，由于明朝皇庭笃信道教，而武当道场是朝廷家庙，因此此一节通过《宝光殿》重点分析这些宫廷教坊剧与武当道教文化。

一　心猿意马斗胜日，琉璃宝塔庆赏时

武当道教最早可以追溯至秦汉时期，历经南北朝、隋唐五代和宋元时期的蓬勃发展，至明代呈现出鼎盛之势。一方面这是由武当道教自身发展的内在规律决定，另一方面，或者说更重要的原因是得益于明代皇

---

① 据《古本戏曲丛刊》四集目录，这十七部标识"本朝教坊编演"的剧作分别是：《宝光殿》《献蟠桃》《庆赏蟠桃会》《庆长生》《贺元宵》《万国来朝》《八仙过海》《紫微宫》《五龙朝圣》《长生会》《太平宴》《群仙祝寿》《庆千秋》《广成子》《黄眉翁》《群仙朝圣》《闹钟馗》。

② 明代庆赏剧占明代道教类杂剧一半，据郑传寅《古代戏曲与东方文化》"明杂剧中的道教类剧目53部，其中，皇室和达官贵人用来贺节祝寿的'庆赏剧'26部"。武汉大学出版社2007年版，第347页。

室对武当道教的大力扶持。明太祖朱元璋崇信真武，明成祖朱棣在发动"靖难之役"时大力宣扬真武显灵荫佑，并大修武当道宫①。此后，武当道观被视为"朝廷家庙"。至明永乐年间，武当道教拥有全国最庞大的教团组织和最宏伟的观宫建筑群。据明代山志统计，从明初到隆庆年间，明帝为扶植和管理武当道教，先后颁降圣旨敕诰三百多道，御制碑文近百通。② 正是明皇室对武当青眼相加才促成了武当道教在明代两百多年的鼎盛。所谓"上有所好，下必甚焉"。由于皇室的信奉和扶植，广大民众奉道习术之风日炽。一时间，全国各地道观林立，崇道尚玄的风气大盛。这种社会氛围影响到被视为"末技小道"的民间文艺——戏曲的创作。一种原本还不甚引人注目的戏曲类别——庆赏剧悄然形成。杂剧《宝光殿天真祝万寿》（以下简称《宝光殿》）是明代庆赏剧中一部以武当本山派开山祖师孙碧云为原型的杂剧，尤其能反映武当道教对明代庆赏剧的影响。

《宝光殿》讲述的是虚玄真人因"凡心不退"被罚往人间"脱化"，东华仙担心他迷却正道，派钟离权、吕洞宾去下方引度他。虚玄真人投胎于富商孙公远家，名彦弘，自号碧云野叟。他年过二十，一心慕道，适时钟离权化为云游道士前来点化他，颇有慧根的孙彦弘毫不犹豫地跟随钟离权出家了。他来到武当山潜心修行，道业精进。钟离权、吕洞宾为考察他的道行，派"心猿""意马"去"魔障"他。虚玄真人道高一丈，招来护法神驱走"心猿""意马"。钟离权、吕洞宾见他修行圆满，准备接引他擢升天界。这时武当山山神来报，说"心猿""意马"偷走了虚玄真人预备献给玉帝的琉璃宝塔。虚玄真人令华光圣贤去收服二人。"心猿""意马"召唤"眼""耳""鼻""舌""身""意"六贼与华光圣贤斗胜，经过一番斗法，华光圣贤夺回宝塔。虚玄真人复登仙界之时，正是人间皇帝寿诞之日，南极长生大帝和东华仙领

---

① 明成祖崇信真武，"于永乐十年（1412 年）敕隆平侯张信、驸马沐昕率军夫 20 余万（或云 30 余万）大建武当山宫观，十年秋兴工，十六年落成。历时六年，费以百万计，建成八宫、二观、三十六庵堂、七十二岩庙等建筑群，规模十分宏伟。其直接目的是欲借真武以神化其统治，而其间接结果则是使武当道教走向兴盛。"卿希泰主编：《中国道教史》第 3 卷，四川人民出版社 1996 年版，第 393 页。

② 参见杨立志《武当文化概论》，社会科学文献出版社 2008 年版，第 57 页。

一班仙真在宝光殿为皇帝贺寿。虚玄真人献上琉璃宝塔，群仙一齐推动宝塔，宝塔发出嘹亮的仙音，放出五色祥云。在一片热闹的场景中，群仙齐赞圣主仁胜唐尧、德过虞舜。

该剧虽然是一部宫廷庆赏剧，但在艺术表现上蕴含了丰富的武当道教文化，这主要体现在以下几个方面。

首先，该剧塑造了一批道教人物。如东华仙、白玉蟾、琼真大仙、紫霄大仙、脱空祖师、山神、护法神、华光圣贤、弥罗洞主、长生大帝、福星、禄星、寿星、王重阳、钟离权、吕洞宾、虚玄真人、千里眼、顺风耳、"心猿""意马""眼贼""耳贼""鼻贼""舌贼""身贼""意贼"……他们或是永享天庭的神祇，或是得道飞升的仙真，或是掌管一域的地方神，或是制造心魔的"小贼"。总之，三界神仙悉数到场，甚至连道教里的吉祥物虎、鹿、猿、鹤都济济一堂①，好不热闹。在众仙中，有几位身着道服的人物颇引人注目。根据该剧"穿关"记载，剧中脱空祖师戴"道冠"穿"道袍"，而王重阳、虚玄真人、弥罗洞主悉数着"全真冠"，这说明该剧作者对道家人物非常熟悉。值得注意的是负责度脱虚玄真人的吕洞宾、钟离权和武当有着千丝万缕的关系。今天武当山南岩宫两仪殿外，存有吕洞宾《题太和山》诗碑一通。武当山还有一处被称作吕洞宾隐修的地方。在武当神仙造像中就有木雕钟离权和木雕吕洞宾。由此可见，钟离权和吕洞宾与武当山有着极深的渊源。当然真正表现该剧"武当文化"的是虚玄真人这一人物形象。

我认为虚玄真人是以武当本山派开山祖师孙碧云为原型。原因有四：其一，从人物姓名来看，剧中虚玄真人被罚往凡间"脱化"，所用俗姓即是孙，而且他自号碧云野叟，这很容易让人联想到历史上的孙碧云。其二，从人物道号来看，剧中正末道号虚玄真人，剧中有"虚玄子道行真诚"的念白，可见虚玄真人又名虚玄子。根据史料记载，朱棣曾作《诗赐虚玄子孙碧云》一诗，又有《敕右正一虚玄子孙

---

① 《宝光殿》头折王重阳云："上仙，你看俺这仙苑中，端的是白云随处有，松柏四时青。猿鹤来往，虎鹿成行……"；又第四折，福禄寿三星引虎鹿猿鹤上场，穿关记载"虎，衣虎；鹿，衣鹿；猿，衣猿；鹤，衣鹤。"王季烈编：《孤本元明杂剧》第4册，中国戏剧出版社1958年版，版内第2、15页。

碧云》一文可佐证孙碧云又号虚玄子。其三，从人物修行细节来看，该剧中的虚玄真人在武当山修行，"每日家无事鼾鼾睡"，这与张三丰的"蛰龙法"睡功如出一辙。剧中虚玄真人武当山会仙观中修行办道，史传张三丰曾在黄土城卜地结草庵，名曰"会仙馆"。历史上的孙碧云确实是张三丰弟子之一，这一切细节都暗示了虚玄真人的武当身份。其四，从人物与政治的关系来看，该剧作为一部宫廷庆赏剧，剧中多处表现了虚玄真人对皇室的耿耿忠心。譬如，在武当修行的他"每日家清晨早起，焚香在天地。则愿的五谷丰盈，千邦朝贡，万国来仪"。① 人间皇帝寿诞之日，他也热烈地为其大唱赞歌，"因圣主心中慈善，贺长生洪福齐天。四夷伏都来朝见。任航海梯山来献。呀，对着这殿前静鞭，臣宰每意度。万万载河清海晏"。② 事实上孙碧云作为张三丰的座下高足曾多次觐见皇室成员。洪武二十七年（1394年），朱元璋请孙碧云至京，命住朝天宫，遣官赐衣，足见对他的赏识。永乐四年（1406年），肃庄王建金天观，迎孙碧云前往传道。③ 永乐十年（1412年）朱棣诏孙碧云至阙下，敕授道录司右正一职事，要他到武当山南岩宫做住持。孙碧云羽化后，驸马都尉沐昕等诸朝臣闻讯无不哀悼，以隆礼葬于桧林庵。纵观孙碧云一生，他与明王朝皇室的关系颇为亲密。而剧中虚玄真人为皇室歌功颂德的情节大抵也符合孙碧云亲近皇权的实际情况。

其次，该剧情节结构上也体现出浓郁的"武当道教特色"。从结构上来讲，该剧共四折一楔子，依次可以用"脱化""出家""魔障""斗法""果正朝元"来概括剧情，通过这个故事线索，我们可以看出整部戏曲是在讲虚玄真人从紫府贬入尘世，后经点化，苦心修行最终擢升天庭。因此，该剧故事框架建构在"度脱"的宗教叙事上，而"度脱"的故事就发生在武当山。剧中人物从仙界而入武当，由武当而返

---

① 无名氏：《宝光殿》，王季烈编《孤本元明杂剧》第 4 册，中国戏剧出版社 1958 年版，版内第 7 页。

② 同上书，第 13 页。

③ 《甘肃通志》："孙碧云，冯翊人。幼即慕道。年十三入华山。明太祖召赴京，与语甚悦。所赐之物，辞不受。肃庄王迎居金天观……永乐中赐号虚宣子，年七十三羽化于武当山。"《文渊阁四库全书·史部·地理类·都会郡县之属》（光盘版），上海人民出版社、迪志文化出版有限公司 1999 年版。

第四章　佛道文化视野下明代宫廷曲家及其剧作研究　141

仙界。在人物上天入地的度脱过程中，该剧细致摹写了武当山神秘美丽的自然风景。譬如：虚玄真人眼里的武当山是"松风阵阵香"，"山头翠云高霁"。白玉蟾说："每跨黄鹤，十二峰头散澹。逍遥自在，乐道安然。五炉中柏子香烧，石鼎内茶烹美味。诵黄庭窗下清幽，讽道德云堂潇洒。"① 也极有可能是对在武当山道士修行生活的描写。② 从情节上来看，作为一部道教度脱剧，该剧非常重视内丹修炼法。正如剧中白玉蟾云："养就金丹腹内术，长生不老在寰区。"事实上武当道教从陈抟开始，莫不重视内丹修炼，至明代内丹修炼被看作修行的不二法门。武当山内丹修炼以无为为至上法门，专事静修。正如该剧中的钟离权所说，"以寂静为心，虚无为体"。虚玄真人正是因为动了怒气不符合清心无欲的内丹修炼所以被贬罚人间重新"脱化"，而最后也是因为战胜了"心猿意马"才功德圆满。该剧通过象征手法，将"心猿""意马"等心魔人格化，用舞台直观的方式呈现武当道教重视内丹修炼的方法。除了内丹修炼法，该剧还重在表现道教非凡的法术，这主要表现在虚玄真人与"心猿""意马"的斗胜以及华光圣贤与"眼""耳""鼻""舌""身""意"六贼的斗胜上。同时，剧中脱空祖师不仅会"摇鼓""撞钟"，还"善能断鬼，又会发风"，这些特点与擅符法的武当正一派颇为吻合。纵观中国道教发展历程，道教从金、元时期开始分为两大流派，一曰正一教（天师教），一曰全真教。元末明初全真、正一两大教派又有交流融合的发展趋势，其中起主导作用的就是武当道教。事实上武当道教除了有讲求内丹修炼的全真教外，还有以张守清、任自垣等擅长符法为代表的正一派。明代武当道教正是综合了内丹修炼法和道家法术才成为明代道教集大成者。该剧在情节上既表现了武当内丹修炼法，又渲染了擅符法的正一派，体现出浓郁的"武当道教特色"。

最后，该剧借"斗胜"场面和"庆赏"之名，在舞台呈现上极尽视听之娱。而"斗胜"和"庆赏"都紧紧围绕着一座藏在武当后山的"翡翠琉璃宝塔"。"此塔上金珠宝贝，无知其数。况兼多有奇珍，但有

---

① 无名氏：《宝光殿》，王季烈编《孤本元明杂剧》第 4 册，中国戏剧出版社 1958 年版，版内第 1 页。
② 剧中有"十二峰头散澹"之说，武当山亦有十二峰朝大顶之胜景。

人推转，仙音嘹亮，祥烟笼罩。"① 当华光圣贤携千里眼、顺风耳和鬼力与"心猿""意马"等为这样一座神奇的宝塔"斗胜"时，我们可以想见一群仙真魔道在舞台上腾挪翻滚，该是多么热闹的场面啊！由于该剧是一部宫廷庆赏剧，制作经费必不是问题。当一干仙真身着华服在舞台上庆祝皇帝寿诞时，其场面亦是美轮美奂。特别是当虚玄真人献上琉璃宝塔时，众仙推动宝塔，剧本提示"古门道动器乐放烟火科"。一时间舞台上仙音缭绕，祥云腾飞，这又是一派多么热闹炫目的情景啊！王季烈在《孤本元明杂剧提要》中评此剧："排场热闹，切末繁多，其云：推动宝塔，便仙音嘹亮，五色祥云并现，则搬演时必有绝妙布景。"② 可见这样一座披上武当道教神秘色彩的琉璃宝塔，在提升明代庆赏剧舞台表现力方面，发挥了重要的作用。

值得注意的是，据史料记载孙碧云13岁入华山修道，而他与武当的关联当至永乐十年（1412年），明成祖下诏让孙碧云到武当南岩办道修行。该剧采用戏曲创作中常用的移花接木法，将孙碧云的修行处改在武当山，这种创作手法实则更加凸显武当意识。

总之，这样一部以武当本山派开山祖师孙碧云为原型的庆赏剧，充分反映了明代武当道教文化对于庆赏剧的影响，同时也从另一个角度印证了武当道教在明代的兴盛。

二　群仙毕至宝光殿，三教归一武当山

明皇室与武当道教有着非常深厚的渊源，而该剧在思想内涵上与统治阶级所崇奉的武当道教有诸多内在同一性，显示出两者密切的关系。

首先，从与统治阶级的关系来看，明代庆赏剧与武当道教一样，与统治阶级有着紧密的联系。中国历代统治者对"诲淫诲盗"的戏曲都采取抵制的态度，对戏曲演出也多有限制。明朝统治者规定"凡乐人搬做杂剧戏文，不许装扮历代帝王后妃、忠臣烈士、先圣先贤神像，违者杖一百；官民之家，容令装扮者与同罪。神仙道扮及义夫节妇、孝子

---

① 无名氏：《宝光殿》，王季烈编《孤本元明杂剧》第4册，中国戏剧出版社1958年版，版内第8页。

② 王季烈：《孤本元明杂剧提要》，王季烈编《孤本元明杂剧》第1册，中国戏剧出版社1958年版，版内第52页。

顺孙、劝人为善者不在禁限"。① 在此情况下，宫廷里的戏曲创作愈加小心谨慎，神仙道化题材自然成为一个不错的选择。为了不触碰统治者敏感的神经，内廷供奉的庆赏剧"连表面上的纯正、博雅都不要了，整个场面和情节安排都是为了将神仙剧、度脱剧和宫廷的祝寿活动直接联系起来"②。于是我们可以看到，以《宝光殿》为代表的内廷供奉庆赏剧，不顾情节的荒唐，一味让各路神仙为当朝皇帝大唱赞歌。譬如，《宝光殿》中福、禄、寿三星"因下方圣寿之辰，启建斋醮，崇奉三清，办诚心朗诵金经，设斋供般般齐整。俺这三届神祇，无可为献，年年直到宝光殿上，望下方祝延圣寿，权表俺诚敬之心"。③ 又如南极长生大帝云："欣逢盛世人民喜，永固山河万万年。"这样的吉利话说来自然令龙颜大悦。其后他又说："因圣人崇敬三宝，感动上苍。致令的桑麻遍野而生，禾黍连天而长。尽田野五谷成熟，遍郊园瓜菜茂盛。皆因圣主仁慈所感。"因此"年年俺三界神祇，都在此宝光殿上，祝延圣寿。"④ 让不食人间烟火的神祇如此赤裸裸地溜须拍马，几令人作呕。但是从另外一个角度我们也可窥见武当道教与明皇室的关系。事实上南极长生大帝也是作为朝廷家庙的武当道观中极为重要的神祇。《晋书》中记载："老人一星，在弧南，一曰南极……见则治平，主昌寿。"⑤ 因此，南极长生大帝被视作司人间夭寿之神，列入国家祭典。明代皇室钦降武当山的"圣像"中就有"南极长生大帝十轴"，明皇室如此重视南极长生大帝，就是希冀他能保佑国运昌祚。该剧剧末南极长生大帝领着一干仙众在宝光殿为圣主祈福延寿的剧情，无疑极大满足了明朝统治阶级祈求武当道教阴翊皇室的心理。这一剧情设计也充分显示了武当道教与明皇室的密切关系。由此可见，作为具有很强依附性的内廷供奉庆赏剧和依靠皇室扶持而大力发展的武当道教都与明皇室有着极为密切的关

---

① 《文渊阁四库全书·史部·政书类·通制之属·明会典》（光盘版），上海人民出版社、迪志文化出版有限公司1999年版。
② 徐子方：《明杂剧史》，中华书局2003年版，第81页。
③ 无名氏：《宝光殿》，王季烈编《孤本元明杂剧》第4册，中国戏剧出版社1958年版，版内第11页。
④ 同上书，第10页。
⑤ 《文渊阁四库全书·史部·正史类·晋书》（光盘版），上海人民出版社、迪志文化出版有限公司1999年版。

系。前者借后者向统治者"献媚",后者借前者神化自身地位。

其次,从宗教品格来看,明代庆赏剧虽然多以神仙道化为题材,但并不是严格意义上的宗教剧,并且多数剧作并非纯粹信仰某一个教派,而是表现出三教合一的特点。譬如,《宝光殿》中虚玄真人和脱空祖师发生口角,一怒之下骂道:"我听不的歪论道,有甚么真正术。你是个无徒小辈成何数,向人前一迷无停住。久以后终须必堕阿鼻狱。"被贬入凡尘后,他叹道:"我又索道凡间,离了这天堂路,也是我时间慢误,犯却天条怎摆布……"① "阿鼻狱""天堂"之类的佛教用语时常会出现在这部道风浓厚的庆赏剧里。该剧中"眼""耳""鼻""舌""身""意"六贼既是道教中的心魔,又指佛教中的六根。佛、道术语的混用,足见该剧佛道混融的思想。又如"幼而知礼,善晓三纲"的老夫人赵氏知道自己的孩儿孙彦弘坚意出家,就劝老爷随顺了他,称了他的心意。这让孙彦弘几乎毫不费力地成功出家。可见讲究伦常的儒家对"抛家弃子"道家的态度也是很宽容理解的。该剧不纯粹的宗教品格既根源于其不独立的内廷供奉剧作的身份,更是对明代佛道文化的反映。明代宗教一个显著的特点就是儒、释、道三教融合愈加深入。对此有学者指出:"三家完全消除了思想壁垒,原为某家独有的思想,竟成为三家共同的学问。理学家谈禅、谈内丹,佛教徒谈正心诚意、治国平天下,道士谈天理,谈解脱,已成为普遍现象。"② 武当作为明代道教重镇,其祖师张三丰就提出过"三教归一"。孙碧云在《修身正印》中也多次强调圆融儒、释、道三家。他不但讲"以静定之""以虚摄之",还讲"克尽己私,则天理自然复矣";他不但讲"用志不分,乃凝于神",而且还讲"意必固我,绝于既忘之后";他不但讲"心静内照",而且还讲"闹中炼神"。③ 如今,武当山上的圣父母殿里既供奉着玄天上帝的父母,即净乐国王明真大帝和善胜皇后琼真上仙,又供奉着观音菩萨和三霄娘娘。这种格局充分反映了武当道教三教合一的思想。因

---

① 无名氏:《宝光殿》,王季烈编《孤本元明杂剧》第4册,中国戏剧出版社1958年版,版内第3页。
② 卿希泰主编:《中国道教史》第3卷,四川人民出版社1996年版,第495页。
③ 参见孙希国《兰州金天观第一任住持孙碧云的哲学思想》,《兰州学刊》1987年第1期,第58页。

此，从宗教品格上来看，明代庆赏剧与武当道教一样都表现出三教混融的特点。

最后，从思想主旨来看，虽然该剧杂糅了不同的宗教色彩，但整体上还是宣扬了清静无为的道家学说。剧中虚玄真人因与脱空祖师发生口角，被东华仙批评道："足见你那凡心不退，岂是神仙之所为也？"可见，"退却凡心"是修道的根本。在武当山修行办道的虚玄真人过着"将尘世繁华，尽皆绝矣"的修道生活，对此该剧花大量篇幅进行描写："每日家乐意忘机，任从咱满山游戏，笑盈盈拂袖而归。我在这绿窗前看经典，端的是除绝名利。听松风阵阵香微，看山头翠云高霁。"① 这种清静无为的日子岂不正是人人向往的逍遥之境吗？道家讲究清净守一之道。《庄子·天道》云："虚则静，静则动，动则得矣。""夫虚静恬淡寂寞无为者，万物之本也。"② 道家认为虚静乃万物之本，人若能保持自身的虚静就能顺应天道，生生不息。这种清静无为的思想被运用到武当太极拳的学习中。武当道教代表人物张三丰曾说："学太极拳为入道之基，入道以养心定性、聚气敛神为主。"③ 可见该剧宣扬的养心定性、清静无为的思想与武当道教思想具有一致性。

《宝光殿》既借助武当道教文化在人物设置、情节结构、舞台呈现上大做文章，使整部戏呈现出相当浓厚的"武当趣味"，又借武当道教文化向统治阶级"献媚"，体现出三教合一的宗教品格，宣扬了清静无为的道家学说。庆赏剧这种带着镣铐跳舞的内廷供奉剧作，借助武当道教文化展现出恢宏的想象力和奇绝瑰丽的浪漫色彩，同时也从侧面印证了武当道教在明代的隆盛。

---

① 无名氏：《宝光殿》，王季烈编《孤本元明杂剧》第 4 册，中国戏剧出版社 1958 年版，版内第 6 页。
② 陈鼓应：《庄子今注今译》，中华书局 1983 年版，第 337 页。
③ 张三丰：《张三丰太极炼丹秘诀》，中西书局 1934 年版，第 75 页。

第五章 佛教文化视野下明代僧侣曲家及其剧作研究

第一节 佛教文化视野下明代僧侣曲家及其剧作引论

当考察明代曲家与佛教文化关系时，我们很容易发现明代曲家中有相当一部分人对"居士"这个名号十分倾心。譬如汪廷讷自号无无居士，张凤翼自号冷然居士，屠隆自号鸿苞居士……在佛教传入之前，居士本指居家饱学之士，隐居不仕之士。① 佛教传入之后，居士的概念更加宽泛，既可指一般隐居不仕之士，又可指佛教居家修行人士，还可指所有非出家的学佛人士。② 明代曲家如此倾心"居士"这一身份，一方面与居士佛教③历经唐宋全盛期后已深入人心有关，另一方面表明明代曲家与佛教有着极深的渊源。在这群以居士自居的曲家中，最具有宗教情怀的非释氏曲家莫属。僧侣曲家既身在佛门，心向青灯，又忧心尘世，不能忘情。他们本着以戏救民的初衷创造了富有浓郁宗教气息的戏曲。其剧作借助伶人搬演，于问答间展现机锋，仿佛给凡尘俗世投入一剂清凉药。

然而佛门中人本无心骋名于氍毹之上，所以尽管明代有不少纯粹的

---

① 韩非子：《韩非子新校注·外储说左》："居学之士，国无事不用力，有难不被甲……人主奚得于居学之士哉？"陈奇猷校注，上海古籍出版社2000年版，第663页。
② 参见潘桂明《中国居士佛教史》，中国社会科学出版社2000年版，第3页。
③ 潘桂明《中国居士佛教史》："所谓居士佛教，意即居士的佛教信仰、佛教思想和各类修行、护法活动。"中国社会科学出版社2000年版，第4页。关于中国居士佛教发展历程亦可参看该书。

宗教剧，但剧作者已然隐没于众人的视线。譬如杂剧《观音菩萨鱼篮记》和杂剧《释迦佛双林坐化》就是以警世救人为目的的戏曲作品。虽然不知出自谁人之手，但因剧作本身传递出极为强烈的佛教气息，故《也是园书目》列入古今无名氏"释氏"杂剧目。值得庆幸的是我们仍然有幸见到两位留下姓名的僧侣曲家——湛然、智达，下面就从这两位释氏曲家入手，来探讨佛门子弟如何利用戏曲传达佛旨。

第二节 明代僧侣曲家及其剧作研究

一 湛然、智达皆佛子，禅宗净土演梵音

关于湛然生平资料甚少，而且所见之资料中有部分相互抵牾，不知如何定论。兹引赵景深《方志著录元明清曲家传略》里的一段资料。"明僧至妙，字湛然。本邑人。俗姓黄，永乐间应召举高僧，上命赋《雪塑骑虎罗汉诗》云：'凛凛威风色则空，天寒流注梵王宫。日高便拟问尊者，骑上天台不见踪。'称旨，赐衣帽，宴仪部，部官簪花戏曰：'好花簪向僧伽帽，料得师心也爱花。'答曰：'若使此花能结子，老僧原是佛陀耶。'在座抵掌随续曰：'为许此花开佛地，恐将春色秽袈裟。'众益奇之。"[1] 此段资料源自《府志》《乾隆浮梁县志》。从这段资料中我们可知，湛然俗姓黄，浮梁县（位于江西东北部，举世闻名的瓷都景德镇在历史上长期隶属浮梁县管辖）人。永乐年间被举为高僧，待遇优渥，且机锋甚锐，应属禅宗一流。然而大多数戏曲文献资料里关于湛然的记载甚是模糊，譬如傅惜华《明代杂剧全目》卷二"后期杂剧家作品"介绍说"湛然，僧人，姓名不详，号散木，浙江会稽人，生平事迹待考"。[2] 虽然戏曲文献资料里关于湛然的记载并不多，但在明代佛教发展史中，湛然圆澄可是一位有名的禅师。他是晚明曹洞宗云门系开山祖师，生于1561年，卒于1626年。其《慨古录》等成为宗门重要文献。据门人所记其行状得知，他"名圆澄，字湛然，别号散木道人。会稽夏氏子也。父名世瑞，号镜轩。母顾氏，宋英公竦之

---

[1] 赵景深：《方志著录元明清曲家传略》，中华书局1987年版，第19页。
[2] 傅惜华：《明代杂剧全目》，作家出版社1958年版，第171页。

裔。南渡有安奇驸马者，所自祖也。"①这段资料里显示，湛然俗姓夏，浙江会稽人。主要活动于万历年间，是禅宗曹洞宗之云门系领袖。以上两段资料似乎告诉我们有两个湛然，一个俗姓黄，江西浮梁县人，生活在明成祖永乐年间（1403—1424年）；一个俗姓夏，浙江会稽人，生活在明神宗万历年间（1573—1620年）。

　　那么剧作《鱼儿佛》的作者究竟是哪一个呢？李修生《古本戏曲剧目提要》载湛然号散木，又自号寓山居士。然湛然既为云门派鼻祖，又何必自称居士？窃以为此二人也。又《曲海总目提要》卷十二《鱼儿佛》条标注道："明湛然和尚所撰，而寓山居士为之润色。"傅惜华《明代杂剧全目》卷二在"释湛然"条下指出："此本系重编者，非原著也。"二者都认为《鱼儿佛》杂剧由湛然原著，经过寓山居士的润色或改编。今学者赵素文《〈鱼儿佛〉杂剧改编者寓山居士为祁彪佳考辨》②考证祁彪佳曾在寓山建园，也辑有《寓山注》一书，寓山居士或是其别号。另外，据资料显示祁氏家族和湛然交往甚密。祁彪佳的父亲祁承㸁是明代著名藏书家，所建澹生堂收藏杂剧、传奇多种。他"师从云门"③，且与"湛和尚为方外交者三十年"④。他还为湛然《慨古录》作序，足见两人的师友渊源。祁彪佳的长兄祁麟佳、三兄祁骏佳、从兄祁豸佳都是戏曲家。其中三兄祁骏佳亦编撰了《会稽云门湛然澄禅师行状》，据此可推测祁氏家族和湛然交往很契密。祁彪佳点评过《地狱升天》。可见，祁彪佳极有可能看到过《鱼儿佛》原本，甚至对其进行改编润色。从这一点来看，《鱼儿佛》的作者更有可能生活在离祁彪佳较近的万历年间。此外从《鱼儿佛》第二折【梧叶儿】："（外旦）如何是明镜台？（正旦）那里有明镜台。稳随了春潮一叶晚江来。（外旦）可吃了赵州茶？（正旦）那里有赵州茶。（外旦）可照了临济灯？（正旦）那里有临济灯。（外旦）可证了云门派？（正旦）那

---

① 丁元公：《会稽云门湛然澄禅师行状》，蓝吉富主编《禅宗全书》，文殊文化有限公司1989年版，第52册，第163页。
② 赵素文：《〈鱼儿佛〉杂剧改编者寓山居士为祁彪佳考辨》，《绍兴文理学院学报》2001年第2期。
③ 祁彪佳：《祁彪佳集》卷2，中华书局1960年版，第27页。
④ 祁彪佳：《祁彪佳集》卷3，中华书局1960年版，第53页。

第五章　佛教文化视野下明代僧侣曲家及其剧作研究　　149

里有云门派。呸，你自有快机锋如何费解。"① 可见该剧作成之时已有云门派，然而云门派是万历年间由湛然圆澄创立。即使该段不是出自圆澄之手，但由其后的祁彪佳改编亦能成立。如果该剧出自永乐至妙湛然之手，则不应有"云门派"之说。由此可基本判断，赵景深《方志著录元明清曲家传略》所证湛然非《鱼儿佛》之作者，很有可能是另一个僧人。

再来看湛然圆澄可谓自幼与佛结缘。其母"梦僧而娠。十有四月生。七日啼不止。有僧过之嘱云。自誓不昧。止宿于此。啼作么。遂不复啼。"② 又湛然十九岁时父母皆殁，迫于生计，他充当邮卒。不料他错投公牒，被摄惧辱自投于江。漂流数里，获渔者救。泽中遇一僧，目之云：是能出家，有大用。湛然遂求度出世。他初投玉峰，次谒隐峰。22 岁从天荒山妙峰和尚剃度，后又从莲池大师受戒。至 30 岁时，他已修得性根洞朗，言语契机。于诸佛事经旨，皆能玄会彻微。此时他囊锥渐露，贤士大夫争重之。在太史陶石篑、太学张潆元的邀请下，他着手重建云门显圣寺。数十年间，得其心要者，不下百人。其法嗣代代相传，蔚成云门一系。

明末四大高僧——云栖袾宏、紫柏真可、憨山德清、蕅益智旭，一改往昔佛徒遵袭师承，严守门户之别的传统，提倡禅、净双修。他们在积极入世践行佛旨的同时亦和当时的学术名流守望唱和，一时间其门下聚集大量儒英禅擘，成为颇有影响力的群体。受此环境影响，湛然圆澄作为禅宗中一位具有影响力的禅师，身边也吸引和聚集了一批居士文人，其中不乏像叶宪祖、祁彪佳这样的曲家名流。有资料显示，湛然圆澄"与叶宪祖善"③，从叶宪祖创作《北邙说法》一剧，似乎亦可佐证此说法。又湛然圆澄与祁彪佳父子有着极深的渊源，他们之间建立起了亦师亦友的方外之谊。④ 大概是受他们的影响，湛然圆澄创作了杂剧

---

　① 湛然：《鱼儿佛》第 9 页，沈泰编《盛明杂剧》二集，诵芬室刻本，版内第 9 页。
　② 丁元公：《会稽云门湛然澄禅师行状》，蓝吉富主编《禅宗全书》，文殊文化有限公司 1989 年版，第 52 册，第 163 页。
　③ 庄一拂：《古典戏曲存目汇考》，上海古籍出版社 1982 年版，第 528 页。
　④ 关于祁彪佳与湛然圆澄间的关系，可参见赵素文《〈鱼儿佛〉杂剧改编者寓山居士为祁彪佳考辨》，《绍兴文理学院学报》2001 年第 2 期，第 9—10 页。

《鱼儿佛》《地狱升天》、传奇《妒妇记》。这似乎也从侧面印证了晚明禅宗积极致力于世俗教化。

资料记载，智达，号心融，别署懒融道人，时称心师，或曾为明代万历杭州报国寺僧，生平不详。① 虽然关于其生卒年并不可知，但由于其剧作《归元镜》② 亦称《净土传灯归元镜》，是根据净土宗三大人物——庐山慧远、永明禅师、云栖莲池大师的本事及塔铭内容而作。而莲池生于1534年，卒于1615年，则该剧应作于1615年（即万历四十三年）之后，所以智达或为万历年间之人。可以肯定智达的生卒年应在晚明这一时间段。

湛然和智达，一为曹洞宗之英特，一为净土宗之门徒。虽然分属不同宗派，但二人在明末都创作了足以留名身后的剧作。因此二人对待戏曲的态度，就成为我们观察明末戏曲与宗教关系的一个绝佳视点。

湛然非常重视戏剧的演绎功能，尤其表现在"以戏说法"上。湛然在与门徒的问答中解释"如来一音演说法，众生随类各得解"，就援引戏曲现象为例。他说："譬如世之演戏者。岂有变也。然群聚而观之。仁者见之，谓之仁。智者见之，谓之智。风流者见之，谓之风流。斗诤者见之，谓之斗诤。乃至礼义廉耻、孝悌忠信、善善恶恶、是是非非，各适其适，莫不称益。退谓人曰：此戏唯孝唯悌，乃至惟风流惟斗诤，不仁不义，岂戏者有异乎？实乃观者各解其自心耳。虽然，须知有不变而变，变而不变，何也？即如戏之於戏也。谓其有变，则戏者安有二心？谓其无变则观者何能各解？一幻戏如是。法法亦复然，而况于佛乎？"③

虽是为了阐明佛法无边，众生随类得解的道理，但从这段话我们也可看出湛然深谙戏曲演出之道，对观众观戏心理颇为理解，这也透露出他对戏曲本身的熟稔。因此，我们也不难理解他通过戏曲创作进行弘法

---

① 据郭英德《明清传奇综录》，河北教育出版社1997年版，第483—484页。
② 《归元镜》的体制比较特别，智达著录时特别强调此剧不分"出"而作"分"。全剧凡2卷42分，只为对应《华严经》42字母之义。《古本戏曲丛刊》五集录《增广归元镜》4卷八十五出，其中有四十五出标为"新添"，由清朝无名氏添作。而在《大藏经补编》中则录该剧42分。
③ 湛然：《会稽云门湛然澄禅师语录》第7卷，蓝吉富主编《禅宗全书》，文殊文化有限公司1989年版，第52册，第107—108页。

第五章　佛教文化视野下明代僧侣曲家及其剧作研究　151

的行为。

　　与湛然相较而言，智达对世俗戏曲本身是持否定态度的。这表现在他对带有游戏性质的世俗戏曲很是不屑，且极力澄清自己创作的是"实录"而不是"戏"。他在《归元镜规约》中要求观众"切勿随例认戏，但名演实录，若不以戏视者，其功德无量"。① 他独创"分"的体例，是因为"此中皆真谛，非与世俗戏等。故别之"。② 事实上，智达并不是否认戏曲，只是否认娱人的世俗戏曲。他正是因为看中了戏曲"足以悟道"③的功能，所以才动手写了这部实录。在他看来"写戏剧即道"④。他从演员、服装、戏场、人物、角色、情节、表演体制等多方面阐释了戏如人生。他说："父母妻子亲朋眷属岂不是同伙戏人？富贵功名即是装点的服色。田园屋宇即是搬演的戏场。至于荣枯得失，聚离存亡，即是一场中悲欢离合。其中凶顽善类，君子小人。互相酬酢，即是一班生旦净丑。才离母腹，即是开场之期。盖棺事定，便是散场之局。"⑤ 此外，他还从戏剧的代言性方面类比了戏曲与六道轮回的人世的相似性。他说："彼一人之身也，倏而男倏而女，倏而贵倏而贱，倏文倏武，倏老倏幼，倏生倏死，倏人倏畜，变幻不常，苦乐莫定。较与苦海众生，轮回六道，改头换面，随类受形者，宁有异乎？"⑥ 他认为戏剧所表现的内容就是对人生种种苦厄与果报的真实再现。他说："夫众生因迷逐妄，随业受报，枉沦苦趣，无有真实。然则生死果报，无始至今，宛同一戏耳。又何疑于世剧也乎？"因此，他认为演剧如同菩萨说法一样，有着济世度人的作用。他说："彼诸人苟一当场。笑也而无喜心。啼也而无悲心。恼怒也而无烦恼之念。求乞也而无贪得之怀。男女交媾而从无痴淫之想。大骂也而不嗔。杀戮也而不恨。极意拚弄与自己，主人安然不动，锣鼓一歇，便现本地风光，潇洒天然，具大解脱风

---

　　① 智达：《归元镜》，蓝吉富主编《大藏经补编》第 18 册，华宇出版社 1986 年版，第 229 页。
　　② 同上书，第 230 页。
　　③ 同上书，第 297 页。
　　④ 同上。
　　⑤ 同上。
　　⑥ 同上书，第 298 页。

味。较与祖师之随机应务,菩萨之随类度生者,又何以异乎?"① 本着济世度人的心愿,智达创作此剧。他相信"所演之地,即成道场。能演之人,究竟成佛"。② 由此可见,无论是湛然圆澄还是智达,他们都认识到戏剧的宣教作用,并且用自己的实际创作来践行佛愿。

二 《鱼儿佛》演观音事,《归元镜》证三祖实

虽然湛然名下剧作包括杂剧《鱼儿佛》《地狱升天》、传奇《妒妇记》,但是仅有《鱼儿佛》留存下来。幸则《地狱升天》著录于《远山堂剧品》,被列入"能品"。祁彪佳称该剧是"老僧说法,不作禅语,而作趣语,正是其醒世苦心"。③ 从此论中亦可见该剧应该和湛然所作《鱼儿佛》一样同属于阐明佛理的剧作。而关于《鱼儿佛》的著者则有两种说法,一则为湛然圆澄所作;一则原本为湛然圆澄作,现在所看到的版本为寓山居士改编。虽是如此,但《鱼儿佛》仍然保留了宣禅的宗旨。以下就从三个方面展开,具体分析《鱼儿佛》与《归元镜》这两部出自僧侣之手的剧作,在题材、主旨、艺术手法上的特点。

就题材而言,释家剧作显然有别于一般的文人剧作。在选择题材时,僧侣曲家更倾向于选择佛教故事。《鱼儿佛》就是演观音度脱渔父的故事。渔父金婴虽在尘世,但有上根。其妻钟氏本是灵山上的比丘尼,常劝金婴放生修行。她悬铃于门上,叫金婴进出撞铃则念佛号。观音提鱼篮化作渔妇来点化渔父金婴,其妻钟氏醒悟,超凡升天。而金婴仍然执迷不悟。观音作法,让他堕入轮回恶道。地狱功曹审判"马户册(骗)""戈十贝(偷)"二人,二人闻铃声而不醒悟,罚入地狱。金婴由此悟得生死果报。金婴因捕鱼杀生,被判业火烧身。但他闻铃顿悟,高声念佛,遂立升天。最终金婴遭遇鱼虾冤魂后,大彻大悟,得成正果。该剧情节并不复杂,是常见的度脱题材。而度脱的过程亦是元杂剧度脱剧中常见的"三度"模式。如果说观音亲自登门点化是"一

---

① 智达:《归元镜》,蓝吉富主编《大藏经补编》第 18 册,华宇出版社 1986 年版,第 298 页。

② 智达:《戏剧融通》,蓝吉富主编《大藏经补编》第 18 册,华宇出版社 1986 年版,第 297 页。

③ 傅惜华:《明代杂剧全目》,作家出版社 1958 年版,第 171 页。

度"；那么在地狱里遭受业火烧身则是"二度"；最后被东海龙王追索，遍尝苦滋味后，省得因果轮回获救则是"三度"。三度模式使该剧有别于明代其他度脱剧，而显得颇有"元曲风味"。

《归元镜》"不敢虚证世俗"，在题材上完全根据三祖"本传塔铭"完成。剧叙舍利佛下凡度众生。雁门贾某，喜好庄老，精研周易。舍利佛为其剃度，取法名慧远。慧远在庐山建东林寺，并与陶渊明、陆静修等交善，有虎溪三笑之谊。慧远84岁合掌西逝。钱塘寿禅师有善念，好放生，是以破家。遂盗官银资放生，事发坐死。赴死而面无异色，吴越钱王令人放之。寿禅师遂出家。于永明大道场剃度弟子，夜施食鬼神，放生诸类，著《宗镜录》一百卷。72岁卒。至明代，袾宏字佛慧，喜礼佛，号莲池。一日莲池顿悟姻缘虚空，遂弃家，投西山无门洞性天理和尚门下。北游五台山，至金陵瓦官寺，几病诀。后乞食梵村，结庐云栖山。时大旱，莲池为村民祈雨，村民捐资建云栖寺。莲池造新桥、建道场，救济人间。弥留之际，作三可惜十可叹警世人间，念佛而逝。其妻汤氏先一年涅槃，端坐念佛而寂，人称太素师。

通过比较我们可以发现，杂剧《鱼儿佛》与"传奇"《归元镜》因体制不同而在内容上不能等同视之。但就题材本身而言，《鱼儿佛》所据题材乃传统度脱故事，且主人公渔父金婴及妻钟氏都是凭空杜撰的人物。渔父金婴魂游地狱，遭受业火以及遭龙王追索，都是因为他捕鱼杀生欠下冤孽。可见该剧整个故事情节都是建构在金婴捕鱼杀鱼的职业身份上，而最终修得正果也是因为他悟得因果轮回，因此该剧仍是一个虚构的故事。

而《归元镜》反复申明据实以录，所言非虚。其主人公慧远禅师、寿禅师和莲池大师都是莲宗重要代表人物，亦是历史上可考之人。虽然该剧敷衍三人在俗出家的故事，其中不乏诸多神异之事，然而站在莲宗弟子的立场来看，这些神迹不过昭示了三位祖师的独特与不凡。

可以说，从题材来讲，《鱼儿佛》与《归元镜》一则务"虚"一则求"实"。前者在虚构的故事里传达佛旨，后者在实录的情节中彰显佛法。而一虚一实的题材也决定了剧作家在创作该剧时的态度。湛然圆澄作为曹洞宗云门系宗师，以一种超然出尘的态度冷眼观看世人的执迷不悟，对世人的贪嗔诸欲亦有生动描摹。譬如：《鱼儿佛》第三折【混江龙】"哀哉！年少只向北邙山下结窝巢，没昏朝头直上乱慌慌鸟飞兔走。无倒断耳边厢闹嚷嚷。子幼妻娇。却把那脑背后荒坟累冢。博了个眼跟前紫绶绯袍。硬扯着戏棚中悲欢离合。空认了水痕般桂寝兰膏。日费千金，止换那三杯冷酒奠。腰缠万贯，可也单落得一撮纸钱烧。"① 此曲借地藏王之口，道出世人沉迷名利，执迷不悟。袁于令称此曲为"醒世痛语"②，"日歌此曲，利名心自尽"③。又如地狱阴曹判金婴"罪多功少，该与个业火风刀"。袁于令评点："渔人不免受罪。渔色渔利者更不知受何等风刀业火。"④ 可见湛然时借观音，时以地藏王、阴曹判官之口点醒世人。

而《归元镜》是净土宗门人对祖师行状的摹写，因此笔端无不充盈着毕恭毕敬的敬仰之词。如，休闲老衲懒融道人识里就表明："此录发愿利生，方便说法。仰报佛恩，并酬祖意。未尝轻以臆见邪法祸乱四众。"⑤ 从中可见智达仰报、酬谢的创作心态。该剧之第六分《结贤莲社》【甘露饮】："叹轮回苦未央。幸我佛接慈航。谢我师把净土庄严细解详……俺呵，因此上为众悲伤。极日宣扬呀。怎能够把阎浮化成华岁。"⑥ 曲中亦见智达对待宗祖的"幸""谢"之态。可见，题材的不同带来了创作者不同的姿态，这也是两剧的显著差别。

从剧作主旨来看，两剧都是以弘扬佛法为目的。《鱼儿佛》"大约言人虽有罪孽，但能专心持佛，则不唯不堕地狱，且可成佛作祖。盖湛然借此以阐发宗旨者"⑦《归元镜》亦"本愿专在劝人念佛，戒杀持斋。求生西方"⑧ 从这一点上来看，二剧都特别强调"戒杀持斋"。具体而言《鱼儿佛》非常重视持佛对人的开悟作用。渔父金婴虽然在

---

① 湛然：《鱼儿佛》，沈泰编《盛明杂剧》二集，诵芬室刻本，版内第14页。
② 袁于令：《鱼儿佛评》，沈泰编《盛明杂剧》二集，诵芬室刻本，版内第13页。
③ 同上书，版内第14页。
④ 同上书，版内第17页。
⑤ 智达：《归元镜》，蓝吉富主编《大藏经补编》第18册，华宇出版社1986年版，第230页。
⑥ 同上书，第257—258页。
⑦ 董康：《曲海总目提要》第12卷，人民文学出版社1959年版，第547页。
⑧ 智达：《归元镜》，蓝吉富主编《大藏经补编》第18册，华宇出版社1986年版，第229页。

妻子钟氏的教导下摇铃即诵"南无阿弥陀佛"号,但仍然十分迷恋尘世。他自谓"念的是娘子佛","参的是老婆禅",一心想"只在老婆被窝里做个在家修行"。观音见他仍执迷不悟,于是让他"吃些恶滋味","方晓得乐是真乐"。金婴因杀孽深重,被业火烧身时听闻铃声,高呼佛号,立即升天。但在天庭看到一池清水里几尾鱼,仍作痴想。瞬间龙王就向他追索"子孙性命",金婴大呼佛号,得韦驮相救。这时金婴才悟得要解脱必须放下屠刀,戒掉杀心。与之相较的是湛然圆澄还在剧中设置了另一组人物,一个摇铃沿街卖假药,一个骑马打家劫舍。二人在地狱中闻铃声,仍然不醒悟,故态萌发,遂入地狱。可见,念一声佛号可让人地狱升天,不念则永堕阿鼻。湛然圆澄借剧中地藏王尊者之口道出:"功曹你道那金婴听一下铃声,便能念佛。持一句佛号,便能升天。你休看得他容易也。那一下铃声根着他三生毫窍,便是白牛车上的一粒尼摩。那一句佛号断了他万劫疑根,便是宝树林中的六时贝叶。"一句佛号看似容易,实则是修行积下的善根。

《鱼儿佛》的作者湛然圆澄开创了云门一系,而云门系属曹洞宗。在明代,曹洞宗和临济宗属于禅宗中最重要的两家。因此,从大的方面看湛然圆澄也属于禅宗。其作《鱼儿佛》因此也体现出禅宗"不立文字""直指人心"的特点。譬如第二折【梧叶儿】:"(外旦)如何是明镜台?(正旦)那里有明镜台。稳随了春潮一叶晚江来。(外旦)可吃了赵州茶?(正旦)那里有赵州茶。(外旦)可照了临济灯?(正旦)那里有临济灯。(外旦)可证了云门派?(正旦)那里有云门派。呸,你自有快机锋如何费解。"一番机锋相对,金婴妻子钟氏醒悟了。袁于令评价此曲"老衲机锋劈面,金钟倾头法雨"[1]。然而,尽管该剧显露出不少禅机,但就整体而言并没有特别显示出对禅宗的执着与热情,反而是大力阐扬了净土宗所看重的持佛戒杀的理念。而这也从侧面印证了明代佛教禅、净双修的特点。

在佛教历史上,自宋始就出现禅宗净土化。这一趋势到明代更为显著。被誉为"国初第一宗师"的禅僧梵琦就兼倡净土,所著《净土诗》云:"一寸光阴一寸金,劝君念佛早回心","尘尘刹刹虽清净,独有弥

---

[1] 袁于令:《鱼儿佛评》,沈泰编《盛明杂剧》二集,诵芬室刻本,版内第9页。

陀愿力深"。这些直接道出了这位禅僧对净土宗的倾心。而云栖莲池更是强调"予一生崇尚念佛",他曾著《答净土十八问》和《净土疑辩》,都是专门阐释宣扬净土思想的作品。莲池于湛然圆澄有受戒之恩,湛然亦接受了他对待净土宗的态度。湛然圆澄作《净土偈》,其中亦云:"西方好。衬足皆瑶草。念佛与念法。念僧皆仙鸟。六时闻其声。合掌共行道。劝我须早去。免受阎王拷。"① 可见湛然圆澄也深信念佛是往生净土的不二法门。《鱼儿佛》正是以此观念为核心思想创作出来的一部度脱剧。

较《鱼儿佛》而言,《归元镜》更是从头至尾都是在宣扬净土宗思想。智达创作此剧也是为了"欲人专修净土也"②,他希望观众"当效法先贤,一心念佛,求生西方"。③ 该剧三位主人公慧远、寿禅师和栖云大师都是念佛而逝,最终得以修成正果。可见,口诵佛号是净土宗非常重要的修行方式,也是往生净土的重要途径。而该剧中的第三位主人公莲池,本是禅师,但因极力宣扬净土,所以被视为莲宗八祖。除此之外,该剧题目中"归元"二字亦和袾宏有关。袾宏在《净土疑辩》中说道:"归元性无二,方便有多门。晓得此意,禅宗净土,殊途同归。"④ 从这句话我们可以揣见,虽然《归元镜》是为了让人专修净土,但在袾宏看来禅净合一,所以这部以实录为剧的《归元镜》并不能完全做到"专修"净土。而且剧中不仅有舍利佛、观音、善才、韦驮、大势至等佛教人物登场,更有玉帝、老君、王母、星君、花神等道家仙真,可见智达自诩"懒融道人"是不无道理的。

二剧除了在持佛戒杀这一主旨上相似外,都设有魂游地狱这一情节,同样体现了佛教强调的果报观。在《鱼儿佛》一剧中,观音为了让金婴醒悟,特让他魂游地府。地狱功曹以其"罪大于功"而让他遭业火之罪。《归元镜》之第22分"惩奸礼佛"里,许自新原是莲池前

---

① 湛然:《会稽云门湛然澄禅师语录》第8卷,蓝吉富主编《禅宗全书》,文殊文化有限公司1989年版,第52册,第144页。
② 董康:《曲海总目提要》第12卷,人民文学出版社1959年版,第549页。
③ 智达:《归元镜》,蓝吉富主编《大藏经补编》第18册,华宇出版社1986年版,第230页。
④ 袾宏:《莲池大师全集》第1册,上海古籍出版社2011年版,第571页。

身，其勘问时被永明大师一席话拨动真如，遂被勾入阴司。在地狱他与被他处死的赵龙魂对质。赵龙告许自新受私诬奏朝廷，把他分尸暴露。然而他的谎言立即在业镜台前拆穿。二人被业镜一照，善恶立见分晓。赵龙被罚到刀山地狱受苦五百劫。而许自新常在家修行，阳寿未尽被判还阳。正所谓"阴曹赏罚果无私，莫道欺心神不知。善恶到头终有报，只争来早与来迟"①。在《归元镜》第23分"地狱魂游"里，许自新在地狱鬼卒的带领下遍游地狱。这里有众生脂脊所积的滑油山，只有持斋戒杀之人才能不过此山；而恶狗村是悭贪嫉妒、恶语伤人者的地狱；孟婆汤是为恶人准备的迷魂阵，只有禁酒不饮，日诵《金刚经》一卷，念佛百声的人才能到此保持清醒；刀山地狱里的剑树刀林挂满了骨肉血淋的肝肠人头，人生在世若是不孝父母，毁谤三宝，杀戮生灵者必遭此劫。还有铁围城、阿鼻地狱、油锅地狱……凡此种种为我们描绘出一幅阴森可怖的地狱图景，其核心观点则是果报。人们如果在世行善积德，念佛吃斋则可升天，如若不然，因果轮回，报应不爽。

　　从语言上看，二剧各有特色。《鱼儿佛》之所以被人质疑非湛然原本，最重要的原因就是其词典雅、俊朗，更似文人笔法。譬如，《鱼儿佛》第二折【逍遥乐】："这鱼呵，他在春涛秋濑魆地吞钩。那里去遨游大海，凑着个骑鲸客醉得孩咍，把一座龙门险撞歪。"②袁于令激赏之"落句何等雄峭"。又【金菊香】："曹溪半滴眼泪难开。这鱼呵，在浅水芦花，云淡月白，向金池摆摇摇归去来。这便是净土香台。"③无怪乎袁于令评价"初读是元词，三复读之，终是元词"④。可见，《鱼儿佛》辞藻磊落、雄健，颇有元曲风采。另外，该剧在语言上亦有俗趣、调笑的一面。譬如《鱼儿佛》第三折写马户册、戈十贝二人被带到地藏王菩萨面前勘察功罪，此一段全是白，充满了取笑逗乐的味道。试摘录如下："（副末点介）马户册。（净应介）戈十贝。（丑应介）

---

① 智达：《归元镜》，蓝吉富主编《大藏经补编》第18册，华宇出版社1986年版，第276页。
② 湛然：《鱼儿佛》，沈泰编《盛明杂剧》二集，民国十四年董氏诵芬室刻本，版内第7页。
③ 同上书，版内第8页。
④ 袁于令：《鱼儿佛评》，沈泰编《盛明杂剧》二集，民国十四年董氏诵芬室刻本，版内第8页。

（副末）阿耶，难道世间有你这两个名字？（净丑）只因我两人一生忠厚，所以留得这个名儿。（副末）这般的臭名，死了尚且不放，可笑可笑。且问你二人有甚本事享这大名。（净）小子叫做戈十贝，跳墙挖壁般般会。昨日经过水浒寨，只见时迁那厮在我面前双膝跪。小子连忙问他为何因。他说，你的本事比我高十倍。（丑）小子叫做马户册，使着油精滑里的假老实。昨日去访黄四娘，只见贾至诚，唬得满面如土色。小子连忙问他为何因。他说，有你在此，我那里去讨饭吃。"① 此段虽然词甚平，但采用白描的手法将一骗（马户册）一偷（戈十贝）的滑稽面目勾画出来，其调笑的嘴脸几令人喷饭。袁于令评价："只此段与末净丑摇铃一段是湛公原本。"无怪乎他感叹"湛公作雅俗迥判矣"②。整体而言，《鱼儿佛》语言亦雅亦俗。作为一部宗教剧，其佛教用语不绝，使该剧充满了禅意莲味。袁于令于卷首题之："莲韵潇洒，宗语俊逸，寻征之功，不减辅嗣（王弼）"③ 是为的评。

相较于词采潇洒、俊朗的《鱼儿佛》，同为佛教剧的《归元镜》语言则十分平实严谨，这与剧作家智达的创作初衷是相符合的。智达在《归元镜规约》里就指出："此录情求通俗。上而慧业文人，以致稚童幼女。使无一不通晓。故一切深文奥义，不敢赘入。"④ 智达非常清楚地认识到该剧重在"以理服人"，而非"以情动人"。为了让人明白佛学奥义，必须用最平实的话语表述。所以他极力避免过分奢华美丽的词采，更避讳浮夸悦目的表演。他说："此录皆大乘方便。绝不同目连王氏等剧。故曲皆佛法，最喜雅调摹写，介白清楚，低昂激切。使人一见，感悟回心。不在事相奢华，跳舞繁冗。万勿增入纸劄火器……反涉恶套。"⑤ 可见，智达非常反感将《归元镜》演绎成歌舞堆叠的庆赏剧或者是神鬼错综的道法剧，可以说雅致、低昂的语言风格是他追求的目标。

---

① 湛然：《鱼儿佛》，沈泰编《盛明杂剧》二集，民国十四年董氏诵芬室刻本，版内第11页。

② 袁于令：《鱼儿佛评》，沈泰编《盛明杂剧》二集，民国十四年董氏诵芬室刻本，版内第1页。

③ 同上。

④ 智达：《归元镜》，蓝吉富主编《大藏经补编》第18册，华宇出版社1986年版，第229页。

⑤ 同上书，第229—230页。

第六章　佛道文化视野下明代藩王曲家及其剧作研究

第一节　佛道文化视野下明代藩王曲家及其剧作引论

明代藩王是一个特殊的群体，他们是天潢贵胄，过着养尊处优的生活，但他们却无时无刻地被人监控，如果被发现有丝毫的觊觎之心，立刻就成为阶下囚。在这种情况下，明代藩王为了自保，过着饱食终日、无所用心的生活。然而，仍有一些藩王将自己泼天的财力和大量的暇时用于文化生活，为后人留下了一笔可贵的财富。在明代藩王中，精通音律、爱好弦索的不在少数。譬如，享誉欧洲的"天潢异人"朱载堉，不仅创建了十二平均律，而且制造了世界上第一架定音乐器——弦准。朱载堉一生著作惊人，其中关于音律的著作就有《乐律全书》《律吕正论》等。

不仅在音律上成就斐然，朱载堉还以其惊人的创造力在天文、历法、数学、物理、文学等诸多领域为人类做出杰出的贡献。然而他的成就却源自其不平凡的人生经历。朱载堉本是朱元璋第八代孙，郑王朱厚烷的长子，王位的法定继承人。在朱载堉15岁时，乃父因正直、耿介的性格获罪，下狱19年。正值青春少年时期的朱载堉"笃浓至性，痛父非罪见系，筑土室宫门外，席蒿独处十九年"。一夜间他从世子变成阶下囚的儿子，过着"亲骨肉深藏远躲，厚朋友绝交断义"的孤独生活。好在朱厚烷的好友少林寺松谷长老这时走入他的视野。松谷博学多才、精通音律，时常与朱载堉在龙岗寺交流。在与朱载堉相处的日子里，松谷不仅引导他走出人生的低谷，更启迪他系统研究古往今来近百位学者的著作，并且主攻历史遗留下的律学书本。1581年，朱载堉46岁时，完成了十二平均律的理论计算，登上了乐律学的最高峰。

与佛教的因缘际会让青少年时期的朱载堉看淡了世俗的冷遇，走上专心治学的道路。然而朱载堉并没有因此走入佛门。相反，朱载堉恢复世子身份以后，曾七次上疏让出国位，在第六次上疏后，竟然挂冠而走，隐居九峰山，晚年他自称道人，过起了隐居乐道的生活。可见，在骨子里，朱载堉仍是比较倾心道教超逸出尘的生活方式的。朱载堉的一生恰好说明了明代佛道文化对王族的影响。

又如，辽王朱宪㸅风流好文，音曲辞章，靡不斐然。他好诗赋，尤嗜宫商，曾作小词艳曲、杂剧传奇，才情婉丽，在藩王里颇有名声。朱宪㸅的创作包括散曲集《唾窗绒》《春风十调》《莲词》二卷，杂剧《玉栏杆》《金儿弄丸记》《误归期》，他还编撰了《卖花生》诸调数百阕，著有《味秘草堂集》等。他作为娴于文墨的世子，因崇道而见幸于同样佞道的皇帝朱厚熜，被封为"清微忠教真人"，还被赐予金印和法衣法冠，可谓一时风光无限。然而，世宗既薨，继位的穆宗因有人诬之谋反，将朱宪㸅下到狱中。朱宪㸅写表陈情，全表血泪淋漓，然而却无法打动皇帝。最终被削藩，贬为庶人。过惯了骄奢淫逸生活的藩王本没有一技之长，流落民间后只能"日画一猫易米以自给"，潦倒终老。如果不是突遭变故，朱宪㸅也许也会成为明代藩王曲家中的代表人物，然而特殊的身份带给他的除了享之不尽的荣华以外，还有突如其来的横祸。

对比朱载堉、朱宪㸅两位藩王，我们发现他们虽然有着完全不同的人生际遇，但都与宗教有着不浅的交集，前者借佛教的智慧走出人生的低谷，晚年又自称道人；后者因崇道而见幸，又因被诬而下狱。佛道文化在他们的生命里都留下了浓重的印记。

然而在明代藩王里，曲学成就最高的当属朱权、朱有燉二王。他们与佛道文化的渊源更深厚，以下将以他们作为重点研究对象，来探讨明代藩王曲家与佛道文化的因缘。

第二节　朱权及其剧作研究

朱权是朱元璋的第十六个儿子①，生于洪武十一年（1378年），卒于正统十三年（1448年），谥号献，世称宁献王。朱权自称大明奇士，别号涵虚子，丹丘（或邱）先生、臞仙。据《净明宗教录·涵虚朱真人传》所述，明成祖朱棣加封为"涵虚真人"，该号表达了朱权涵养虚静的修真理想；丹丘先生体现了朱权希求长生的道家理念。《楚辞·远游》："仍羽人于丹丘兮，留不死之旧乡。"王逸注："因就众仙于明光也。丹丘，昼夜常明也。"洪兴祖补注曰："留不死之旧乡，其仙圣之所宅乎？"② 可见以丹丘为号，正是朱权对神仙的向往；臞仙有清瘦仙人的意思，也表达了朱权慕仙的思想。

从其自号来看，朱权与道教有着非常深厚的渊源。事实上，朱权死后以道装入殓更能说明这位藩王与道教不一般的关系。朱权墓规模宏大，结构复杂，犹如一座地下宫殿。墓区原先还建有宏丽的"南极长生宫"。其建制为：最后为寿宫，寿宫之前为琳宫，前殿曰南极，后殿曰长生，左殿曰泰元，楼名冲霄，右殿曰璇玑，楼名凌汉。长生殿后是寿星阁，阁之前置石函，以记修真之士，建飞仙台，以俟冲举者。宫之前曰遐龄洞天，中门曰寿城，宫门曰敕赐南极长生宫，宫门之外有醉仙台，以为群真乐道燕享之所。阁之左有圜室，以居云游仙真之士，筑神邸于宫之侧。③ 1958年江西省文物管理委员会对朱权墓进行了清理发掘，其墓中就有两顶小道冠和一系列道士所用物品④，由此可见，朱权

---

① 《明太祖实录》《明史》《明史稿》称朱权为朱元璋第十七子，但《明英宗实录》《宁王圹志》《天潢玉牒》《七修类稿》《列朝诗集小传》等则称朱权为朱元璋第十六子。原来《明史·诸王世表》中记载朱元璋诸子中有一朱杞，为第九子，洪武二年生，三年封王，四年亡。承认其存在，朱权即为第十七子，而史家每以其不祥讳言之，于是朱权就成了第十六子了。
② 洪兴祖：《楚辞补注》，中华书局1983年版，第167页。
③ 参见魏佐国《朱权崇道刍议》，《南方文物》2005年第4期，第96—97页。
④ 陈文华说："一件用丝麻织制，如古时的玄端，金梁金椽（皆用金纸），口呈椭圆。一用漆制，与现时道士所戴无异。从棺内的衣服残片观察，知为道袍。可知朱权入殓时是道家装束，这与他晚年好道以及所谓'南极九十宫'之说有关。"《江西新建明朱权墓发掘》，《考古》1962年第4期，第204页。

非常醉心于道教，其墓园的安排布局充分体现了这位藩王对"长生"的向往。

然而，朱权并不是从一开始就崇道的。事实上，他从一个意气风发的藩王变成一个清心寡欲的崇道者，是在经历人生巨变以后一种智慧或者是无奈的选择。以下将从两个方面来探讨朱权作为一个藩王曲家与道教的因缘。

一 身在华衮，心飞纮极

朱权可谓年少得意，13 岁时封宁王，15 岁时受命之国大宁（在今内蒙古宁城西）。其封国大宁的地理位置很重要，"大宁在喜峰口外，古会州地，东连辽左，西接宣府，为巨镇"。[1] 而且当时宁王手握重兵，"带甲八万，革车六千，所属朵颜三卫骑兵皆骁勇善战"。[2] 年轻时的朱权"曾数会诸王出塞，以善谋称"[3]。可以想见，年少时的朱权在马背上是多么的意气风发、锐不可当。年轻气盛的朱权也相当自负。其早期杂剧《卓文君私奔相如》中就表露出其辅佐君王成就霸业的雄心壮志。"我读《周南》《召南》，要安邦、定邦，贬太康、仲康，立朝纲、纪纲，褒周庄、鲁庄，教兴王、霸王……天且假四时有养，君须凭宰辅为匡。"[4] 这番睥睨群雄的宣言充分显示了青年时期的朱权雄心勃勃的政治抱负。

与"善战"的朱棣齐名的朱权，其聪颖善谋不仅体现在"武功"上，其"文治"也丝毫不逊于当时任何一位藩王。他自称大明奇士，受命编修了《通鉴博论》《汉唐秘史》，20 岁出头就完成部分《太和正音谱》，显示出卓越的文采和艺术眼光。这样一位看似前途无限光明的藩王，原本有着强烈的建功立业的抱负，然而，突如其来的"靖难之变"改变了他的人生轨迹，也改变了他的心性，从此他走上了入道修真之路。纵观朱权的一生，他与道教结缘出自以下几个原因。

---

[1] 张廷玉等：《明史》卷 117，第 12 册，中华书局 1974 年版，第 3591 页。
[2] 同上。
[3] 同上。
[4] 朱权：《卓文君私奔相如》，王季烈编《孤本元明杂剧》第 2 册，中国戏剧出版社 1957 年版，版内第 2 页。

首先是时风所至。从时代背景来看，明初朱元璋就制定佛、道二教"阴翊王度"的指导思想，道教一直以来都是社会文化生活中重要组成部分，特别是在皇家后院，朱元璋曾多次举行大型斋醮活动，也亲自率领百官、后宫及子孙参与这类活动。长在宫廷中的朱权神姿秀朗，慧心天悟，"性机警多能，尤好道术，太祖尝曰：'是儿有仙分'"。① 再加上身为皇子的他立身行事皆以父亲朱元璋为效仿对象，朱元璋曾作《三教论》《释道论》，朱权在早年也曾作杂剧《辩三教》，以宣扬"圣意"，博得圣心。可见朱权亲道是自幼耳濡目染的结果。

其次，三番五次的政治打击是其选择道教作为护身符的重要原因。关于这一点，很多学者都指出过。譬如，曾召南认为朱权一生遭遇了三件大事，促使其远离政治，走上务虚求静的修道之路。② 一是朱棣奇袭大宁，朱权被挟，入其帐下"时时为燕王草檄"。从手握重兵的天之骄子到为人出谋划策的幕僚，其心路不可为外人道也。其二，朱棣用"中分天下"的诺言诓骗朱权为其所用，事成之后竟只字不提前事。朱棣也曾允诺"自择封国"，然而朱权请封苏州、杭州，竟不允。朱棣一而再再而三的瞒骗、推脱使有着浓烈"亲亲"观念的朱权大为伤心。其三，朱权改封南昌后，即被人诬告"诽谤巫蛊事"，虽经查无验，但朱权终于认清自己的处境，不敢再有所求。"自是日韬晦，构精庐一区，鼓琴读书其间，终成祖世得无患。"③ 朱权从一代名藩蜕变为一个准道士，是一个渐进的过程。靖难一役之后，朱权沉郁不得志，有诗为证："光浴咸池正皎然，忽如投暮落虞渊。青天俄有星千点，白昼争看月一弦。蜀鸟乱啼疑入夜，杞人狂走怨无天。举头不见长安日，世事分明在眼前。"④ 诗中充满了怨望之气。有记载说朱权"恃靖难功，颇骄恣，多怨望不逊"⑤。朱权骄恣、怨望都是因为对现实的权力和功名还有热望，可是当朱棣登基后，朱棣严酷的政治手段让朱权不得不选择道

---

① 查继佐：《罪惟录·列传》卷4，浙江古籍出版社1986年版，第1234页。
② 参见曾召南《试论明宁献王朱权的道教思想》，《道教研究》1998年第4期。
③ 张廷玉等：《明史》卷117，第12册，中华书局1974年版，第3592页。
④ 朱权：《日蚀》，四部禁毁书丛刊编委会编《四部禁毁书丛刊》集部第95册之《列朝诗集》，北京出版社2000年版，第14页。
⑤ 钱谦益：《列朝诗集小传》乾集下，古典文学出版社1957年版，第6页。

教作为自己全身远祸的工具。可以说，此时他对道教还是持相对功利的态度，他心中并没有完全放弃建功立业的初衷。这一点尤其表现在朱棣去世后，他以皇叔的身份要求重新封地，其后又议论宗室不应定品级，结果触怒了新皇帝，被诘难。朱权又诚惶诚恐地上表谢罪。此时，朱权已经年逾五十，此后他彻底放弃了早年的政治理想，完全托志仙道，至71岁而终。朱权虽然生于疆宇宴安之日，但细细回忆起来不免勃然悲怆。是以心日益灰，志日愈馁矣。他屏绝尘境，游于道学，虽身在华衮，但心飞纮极。他将一腔经世致用的抱负转化为对无极长生的渴望，至此也完成了他的精神蜕变。

再次，敦厚、温从的品性是他主动接受道教的内在动因。《宁王圹志》记载：朱权"天性惇厚，孝友谦恭，乐道好文，循礼守法"①。这种敦厚温从的品性使朱权在与朱棣的第一次正面较量中就败下阵来。《明史》记载，朱棣早就觊觎朱权兵强马壮，曾言："吾得大宁，断辽东，取辽骑助战，大事济矣！"② 因此，他诡称穷蹙，求助于朱权。朱棣称起兵是不得已之举，他单骑入城，请朱权代草表谢罪。朱权一向念及手足之情，并不设防。待朱棣精兵潜伏大宁并暗中与城中戍卒勾结，朱棣伪称离去。朱权又依礼在郊外送别，不料遭伏兵挟持。此时大宁城内外起兵，城破，朱权妃妾和世子皆归北去。从这样一则史料来看，朱权虽然善谋，但不一定善于阴谋，对人性的认识还无法与朱棣比肩。从他因同情而开门迎燕王朱棣，到为燕王写谢罪表，最后为燕王送行，他无不体现出对手足之情的珍惜，和依礼循法的性格特点。他虽然才华横溢，且有抱负，但不具备足够的野心和阴狠毒辣的手段。正如查继佐《罪惟录》所云："天下无不知借宁，无宁安得有燕？天下无不知绐宁，既有燕而遂无宁。"③ 谁都知道，天下皇帝只有一个，"中分天下""自择封地"的允诺不过是诳骗、利用手足的手段。"靖难之变"前后朱权所受的挟制、欺骗和猜忌，并由此带来的心理上的痛苦与屈辱让他更容易从无欲无争的道教那里寻求精神庇护。他说："但人常要知止知命，

---

① 陈柏泉编著：《江西出土墓志选编》，江西教育出版社1991年版，第466页。
② 张廷玉等：《明史》卷117，第12册，中华书局1974年版，第3591页。
③ 查继佐：《罪惟录·列传》卷4，浙江古籍出版社1986年版，第1241页。

老子所谓知止不殆，可以长久。天生万物，各有定分，切不可苛求。任尔用尽心力，便求得来做的成，终不长久。"① 温从敦厚的品性让他更容易拥有乐天知命的心态。

接下来的问题是，佛教也是劝人离尘出世的宗教，为什么朱权没有选择佛教而是选择了道教作为自己下半生重要的人生归旨呢？我认为除了他从小在宫廷中耳濡目染道教文化这一原因外，更重要的是，作为皇子，他从小接受维护正统的思想。朱权认为佛教是外来宗教，只有道教才是中原本土宗教，因此他是崇道排佛的。在很多著作中，他都以"丧门"来蔑称佛教。在《太和正音谱》中他肯定道家所唱飞驭天表，游览太虚，有乐道倘佯之情；同时称赞儒家所唱者性理，有隐居旷志，泉石之兴；唯独僧家所唱者是"丧门"之歌，"急急修来急急修"之语不过是乞食抄化之语，以天堂地狱之说，愚化世俗故也。朱权重道轻佛由此可见一斑。

最后，也有学者指出，受江西地理文化环境的影响，蛰居南昌的朱权更容易与道教发生关联。因为江西龙虎山是天一教的根据他，皂阁山是灵宝派的发源地。而朱权隐居的西山更是一个神仙出没的宝地。② 蛰居南昌的朱权或被如此浓郁的道风感染，因此更加向往修真慕仙的生活。他不仅优渥道教名士，譬如他和天一教真人张宇初交往甚密，其诗作《送天师》③ 记录了二人的友谊。而且朱权还被净明道奉为涵虚真人。应该看到朱权信奉净明道不单单是受地缘文化的影响。净明道是晚唐以来儒道合流产生的新道派，该派自称"净明忠孝道"，视忠孝为大道之本。④ 而藩王朱权正是一个"孝友谦恭"的人，曰忠曰孝是他的人生信条。净明道的教义与朱权的内在人格达到某种程度的契合，因此，

---

① 朱权：《神隐志》卷上，《藏外道书》第18册，胡道静等主编，巴蜀书社1994年版，第278页。
② 魏佐国《朱权崇道刍议》："西山之上的洪崖洞，相传为黄帝乐官伶伦炼丹之所；梅岭，相传为曾任南昌县尉的梅福弃官后修道成仙之山；逍遥峰，相传为净明道始祖许逊修道之处；至今香火旺盛的玉隆万寿宫也位于此山。"《南方文物》2005年第4期，第97页。
③ 朱权《送天师》："霜落芝城柳影疏，殷勤送客出鄱湖。黄金甲锁雷霆印，红锦韬缠日月符。天上晓行骑只鹤，人间夜宿解双凫。匆匆归到神仙府，为问蟠桃熟也无。"《千家诗》，张立敏注，中华书局2009年版，第144页。
④ 参见任继愈主编《中国道教史》，人民出版社1990年版，第568—576页。

他崇奉净明道也是可以理解的。

朱权崇道表现在很多方面，在其丰富的著述中就有大量关于道教的内容。《朱氏八支宗谱·宁献王事实》称朱权著书130多种，其中涉及道教的著作就不下20种。如：《洞天秘典》《神隐》《太清玉册》《净明奥论》《救命索》《命宗大乘五字诀》《道德性命全集》《肘后奇方》《阴符性命集解》《吉星便览》《内丹节要》《肘后神枢》《运化玄枢》《寿域神方》《乾坤生意》《庚辛玉册》《臞仙斗经》《造化钳槌》《原始秘书》《洞天清录》等。① 以下仅就朱权在戏曲方面的表现来管窥一代藩王曲家与道教的因缘。

二　神游广漠，寄情太虚

朱权治曲主要表现在两个方面，一则是其戏曲创作；二则是其对戏曲的整理与研究。

从朱权的戏曲创作来看，朱权在《太和正音谱·群英所编杂剧》之丹丘先生名下著录十二种杂剧名目②，虽然现仅存《私奔相如》和《独步大罗》二剧，但就剧作题目来看，《白日飞升》《瑶天笙鹤》《周武王辩三教》三剧与道教相关。此外《北邙大王勘妒妇》《烟花鬼判》多涉鬼域，似与道教文化不无干系。以下仅就《私奔相如》《独步大罗》二剧进行分析。

《私奔相如》剧写司马相如少有凌云之志，适逢汉武帝访贤求才，相如收拾行囊来到升仙桥题誓"不乘驷马车，不复过此桥"。过临邛，相如投宿巨富卓王孙家。相如早知卓文君才貌双绝，席间以一曲孤凤求凰诉说思慕之情。卓文君亦闻相如才名，心生爱慕。二更天，相如复抚琴，二人相约私奔。卓王孙命人追索，得知仓皇之中卓文君仍为夫驭车，不失礼仪，遂同意二人结合。囊中羞涩的二人在临邛大街上沽酒为生，潦倒之际，汉武帝读到相如的《子虚赋》激赏不已，命人征聘相如。失宠陈皇后以千金购买相如一赋。名利双收的相如携卓文君荣归故

---

① 据《明史·艺文志》、光绪《江西通志·艺文略》《逍遥山万寿宫志》卷5《净明朱真人传》等汇集。

② 朱权所作十二种杂剧为：《瑶天笙鹤》《独步大罗》《豫章三害》《白日飞升》《九合诸侯》《肃清翰海》《私奔相如》《辩三教》《烟花鬼判》《勘妒妇》《客窗夜话》《复落娼》。

第六章　佛道文化视野下明代藩王曲家及其剧作研究　167

里，途经茂陵，投宿于一老妇家。相如愿以千金纳老妇之女为妾。卓文君悲吟《白头吟》，相如不负前盟，遂作罢。回到临邛，卓王孙大摆筵席，阖家团圆。

司马相如与卓文君的故事一直是古代曲家津津乐道的题材，元明清三代都有曲家以此为蓝本进行创作。该剧依据升仙桥题誓、琴挑卓文君、临邛沽酒、千金买赋等耳熟能详的情节敷演成戏，故事本身并无太多戏剧性。该剧虽然名为《卓文君私奔相如》，但却是末本戏，司马相如才是全剧的核心人物。朱权借用司马相如之口表达了其早年辅佐君王成就霸业的雄心壮志。"凭着我志轩昂，气飞扬，趁着这禹门三级桃花浪，一天星斗焕文章。"① 这番睥睨群雄的宣言充分显示了青年时期的朱权雄心勃勃的政治抱负。除了彰显儒家"修齐治平"的人生理想之外，该剧尤其强调了卓文君为司马相如驾车，"虽在逼迫之际，尚不失其大义，可谓贤矣"②。可见朱权尤其看重人伦大义，以儒立身的思想自不待言。

从佛道文化的角度来看，该剧虽然并未如其后期剧作涉玄深重，但亦借用宗教智慧点染剧作，譬如茂陵老妪夜梦双凤栖于庭前，感应司马相如与卓文君前来投宿。此细节以双凤譬喻二人意在神化人物，使剧作饶有趣味。有学者指出《私奔相如》《独步大罗》二剧分别表现了朱权前后两期不同的思想倾向：前期宗主儒家观念，后期则遁入道教，弘扬玄道思想。③ 就《私奔相如》一剧整体立意而言，不无道理。但值得玩味的是该剧开篇借司马相如与父老对话彰显了朱权对人生进退的理解，在该剧第一折父老与司马相如就"时命"展开讨论。司马相如认为"性者所受于天也。命者所遭于时也。有其才，不遇其时，命也。"④ 此句似有生不逢时之叹。父老认为人各有时，不必汲汲于功名，他劝相如道："古之达人高士，视世态若傍观弈棋。先生何区区欲自弈，为人所

---

① 朱权：《卓文君私奔相如》，王季烈编《孤本元明杂剧》第 2 册，中国戏剧出版社 1957 年版，版内第 2 页。

② 同上书，版内第 5 页。

③ 参见朱万曙《论朱权的戏曲创作与理论贡献》，《安徽大学学报》（哲学社会科学版）2000 年第 4 期。

④ 朱权：《卓文君私奔相如》，王季烈编《孤本元明杂剧》第 2 册，中国戏剧出版社 1957 年版，版内第 1 页。

观成败乎?"① 父老认为人生在屈伸之间要学会"尚待其时"。凡此种种皆说明朱权在写作该剧时内心复杂矛盾的一面。正如司马相如道:"【天下乐】我则怕秋到长门青草黄,蜂也忙蝶又忙。倚危楼使人空断肠。进不能学子张,退不能学子房。倒不如奔周箕子狂。"② 朱权一方面哀叹时不待我,不能早遂功名,另一方面又暗示自己早有学箕子佯狂之心,由此复杂隐晦的心态来看,该剧恐不会作于朱权盛名之际。

与《私奔相如》相比,《独步大罗》一剧更鲜明地体现出朱权的戏曲创作与道教文化因缘。《独步大罗》剧写冲漠子素有道缘,眼见功行圆满,合登仙界。东华帝君命吕洞宾和紫阳张真人下凡点化他。吕、张二人来到西山,冲漠子一眼认出二位仙真,乞求脱离生死圈。二人随即授予大道之要,要求他栓缚住心猿意马,驱逐酒色财气,斩三尸。二人又给他服下一粒金丹,授之养婴儿姹女法后飘然不见。冲漠子立即起身寻找,却迷失津路。二人幻作渔樵,只等冲漠子来寻。在一番对话中,冲漠子最终认出二人,原本大浪滔天的河面瞬间风平浪静。冲漠子省悟浮名是空,终得独步大罗天。东华帝君设宴,群仙来贺,嫦娥献舞。

该剧与道教文化的因缘具体体现在以下几个方面:就人物而言,剧中主人公冲漠子就是朱权自谓。剧中冲漠子"生于帝乡,长于京辇",这是对朱权天潢贵胄身份的暗示;冲漠子"隐居于匡阜之南,彭蠡之西",这是对朱权隐居西山的暗示;冲漠子说自己"韶华已半",又说:"愚自幼惧生死之苦,避尊荣之位,以求至道,今三十余年矣!"③ "忆昔人间四十年,满头风雨受熬煎……"这些都暗示了朱权写此剧时的年龄和心态;当冲漠子得道飞升后,被东华帝君敕授"丹邱真人",这暗合了朱权丹丘先生的封号。这些细节都说明朱权以自己为原型创作了该剧,而剧中人物得道飞升正是自己渴求长生的心理表达。

就情节而言,该剧不似《私奔相如》化用前人题材,而是全新创作。虽然该剧拟用前人度脱剧模式,但剧作内容却是根据朱权修真生活

---

① 朱权:《卓文君私奔相如》,王季烈编《孤本元明杂剧》第 2 册,中国戏剧出版社 1959 年版,版内第 1 页。
② 同上。
③ 同上书,版内第 4 页。

第六章　佛道文化视野下明代藩王曲家及其剧作研究　169

而来。该剧花大量笔墨敷陈道教中内丹、外丹的修炼方法，对缚心猿意马、去酒色财气、斩三尸和养婴儿姹女之法做了详尽的描写。事实上，朱权谙熟道教修炼方法，其《庚辛玉册》是明代重要的炼丹术巨著，为研究明代炼丹术提供了珍贵文献资料。其著作《救命索》中亦详细列举了内丹修炼法。该剧大概作于朱权40岁时，此时他蛰居南昌十几年，深染道风。全剧字里行间流露出超尘出世之想和对福地洞天的向往，正是朱权对自己修真生活的摹写。

就语言而言，朱权在该剧中表现出对道教语言的精纯运用。譬如该剧第四折，东华帝君让到场庆贺的各位仙真每人唱一阕庆贺冲漠子飞升。"（岳孔目唱）【折桂令】一篇词上叩穹苍。一片诚心，一瓣真香。只诉一世人一世荒唐……（钟离子唱）【幺】两无成。两鬓将华，两字功名，两度虚花。两角触蛮，两头追蠡，两事纷拏……"① 有十二位神仙依次唱来，每人所唱无不与慕道修真相关。而妙在从一至十，毫不生硬。若不是精熟道语，又岂能做此编排？王季烈评价之"妙在不牵强，洵是才人之笔"②。

就戏剧情境而言，该剧借鉴道教方术营造出神秘莫测的戏剧氛围。譬如第二折吕、张二人授以金丹秘诀后飘然不见。第三折中吕、张二人四布迷云考验冲漠子，河中大浪滔天，顷刻间又风平浪静，这些带有奇幻色彩的情节为剧作增添不少神秘色彩。值得注意的是该剧虽是一部度脱剧却全不见苦修之色，篇末更有嫦娥领仙女四人为冲漠子起舞庆贺。该剧将度脱故事与庆赏元素相结合，成为明代度脱剧的新样态。而这很大程度上源自朱权的特殊身份。舞台上貌美如花的女子借着仙风道骨的宗教外衣翩翩起舞，既满足了位高者的声色之欲，但又止于风雅而已，可以说宗教故事和人物成为点缀朱权富贵闲适生活的最好装饰品。这大概是朱权作为藩王曲家与同时代曲家最大的不同之处。

朱权不仅创作剧本更研究戏曲，其代表作《太和正音谱》被称为

---

①　朱权：《卓文君私奔相如》，王季烈编《孤本元明杂剧》第2册，中国戏剧出版社1957年版，版内第11页。
②　王季烈：《孤本元明杂剧提要》，《孤本元明杂剧》第1册，中国戏剧出版社1957年版，版内第19页。

"中国戏曲由民间文艺走向民族文艺的一个里程碑"①，而该作同样被打上道教文化的烙印。

首先，就品评向度而言，道教文化深刻地影响了朱权对历代曲家的评价。朱权非常推崇马致远，他称："马东篱之词，如朝阳鸣凤。其词典雅清丽，可与《灵光》《景福》相颉颃。有振鬣长鸣，万马皆瘖之意；又若神凤飞鸣于九霄，岂可与凡鸟共语哉？宜列群英之上。"② 马致远因善写神仙道化剧而被称为"马神仙"，其剧作和曲作字里行间都透露出超凡出尘的清逸格调，因此格外受到同样习道的朱权激赏。

其次，就体系建构而言，道教文化影响了朱权对剧曲类别的划分。《太和正音谱》之"杂剧十二科"既是对杂剧类别的划分，又含有对这十二类杂剧高下的排列。其中"神仙道化""隐居乐道"被置于第一、二位，而"神佛鬼面"的神佛剧则居最末。曰忠曰孝的"披袍秉笏""忠臣烈士""孝义廉节""叱奸骂谗""逐臣孤子"占大多数。由此可见朱权对道教题材的偏爱，亦可窥见其崇道、尊儒、抑佛的思想倾向。同样地，朱权激赏丹丘体、黄冠体，他道："丹丘体，豪放不羁……黄冠体，神游广漠，寄情太虚。"③ 可见朱权对包括散曲在内的戏曲体系建构受到了道教文化的影响。

最后，就审美思维而言，道教文化为朱权品评曲文提供了思路和灵感。譬如，他评价"张小山之词，如瑶天笙鹤。其词清而且丽，华而不艳，有不吃烟火食气，真可谓不羁之材；若被太华之仙风，招蓬莱之海月，诚词林之宗匠也。……李寿卿之词，如洞天春晓。其词雍容典雅，变化幽玄，造语不凡，非神仙中人，孰能致此？"④ 从"瑶天笙鹤""不吃烟火食气""太华""仙风""蓬莱""幽玄""神仙中人"这些字眼中，我们不难发现道教文化深刻影响了朱权的审美感受，为他进行曲文赏析提供了重要灵感。

---

① 姚品文：《学者朱权——纪念朱权诞辰 630 周年逝世 560 周年》，《江西师范大学学报》（哲学社会科学版）2008 年第 5 期。

② 朱权：《太和正音谱》，中国戏曲研究院编《中国古典戏曲论著集成》第 3 册，中国戏剧出版社 1957 年版，第 16 页。

③ 同上书，第 13 页。

④ 朱权：《太和正音谱》，中国戏曲研究院编《中国古典戏曲论著集成》第 3 册，中国戏剧出版社 1959 年版，版内第 16—17 页。

纵观藩王曲家朱权一生，道风玄色成为其人生中的一道重要风景。无论是有心还是无意，道教不仅成为朱权全身远祸的护身符，更深刻地影响到其思想意识形态；而道教文化亦成为其戏曲创作和戏曲研究的重要灵感来源。

第三节　朱有燉及其剧作研究

朱有燉是明太祖朱元璋第五个儿子朱橚的长子，生于洪武十二年（1379 年），卒于正统四年（1439 年）[①]。号诚斋，别署全阳翁、全阳道人、梁园客、老狂生，晚年又号锦窠老人，谥号"宪"，世称周宪王。从其全阳道人的别号来看，朱有燉似乎与道教有着某种联系。

史称朱有燉博学善书，而且天资聪颖。其父非常重视对他的教育，曾专门辟出东书堂供他读书，并派著名的经学家刘醇做他的老师。虽然身在富贵之乡，但朱有燉勤学好古，留心翰墨，著述宏富。有诗文杂著《诚斋新录》《诚斋词》《诚斋遗稿》以及《家训》等。此外，他精通书法，造诣颇深，"集古名迹十卷，手自临摹，勒石名《东书堂集古法帖》，历代重之"[②]。然而，朱有燉最为人所称道的却是他的杂剧创作。从 26 岁创作第一部杂剧《张天师明断辰钩月》开始，到 60 岁临终前他还创作了《南极星度脱海棠仙》《河嵩神灵芝庆寿》。他一生笔耕不辍，共创作了 31 部杂剧[③]，超过了其叔朱权，是目前已知的元明杂剧作家中传世作品最多的戏曲作家。青木正儿称"其曲工巧，驱使俗语，直迫元人，断非明中期以后作家所可企及，推之为明代第一作家亦无不可"[④]，可见其在戏曲史上的重要地位。朱有燉所作杂剧，多取材于神

[①] 对朱有燉的卒年说法略有不一。吴梅《诚斋乐府跋》、郑振铎《插图本中国文学史》等皆认为朱有燉卒于景泰三年；傅乐淑则指出了清人钱谦益《列朝诗集小传》对朱有燉生平的记录"不详不实"，并据《英宗实录》指出朱有燉卒于正统四年；陈捷等亦引用《英宗正统实录》《明史》《明史稿》等资料的记载，强调了朱有燉死于正统四年的说法。对朱有燉生平的考证可参见赵晓红《朱有燉生平正误》，《文学遗产》2005 年第 1 期。

[②] 钱谦益：《列朝诗集小传》乾集下，古典文学出版社 1957 年版，第 8 页。

[③] 一说 32 种，见庄一拂《古典戏曲存目汇考》，上海古籍出版社 1982 年版，第 401—416 页。

[④] 青木正儿：《中国近代戏曲史》，王古鲁译，作家出版社 1958 年版，第 143 页。

仙歌舞,从中亦可窥见朱有燉与佛道文化的渊源。以下就从两个方面来进一步探析朱有燉及其剧作与佛道文化的因缘。

一 以佛治心,用道治身

与充满传奇色彩的朱权相比,朱有燉的一生过得相对平静、从容。但他与宗教结缘却和朱权有着某种程度的相似性。从大的时代环境来讲,明初朱元璋提出的"三教论"对时代产生了很大影响。出生在皇家的朱有燉因天赋异秉,备受明太祖朱元璋的重视。在11岁时,因父亲被拘留京师,他奉命处理国事。三年内,他把王国大事处理得有条不紊,13岁时就被册立为世子。16岁那年,明太祖朱元璋把朱有燉和秦、晋、燕三世子一同接到宫中,亲自教育他们。朱元璋言传身教中,将其治国方略和对宗教态度一并传给了朱有燉。朱有燉认同三教同源。在其杂剧《乔断鬼》中,朱有燉借儒士徐行之口道出他的三教同源论。"三教圣人之心,未尝不同,只因立的教门差别,所以世人纷争,至今未息"①。"宋孝宗有云:以佛治心,以道治身,以儒治世。此诚言也。孩儿,三教皆同,不可不敬。"② 朱有燉"三教皆同"的观点与其祖父朱元璋三教同源论如出一辙。这也就意味着朱有燉对待三教的态度不似朱权那般重道轻佛。对朱有燉而言,儒家是立身的根本,而佛道二教则是"治心"和"治身"的重要手段。这一点在朱有燉的诗文曲作中亦有体现。朱有燉好参禅,对佛学亦多有感悟。他曾作《悟道吟》二首,从中可以窥见他对佛教的参悟。"慈悲为雨法为航,心是莲华性是香……自从悟得真如理,今古空谈善有因。撒手往来还是我,点头问讯属何人。安闲常乐胜中胜,自在频观身外身。大笑西来缘底事,等闲识破便休论。"③ 崇佛的同时,朱有燉对道教亦一往情深,在其散曲中,他不仅对酒、色、财、气大发议论④,而且还对道教的炼丹之

---

① 朱有燉:《乔断鬼》,吴梅辑《奢摩他室曲丛》第2集,商务印书馆1928年影印本,版内第2页。
② 同上书,版内第4页。
③ 朱有燉:《悟道吟》,钱谦益编《列朝诗集》,中华书局2007年版,第55页。
④ 见朱有燉【南仙侣·西河柳】《咏酒色财气》,【北双调·快活年】《咏酒色财气》,谢伯阳编《全明散曲》卷1,齐鲁书社1994年版,第289—292页。

第六章　佛道文化视野下明代藩王曲家及其剧作研究　173

术颇有研究。① 此外他还作了颇有道家色彩的【北中吕·山坡里羊】《省悟》八阕,"高粱供奉,寰区知重。浮生自觉皆无用。德尊崇禄盈丰,混如一枕黄粱梦。迷到老来才自懂。功,也是空。名,也是空……"② 其间可见朱有燉视浮名为云烟的道家思想。

　　除受时代大环境影响外,朱有燉还受其周围人的影响,从而形成了自己的三教思想。朱有燉幼年受经学老师刘醇影响非常深,他写了一首散曲表达了自己对老师的推崇,"想当年长史刘醇,德行文章,高古清纯。四十为官,八十致仕,众所推尊。看晚节菊庄旧隐。发天葩梁苑闲人。掩却衡门,守道修真。闲将那胸内珠玑,酝酿做岭上白云。"③ "高古清纯"的刘醇德行文章备受世人推崇,成为朱有燉的榜样,这也成为朱有燉以儒立身的重要原因。此外,朱有燉非常喜欢一位叫夏云英的宫女,这位宫女5岁能诵《孝经》,7岁就通晓各种佛教经典,她淡妆素服,色艺绝伦。22岁时卧病不起,她请求削发为尼,了却生死之苦。后受菩萨戒,作偈语示众而卒。朱有燉亲自为她作墓志铭,还作《云英诗》④悼念之。这位宫女笃信佛教,行止超凡脱俗,不仅深得朱有燉的钟爱垂怜,也进一步影响了朱有燉对佛教的认知。当然,对朱有燉产生更深远影响的恐怕当属仅大他一岁的叔父朱权。

　　前文已述,朱权才华横溢却终身禁足于南昌。他没能在政坛上大施拳脚,但他崇信道教,寄情于戏曲,终身无祸。朱权以崇道作为自己的护身符,以游戏文字作为自己的掩体,这极大启发了朱有燉。朱有燉对这位和自己境遇相似,才华相当的叔父颇有惺惺相惜之感。朱权曾作

---

① 见朱有燉【白鹤子】《道情咏铅汞八篇》"寂心无象染,实腹有丹藏。丹实汞难飞,象寂铅偏旺。……"谢伯阳编《全明散曲》卷1,齐鲁书社1994年版,第278—279页。又有【北中吕·满庭芳】《青金丹乐府赠吴光明》,同前,第283—284页。
② 朱有燉:【北中吕·山坡里羊】《省悟》,谢伯阳编《全明散曲》卷1,齐鲁书社1994年版,第272—273页。
③ 朱有燉:【蟾宫令】《题刘长史白云小稿》,翁敏华点校《诚斋乐府》,上海古籍出版社1989年版,第67页。
④ 朱有燉作《云英诗》:"云英何处访遗踪,空对阳台十二峰。花院无情金锁合,兰房有路碧苔封。消愁茶煮双团凤,紫恨香盘九篆龙。肠断端清楼阁里,墨痕烛炮尚重重。"钱谦益编《列朝诗集》,中华书局2007年版,第54页。

《囊云诗》①，钱谦益评道："臞仙每月令人往庐山之巅，囊云以归，结小屋曰'云斋'……昔陶弘景行山中，聚云褒内，遇客趣放之为赠。臞仙风致，不减弘景也。"② 朱权结庐囊云的慕道生活让朱有燉神思飞往，他亦作《送雪》："天山一色冻云垂，罨画楼台缀玉时。准备暖金香盒子，明朝送雪与相知。"③ 虽不知朱有燉送雪给哪位相知，但朱权与朱有燉二位藩王的风流雅致却引得后人将二人并提。钱谦益评道："臞仙囊云，宪王送雪，此宗藩中佳话，可属对也。"④ 此外，朱有燉曾作赓和丹丘之作，在【北双调·庆东原】《自况》中，朱有燉称自己"半生狂花酒相亲近"，只想"学一个古人，是一个老人，做一个愚人。管甚世间名，一任高人论。"在《追和鲜于体》中他不无自嘲地说："我不笑别人。一任教别人笑。一世身无患。从来意自闲。顺时光不把流年叹。花间酒阑，茶余客还，睡后心安。我不看别人，一任教别人看。"⑤ 从中可见，朱有燉日日与花酒相亲，过着疏狂但不自傲的生活。他一任别人笑，别人看，别人论，只想做个高蹈出世的闲人。他的这首和曲，充分表明他对朱权结庐囊云神仙般生活的认同和向往。

有学者指出朱有燉虽为天潢贵胄，但家庭屡遭变故，几于不测，自己也饱受劣弟的攻讦，种种灾难使他对于人生的富贵感到幻灭，因此他对佛道二氏产生了浓厚的兴趣和信仰。⑥ 朱有燉特殊的人生经历使其亲近佛道成为一种必然选择。朱有燉特殊的世子身份，让他亲见皇族内部残酷的权力斗争。据史料记载"郭桓"案"自六部左右侍郎下皆死，……词连直省诸官吏，系死者数万人"。"而胡惟庸、蓝玉两狱，株连死者且四万。"⑦ 这中间不乏异姓王、太师、公侯之辈。从洪武二十三年到正统

---

① 朱权《囊云诗》："蒸入琴书润，粘来几榻寒。小斋非岭上，弘景坐相看。"钱谦益编《列朝诗集》，中华书局2007年版，第38页。
② 钱谦益编：《列朝诗集》，中华书局2007年版，第38—39页。
③ 朱有燉：《送雪》，中华书局2007年版，第55页。
④ 钱谦益编：《列朝诗集》，中华书局2007年版，第39页。
⑤ 朱有燉：【北双调·庆东原】《自况》《追和鲜于体》，谢伯阳编《全明散曲》卷1，齐鲁书社1994年版，第314—315页。
⑥ 曾永义：《明杂剧概论》，学海出版社1979年版，第148页。
⑦ 张廷玉等：《明史》卷94《志第七十·刑法二》，中华书局1974年版，第2318—2319页。

第六章 佛道文化视野下明代藩王曲家及其剧作研究

四年,明皇室诸王纷纷落马,潭王梓自焚,驸马都尉欧阳伦赐死,湘王柏自焚……朱有燉从 12 岁到 61 岁,亲眼见证了一连串血淋淋的皇族杀戮,这让他不得不时刻警惕自己的言行。更重要的是,朱有燉经历几次家庭内部的变故,让他彻底失去角逐功名之心。朱有燉第一次独立承担起世子理藩的责任是在 11 岁那年,只因为父亲朱橚"弃其国来凤阳,帝怒,将徙之云南,寻止,使居京师"①。朱橚只是一次擅自离开封地就遭两年的留居京师之罚,少年朱有燉很早就感受到皇权的威严,更深切地认识到身为世子必须谨言慎行。然而家族的变故并没因朱有燉的早熟而停止。朱元璋死后,根基尚浅的建文帝对兵强马壮的同姓诸王颇有疑心。而"橚亦时有异谋",再加上"橚次子汝南王有爋告变",于是建文帝"使李景隆备边,道出汴,猝围王宫,执橚,窜蒙化,诸子并别徙。已,复召还京,锢之。"② 这一次,又是因为父亲朱橚被贬为庶人,朱有燉也被安置在云南蒙化、临安一带。他有一首《临安即事》③ 摹写了当时的心境,一句"独立高台泪似倾"深刻地道出朱有燉一夕间从藩王世子变为庶人异客的巨大心理落差。虽然朱棣一登基就恢复了朱橚的藩位,但这次变故让朱有燉体会到了人世无常的幻灭。值得一提的是,在这次变故中,朱有燉为了救父,不惜"自诬伏"以保全父亲,以至朱棣特意作"纯孝歌"褒奖他"庶几古人之至孝也"。

纯孝的朱有燉与其弟有爋形成鲜明对比,有爋先是告发父亲,后对继承了藩位的朱有燉心生嫉妒,数次攻讦陷害他。④ 朱有燉"亲亲"观念深浓,然而,劣弟的举动让他失望伤心不已。虽然身为贵胄,富甲一方,但眼见父亲贬谪、禁锢,亲历兄弟攻讦、陷害,这些家庭变故使他

---

① 张廷玉等:《明史》卷 94《志第七十·刑法二》,中华书局 1974 年版,第 3566 页。
② 同上。
③ 朱有燉《临安即事》:"冻雨寒烟满戍城,雨中烟外更伤情。沙头风静鸳鸯睡,岭上云深孔雀鸣。番域白盐从海出,野田青蔗绕篱生。蛮方异俗那堪语,独立高台泪似倾。"四部禁毁书丛刊编委会编《四部禁毁书丛刊》集部第 95 册之《列朝诗集》,北京出版社 2000 年版,第 18 页。
④ 张廷玉《明史》记载:"有爋数讦有燉,宣宗书谕之。有爋与弟有熺诈为祥符王有爝与赵王书,系箭上,置彰德城外,词甚悖。都指挥王友得以闻。宣宗逮友,讯无迹。召有爋至,曰:'必有爋所为。'讯之具服,并得有熺掠食生人肝脑诸不法事,于是并免为庶人。"《明史》卷 116,中华书局 1974 年版,第 3566 页。

心力交瘁。即使是这样，当权者仍然时时监视他的一举一动。朱有燉秉性纯良，颇有儒者气息，因而多获好评。这也引起了当朝皇帝的不满，无奈之下他只能溺情声伎以自晦。可见，朱有燉投身于戏曲创作，并倾心于佛道二氏，也是一种全身远祸的策略。在这一点上，朱有燉和朱权惊人地相似。①

二 沉潜内典，衔觞赏花

朱有燉一生共创作 31 部剧作②，沈德符在《顾曲杂言》里评价道："虽警拔稍逊古人，而调入弦索，稳叶流丽，犹有金、元风范。"③ 朱有燉剧作虽才情未至，然音调颇谐，因此传唱度非常高。关于这一点，李梦阳《汴京元夕》亦可佐证："中山孺子倚新妆，郑女燕姬独擅场。齐唱宪王春乐府，金梁桥外月如霜。"④ 因此，朱有燉剧作在明初非常具有代表性。卢前将其剧作分为以下六类，即关于释道者 9 种、关于风月者 6 种、关于牡丹者 3 种、关于节义者 2 种、关于水浒者 2 种以及余者 5 种。⑤ 日本学者八木泽元根据内容将其剧作也分为六类，即仙佛剧 15 种、妓女剧 6 种、英雄剧 3 种、牡丹剧 4 种、节义剧 2 种、文人剧 1 种。⑥ 曾永义说："宪王对于仙佛，不仅爱好，而且信仰得很

---

① 诚如曾永义先生所说"他和宁献王的遭遇与成就是很接近的"，曾永义《明杂剧概论》，学海出版社 1979 年版，第 148 页。

② 朱有燉的 31 部剧作是《甄月娥春风庆朔堂》《美姻缘风月桃源景》《清河县继母大贤》《刘盼春守志香囊怨》《神后山秋狝得驺虞》《宣平巷刘金儿复落娼》《福禄寿仙官庆会》《赵贞姬身后团圆梦》《黑旋风仗义疏财》《紫阳仙三度常椿寿》《东华仙三度十长生》《瑶池会八仙庆寿》《群仙庆寿蟠桃会》《吕洞宾花月神仙会》《洛阳风月牡丹仙》《天香圃牡丹品》《十美人庆赏牡丹园》《张天师明断辰勾月》《孟浩然踏雪寻梅》《小天香半夜朝元》《李妙清花里悟真如》《李亚仙花酒曲江池》《慧禅师三度小桃红》《搊搜判官乔断鬼》《豹子和尚自还俗》《兰红叶从良烟花梦》《河嵩神灵芝庆寿》《四时花月赛娇容》《南极星度脱海棠仙》《文殊菩萨降狮子》《关云长义勇辞金》。

③ 沈德符：《顾曲杂言》，中国戏曲研究院编《中国古典戏曲论著集成》第 4 册，中国戏剧出版社 1959 年版，第 206 页。

④ 李梦阳：《汴京元夕》，沈德清选编《明诗别裁集》，河北人民出版社 1997 年版，第 56 页。

⑤ 卢前所见朱有燉剧目共 27 种。参见卢前《明清戏曲史》，商务印书馆 1935 年版，第 47 页。

⑥ 参见曾永义《明杂剧概论》，学海出版社 1979 年版，第 162 页。

入迷。从他在这方面的著作多达十五种，几占全数的二分之一，即可看出。"① 可见，朱有燉剧作蕴含着丰富的宗教色彩。这表现在以下几个方面。

首先，就题材而言，朱有燉剧作具有很强的宗教色彩。如上所述，朱有燉剧作中有很大一部分是关乎佛道的仙佛剧。这类剧作或是取材于宗教故事，或是将宗教内容化入剧情，使剧作本身流露出浓厚的宗教气息。譬如，《降狮子》就是根据佛经中文殊菩萨降伏坐骑青狮子的故事敷演而成。剧讲山中有一头青狮子，凶猛异常。如来想收它入法会，让山神去收服它。山神同虎、豹、神兵、鬼将一同前去应对却败下阵来。于是如来让人去请哪吒来降狮子。哪吒用九龙绦降住一头狮子，不料却是一头金狮子。哪吒再次被请出来，同二十八宿星辰、山神鬼卒一同降狮子，青狮子与哪吒愈战愈酣，它咆哮而跃起，抖擞起全身的狮子毛，神勇无比。三头六臂的哪吒用金轮兜对付青狮子，青狮子全然不怕，它喷出烈火烧山，哪吒败下阵来。如来又派人请文殊菩萨来对付青狮子。文殊菩萨偕同四揭谛共同对付青狮子。青狮子面对法力无边的文殊菩萨最终低头，伏地受戒，成为文殊菩萨的坐骑，共赴如来法会。朱有燉利用"灵鹫峰头一件可传之事"② 敷演成剧，剧中不仅有如来、文殊菩萨、四揭谛等佛教人物，还有山神、土地神、二十八宿星辰等道教人物。虽然该剧重点表现了文殊菩萨，但并不是纯粹的佛教剧，文殊菩萨所用的降妖杵、缚妖索、照妖镜、剪妖鞭四件宝物，无不显示出其高超的法术，呈现出某些道教色彩。

与渲染佛法的《降狮子》相对应的是描写道法的《辰勾月》一剧。该剧写书生陈世英因救月有功，思慕月宫嫦娥。其园中桃花精假扮嫦娥挑逗陈生。陈生弥母窥破陈生私情，遂请来李法官作法捉妖。李法官作法请嫦娥，嫦娥含冤，遂伴雪天王、封十八姨请道法更高的张天师来了断此段公案。张天师派神将捉拿桃花精前来与嫦娥对质。桃花精化作嫦娥模样，难分真伪。封十八姨打桃花精，桃花精身上落下桃花，遂分

---

① 曾永义：《明杂剧概论》，学海出版社1979年版，第163页。
② 祁彪佳：《远山堂剧品》，中国戏曲研究院编《中国古典戏曲论著集成》第6册，中国戏剧出版社1959年版，第149页。

晓。该剧虽是翻案之作，但颇有新意。剧中乱断案的李法官给人留下深刻印象，他一上场即云："自小生来不恋家，一条藜杖遍天涯。全凭上帝驱邪法，捉尽人间狠夜叉。……身居正一教中，不敢乱行妖术。驱邪捉鬼，咒水书符，寰中第一，天下无双。"① 可见，李法官是正一教中人，他擅长步罡踏斗、画符施咒，此种情景符合明初政权大力扶持正一教，正一教人四处开坛施法的事实。

除了敷演佛经故事，或是将道士作法的内容纳入戏剧情节之外，朱有燉还非常钟情于两类戏剧——度脱剧和庆赏剧，这两类剧作尤其表现出鲜明的佛道文化色彩。

就度脱剧而言，朱有燉有《小天香半夜朝元》《李妙清花里悟真如》《慧禅师三度小桃红》《紫阳仙三度常椿寿》《东华仙三度十长生》《南极星度脱海棠仙》《吕洞宾花月神仙会》等剧。其中既有佛教度脱剧，又有道教度脱剧，其共同的特点是被度脱者都是素有仙缘的坚心出家者。譬如《悟真如》里的散花仙子和莲花童子，因在如来法会上相视一笑，拨动凡心，而下到尘世。毗卢尊者化作古峰和尚来念经，化为凡人的散花仙子山秀顿时觉得古峰和尚眼熟，当下愿意出家；莲花童子的凡身哈舍本来勤修佛法，也愿随古峰和尚出家；《神仙会》中妓女珍奴原是蟠桃仙子下凡，虽是在风尘，但一心向道；《半夜朝元》里的妓女小天香原是金母之女，她一心修仙，最终逃到华山修行办道。剧中主人公度脱的过程并不艰难，只需轻轻点化，让其明了前身仙缘，或是服食一粒仙丹就被引度"升天"。这类度脱剧不描写学佛修仙之艰难而重在反复申述长生不老、永享福祉的愿望，表达出浓烈的慕仙崇佛思想。

就庆赏剧而言，朱有燉有《福禄寿仙官庆会》《神后山秋狝得驺虞》《群仙庆寿蟠桃会》《瑶池会八仙庆寿》《洛阳风月牡丹仙》《天香圃牡丹品》《十美人庆赏牡丹园》《河嵩神灵芝庆寿》《四时花月赛娇容》，又根据创作动机和表演形态来看，《东华仙三度十长生》《南极星度脱海棠仙》《吕洞宾花月神仙会》亦可划入庆赏剧。庆赏剧是

---

① 朱有燉：《辰勾月》，吴梅辑《奢摩他室曲丛》第 2 集，商务印书馆 1928 年影印本，版内第 8 页。

明代杂剧中很重要的一个类型。"这类剧作的作者主要是像朱有燉这样的皇亲国戚以及皇家教坊中的供奉艺人。其主要观众是皇室成员和达官贵人。这类剧目通常在皇帝或皇太后的诞辰、重要传统节日以及达官贵人的各类庆典仪式上演出。"① 可以说，朱有燉是明代庆赏剧创作大家。

以下就从戏剧人物、艺术功能、思想意蕴三个方面具体分析朱有燉庆赏剧的特点。

（一）仙风与幻色：朱有燉庆赏剧中的戏剧人物

朱有燉庆赏剧中的戏剧人物以道家仙真为主，他们人数众多，品秩繁复。从等级上看，他们有天仙、地仙、神仙、鬼仙之分；从形态上看，他们分为仙真和仙物两类，同时花仙成为赏花剧中集中表现的一类；从穿关上看，朱有燉庆赏剧中戏剧人物穿戴考究、砌末（即戏曲演出中大小用具和简单布景的统称②）精美，配合特殊的舞台手段呈现出美轮美奂的仙风与幻色。具体而言，表现在以下几个方面。

第一，品秩繁复的道家仙真。

朱有燉说："世之有精神血气者，则有死生，有形像物色者，则有成坏。此皆造化必然之理，阴阳消长之道，不可违也。"信奉玄教的他在庆赏剧中摹写了大量仙真。所谓仙者，"惟能保精神、炼气血，于千万年而不死者，故名曰仙。然为仙者，有天仙、地仙、神仙、鬼仙之类不一。或有羽化飞升，出神弃尸之名各等。"③ 从中可见朱有燉对仙真品秩的认识。在其庆赏剧中既有常见的位列天仙之首的西金母，西金母在道教神仙谱系中是所有女仙之首，辈分仅次于三清、四御，位居天仙之列。与她同位份的还有东华木公。东华木公，又称东华帝君，东木公，被目为男仙之首。职居紫府，位东方诸天之尊。

朱有燉庆赏剧中可以明确辨识的还有地仙。地仙不悟大道，仅以长生驻世，故为地仙。譬如《八仙庆寿》中香山九老常住香山寺，"遇神

---

① 郑传寅：《古代戏曲与东方文化》，武汉大学出版社2007年版，第348页。
② 中国大百科全书总编辑委员会：《中国大百科全书·戏曲曲艺卷》，中国大百科全书出版社1983年版，第285页。
③ 朱有燉：《〈半夜朝元〉自引》，蔡毅编著《中国古典戏曲序跋汇编》，齐鲁书社1989年版，第833页。

仙授了长生之术，时朝玉阙，每谒天关"①。还有《赛娇容》中众花仙被西金母赐蟠桃，永享长生；《海棠仙》里的海棠被赐福寿千年；《牡丹园》里十牡丹仙"得了长生不老的容颜"。

此外，朱有燉还通过一个场景把他认为的天仙、地仙、神仙、鬼仙全部纳入。譬如《仙官庆会》中神荼描述西金母设下蟠桃会，宴请三界仙人赴会。只见瑶池内外，"天仙、地仙、神仙、鬼仙、老的、小的都道是看去来，看去来"。事实上，在朱有燉另一庆赏剧《蟠桃会》中，朱有燉细致描绘了蟠桃会上群仙毕至的场景。其中既包括由历史人物演化而来的仙真，譬如彭祖、广成子、以白居易为首的香山九老、洛下耆英以及民间熟知的八仙，又包括统辖一隅的仙官，如嵩山仙子、大河仙女；蟠桃会上既有位列上仙的南极星，又有西金母座前的金童玉女，还有道教中的吉祥物灵龟和仙鹤一并现身。

最后，朱有燉庆赏剧中还有一类随剧情需要而创作出来的虚化人物。譬如《海棠仙》里形貌丑陋的野花精怪孛孛丁花、股子花、秃妮子花和蓼子花；又如《牡丹园》里扮净的四梅香：酸妮子酸浆草、甜妮子菠菜、辣妮子蒜和淡妮子莴苣。这些人物虽然算不上道家仙真，但也是利用宗教智慧创造出来的人物形象。

朱有燉庆赏剧主要用于庆寿和赏花，所以其庆寿剧中多有福、禄、寿三星。其赏花剧中则充盈着各种活色生香的花仙。由于其庆赏剧多与节令相配合，在诸如《仙官庆会》剧中，为了迎新纳福，驱傩禳灾，剧中出现了钟馗、神荼、郁垒、虚耗小鬼等诸多人物，这一干宗教人物则是民俗信仰与道教文化融合的产物。

第二，形态各异的仙真类型。

综观这些仙真品秩不一，种类繁复。如果从形态上来划分，朱有燉庆赏剧中的道家仙真则可分为三类：第一类化身人形，实为天仙。譬如上文提到的西金母和八仙。在朱有燉庆赏剧中西金母和八仙出现的频率非常高，他们在剧中所发挥的作用大致有二：其一，参与度脱行为，成为剧情的主要参与者。譬如《海棠仙》中，西金母亲自为海棠仙做媒，

---

① 朱有燉：《八仙庆寿》，吴梅辑《奢摩他室曲丛》第2集，商务印书馆1928年影印本，版内第7页。

第六章 佛道文化视野下明代藩王曲家及其剧作研究

将之嫁给南极星,实则是度脱她成仙。又如《神仙会》中,吕洞宾等八仙为度给珍奴讲演妙道,点化她得道飞升。其二,组织或参与庆赏活动,点缀歌舞升平的场面。譬如《八仙庆寿》剧写西金母修成正果,正值蟠桃成熟,遂邀三界神仙赴会。首先是八仙上场,各述生平。又香山九老登场,吟诗作赋,啸咏天地。又福、禄、寿三星显身,最后南极之精、东华之英同赴瑶池,群仙享筵。该剧全无剧情,但见一拨又一拨仙真上场,畅咏洞天福地之美,成仙证道之乐。《远山堂剧品》道:"境界是逐节敷衍而成,但仙人各自有口角,从口角中各自现神情。"[1]此剧没有以某一位仙真为主角,西金母组织蟠桃会、众仙真赴会构成全剧的情节线索,一干仙真以群像展览的方式点缀了歌舞升平的筵宴场面。

第二类假托人形,实为仙物。这些仙物都是道教中被视为吉祥、喜庆之物。其中既包括植物也包括动物。属于植物形态的有《十长生》里的松、柏、竹、山,如《灵芝庆寿》里紫、金、青、石、肉等五色灵芝;属于动物形态的则有《得驺虞》中的瑞兽驺虞和四黄虎,以及《十长生》里的鹤、鹊、鹿、龟等。这些仙物托身人形,一方面方便场上表演,譬如《蟠桃会》里东方朔化神龟和鹤偷取蟠桃,舞台提示为"净下扮灵龟上做爬到树下科""净下扮鹤上至树下忙摘桃吃科";另一方面这些仙物化为人形符合道教度脱的要求。因为土木形骸终难成仙,必须由人证仙,譬如《神仙会》中蟠桃仙子因是土木形骸不能成仙。西金母令其下凡历经酒色财气,在八仙的度脱下最终果正朝元。所以仙物假托人形,既是出于舞台表演需要又是出于剧情需要。而这些祥瑞之物也装点了庆寿筵席的场面。

第三类则是朱有燉庆赏剧中一道独特的风景线——花仙。有学者干脆称朱有燉赏花剧为"牡丹剧",就是因为这类剧作多以庆赏牡丹花为主。这些美轮美奂的花仙虽然可以归为仙物类,但她们并不如灵芝、蟠桃、灵龟、仙鹤那般具有明显的宗教祥瑞色彩,而且她们高度集中于赏花剧中,故单列一类。

---

[1] 祁彪佳:《远山堂剧品》,中国戏曲研究院编《中国古典戏曲论著集成》第6册,中国戏剧出版社1959年版,第146页。

赏花剧中的花仙有一个共同的特点就是喜欢以群像展览的方式集体亮相，譬如《赛娇容》中牡丹仙、芍药仙、梅花仙、海棠仙、玉棠仙、莲花仙、桂花仙、菊花仙、松大夫、竹君子集体登场。如此多的人物同场演绎，乃至祁彪佳怀疑"然须用狙子十五六人，场上竟不可演"。① 又如《牡丹园》里姚黄、魏紫、寿安红、素鸾、枌娥娇、鞓红、宝楼台、紫云芳、玉天仙、醉春容等十位姿容绝丽的牡丹仙集体亮相。众花仙以群像展览的方式登台，可谓群芳毕至，馥郁仙香。舞台上这些貌美如花的仙真借着仙风道骨的宗教外衣，满足了达官贵人的声色之欲，但又止于风雅而已，因此成为"赏花侑觞"的最好材料。

朱有燉善作"花"文章，不仅体现在其赏花剧中，更体现在其诗、文、词、曲的创作中。如果将这些题咏各色花卉的诗词曲文放在一起，可以发现，朱有燉赏花之作，基本涵盖四时之景。事实上这与周藩府所处的地理风物相关。《如梦录》是一部记载明代开封城池形胜，周藩故基的书。书中记载周藩府的赏花习俗：正月花赏腊梅、兰花、香蓝、水仙；二月十五，花赏碧桃、红梅、瑞香、月季、蔷薇、荼蘼、迎春、丁香、紫荆等花；四月花赏樱桃、芍药、牡丹、玫瑰、海棠、萱草、木槿；五月花赏芰菱、荷花、玉兰、榴花……②可谓月月都有花事，月月都有筵宴。据《如梦录·节令礼仪纪》记载，正旦之后，"诸王贵戚轮流治酒宴会。月无虚日，民间亦相与贺节、交拜、筵宴"。③ 在明代上至天潢贵胄，下迨乡夫村妇，赏花成为节令活动的重要组成部分。故这五部赏花剧，实则是朱有燉根据自己的实际生活而作，因此剧作中充斥着大量樽前尽欢之词，让我们也得以窥见周藩王遐时的诗酒生活。

同时，从朱有燉大量的诗词曲文中不难发现他惜花、护花，有时甚至亲自培花、植花，周藩府内四时花卉繁多，四季如春。《如梦录》记载："龙窝园内尽是木香、木樨、松、柏、月季、宝相等花，编成墙垣，茨松结成楼宇，荼蘼、木香搭就亭棚……有四时不谢之花，八节长

---

① 祁彪佳：《远山堂剧品》，中国戏曲研究院编《中国古典戏曲论著集成》第6册，中国戏剧出版社1959年版，第176页。
② 无名氏：《如梦录》，中州古籍出版社1984年版，第89—91页。
③ 同上书，第86页。

春之景。"① 可见，周藩府内名花贵木不计其数，这些生活实景也构成朱有燉赏花剧的灵感来源。

在众多花仙中朱有燉庆赏剧独尊牡丹，这不仅表现于他集中创作的四部赏花剧《牡丹仙》《牡丹园》《牡丹品》《赛娇容》都与牡丹有关，同时还应该看到朱有燉作为天潢贵胄与花中最为富贵的牡丹形成某种同构。正如其五言绝句所云："只将牡丹拟，老景亦宜人。"该诗中诗人自比牡丹。再结合中国文人自古有以香花美人譬喻君子的创作传统，以雍容、典雅的花中魁首牡丹来自拟，的确符合藩王朱有燉的审美心理。

第三，穿关考究的戏剧人物。

朱有燉作为天潢贵胄，生活优渥，其府内戏台上的人物穿关尤为考究。朱有燉庆赏剧中道家仙真的穿关主要通过两种方式表达出来。

其一是在戏曲文本中以科介的方式标识。譬如《八仙庆寿》中八仙登场，戏曲文本提示曹国舅手执笊篱；张果老手拿扇子，扇上立一小白驴；蓝采和身穿大袖绿衫，头戴纱帽，腰系黑木阔带，脚穿皂皮靴，手执长拍板，腰间系红绳穿铜钱一串；徐神翁戴巾，道袍系绦，佩一葫芦；铁拐李皂纱抹额，发后梳结，衣皂衫，挂一黑木拐；韩湘子腰系牡丹花篮，身穿青道袍，头梳双髻子，手拿渔鼓简子引虎鹤打渔鼓。该剧不厌其烦地详细交代八仙的衣冠、随身砌末甚至身边伴随的仙物，可见朱有燉非常重视人物穿关的舞台效果。

其二是在戏曲人物唱词中描述出来。譬如《仙官庆会》中钟馗自描自画道："将我这黑幞头重拴了红抹额，黄金带高拽起绿罗裳，佛绰了钢髯尘土，消释了铁面冰霜，整顿了乌靴象简，安排了紫绶银章。"通过戏曲人物之口将人物穿关描述出来，使人物穿关也成为重要的欣赏对象，亦说明这类剧作对人物穿关的考究。

就功能来看，其庆赏剧中人物穿关功能有二：一则是标识人物特殊的身份，譬如上文所述的情态各异的八仙和身份特殊的钟馗；二则营造氛围。中国戏曲舞台由于具有高度的抽象化特点，众多场面无法通过实景呈现，需用人物的穿关和砌末来暗示。譬如《得驺虞》中青衣、红衣、白衣、黑衣、黄衣五人队依次上场。他们代表围场不同方位的校军，其

---

① 无名氏：《如梦录》，中州古籍出版社1984年版，第11页。

衣服颜色、军旗标志、所占方位无不应和道教五行学说。兹举一例："【醋葫芦】这一队向东山增气势，春蒐的将士齐。您在这甲乙方，居震位，御勾芒，司太昊，……上应着角木蛟，斗木獬，奎木狼，巾木犴，四星宿向东方无对敌"。五行说中将金、木、水、火、土五种自然元素对应五种方位、五位星宿、五种色彩……朱有燉在这一场景中用身着不同颜色的五人队勾勒出千军万马的围猎现场。

朱有燉庆赏剧中人物穿关首先具有程式化特点。譬如在多部剧作中出现的八仙随身所带砌末构成八仙人物身份的标志。同时其庆赏剧中多次出现的西王母身边总有捧蟠桃而上的仙女，这样的人物出场也构成了人物身份的标识。其次具有拟物化特点。由于其庆赏剧中出现了很多道家仙物，为了演绎它们必须运用相应的穿关。譬如《十长生》里十种长生之物分别捧松、柏、竹、山、鹊、云、龟等上场。此十种长生不老之物都是自然界之动物、植物和自然物，在赋予它们人身的同时，亦通过砌末来点明身份。最后具有奇幻化的特点。这一点不是通过人物衣冠而是通过砌末体现。在《海棠仙》中海棠仙向老员外提出种种至宝作为聘礼，不料南极星真的拿出宝物彩礼，其中包括龙须布、虾须帘、夜明珠、温凉盏、鲛绡帐、琥珀枕、鸾胶凤髓、宝鸭金炉、玻璃玛瑙等。剧本提示神媒领宝物上，可见当舞台上出现诸多宝物时，该是一派多么奇幻的场景啊！

值得一提的是，为了营造舞台效果，朱有燉有可能使用烟火表演。譬如《仙官庆会》中钟馗捉鬼的场面，"【得胜令】寻不见怎干休，恼的自怒气胜如彪，将这火四队驱傩将，好教他千般不自由"。烟火的使用增加了舞台玄幻的色彩。总之，朱有燉庆赏剧中充盈着大量道家仙真，他们身披绚烂的戏衣，在制作精美的砌末配合下，营造出美轮美奂的戏剧情境。

（二）仪式与娱乐：朱有燉庆赏剧的艺术功能

庆赏剧是明代一类特殊剧作，其产生与发展离不开明代宫廷礼乐文化。张廷玉在《明史》中记载："明太祖初定天下，他务未遑，首开礼、乐二局。"[①] 明代藩王配享家乐，沈德符在《万历野获编》记载：

---

① 张廷玉等：《明史》卷四七《礼志一》，中华书局1974年版，第1223页。

第六章 佛道文化视野下明代藩王曲家及其剧作研究

"无论两京教坊为祖宗所设,即藩邸分封,必设一乐院,亦供宥食享庙之用。"① 可见明廷对礼乐之重视。朱有燉作为皇室宗亲,其府内搬演杂剧实则是明代宫廷戏剧的延伸,具有仪式性与娱乐化特点。② 就仪式性而言,其庆赏剧叙事简单,部分剧作以道教度脱剧为框架;在搬演时间上受到花事与藩王生辰的限定;在功能上以庆寿与赏花为主,同时傩戏的运用符合新年驱鬼纳福的民俗心理;在表演的空间上体现出内廷礼乐文化的典范与规仪;就娱乐性而言,其庆赏剧形式上注重歌舞戏,除了革新演唱体制外亦摄入道教音乐,舞蹈形式多样化的同时亦注重从道教文化中汲取艺术灵感;在审美品格上,其庆赏剧在汲取道教智慧的同时呈现出雅与逸、俗与闹的艺术特点。

第一,朱有燉庆赏剧仪式性特点

就仪式性而言,作为宫廷礼乐文化的重要组成部分,朱有燉12部庆赏剧的仪式性具体表现在以下四个方面:

首先,叙事简单化。譬如《得驺虞》以钧州大留山村民乔三遇神兽驺虞为契机,引出村民报官,州官排兵布阵,只待捕获瑞兽。村民献果,果盘中陡现小青龙,驺虞遂现身,自动入笼。藩府大开筵席,犒赏村民。作为主角驺虞虽由人扮演,但无法开口说话。捕获驺虞的人实际上是藩王朱橚,由于明代戏曲舞台上禁止皇帝、后妃、王族的登场,所以整部剧作通过村民、探子、小校等旁人之口反复表现瑞兽出现的场面。故吴梅评说:"亦内廷吉祥剧,事实原无足深论"③,即是对庆赏剧程式化叙事的评价。

同时,其庆赏剧中存在道教度脱剧的叙事模式。譬如《十长生》题目为《中岳神延祝千岁寿》,正名为《东华仙三度十长生》,可见该剧既是庆寿剧又是度脱剧;又《神仙会》写吕洞宾度脱蟠桃仙子,剧中八仙集体亮相,参与度脱,剧末八仙依次献寿,可见该剧也是度脱与庆赏相结合的叙事模式;《海棠仙》全名为《南极星度脱海棠仙》,该剧实为朱有燉府内之移植海棠而作,所以是假托神仙度脱而作的赏花

---

① 沈德符:《万历野获编》卷一,中华书局1959年版,第17页。
② 参见李真瑜《明代宫廷戏剧史》,紫禁城出版社2010年版,第26页。
③ 吴梅:《瞿安读曲记》,《吴梅戏曲论文集》,中国戏剧出版社1983年版,第406页。

剧。三剧中度脱方法或是仙真通过讲演妙道或是亮明身份让被度者自然醒悟，因此度脱并不是剧情肯綮，而是叙事框架而已。

其次，搬演的时节性。从戏剧搬演的时间来看，其庆赏剧的搬演需要配合特定的时节——花事与生辰。譬如朱有燉五部赏花剧皆与花事相关。《如梦录》记载周藩府赏花习俗，而赏花需要配合时令节气。作为周藩府赏花活动中的重要组成部分，搬演赏花剧自然需要配合时令气节，可见赏花习俗赋予了这类剧作时间上的规定性。

而庆寿剧则更需要配合藩王寿诞。关于庆寿剧的仪式性，朱有燉认为："庆寿之词，于酒席中，伶人多以神仙传奇为寿。然甚有不宜用者"，其原因在于"其中，未必言词尽皆善也。故予制《蟠桃会》《八仙庆寿》传奇，以为庆寿佐樽之设，亦古人祝寿之意耳"。① 可见朱有燉认识到言词皆善，为佐樽之设，寄祝寿之意，这三点构成了庆寿剧内在的规定性和仪式性。因此无论是赏花剧还是庆寿剧，都受到具体的时令和节日的制约而呈现出仪式化的表演形态，而这种表演的仪式性与道教文化有着深刻的联系。②

再次，功能的仪式化。从题材上来看，朱有燉庆赏剧的功能主要集中于庆寿和赏花两类上。值得注意的是《仙官庆会》写福、禄、寿三星受命下凡，为人间增福延寿，于是要求钟馗驱鬼，三星遂降福下方，宣教太平。该剧题目为《贺新年神将驱傩》，可见该剧是为庆贺新年之作。史料记载，过年张贴钟馗像是明代节令礼仪，该剧在新年上演，同时自然穿引驱傩情节，使剧作切合过年驱傩习俗，其仪式化色彩不言而喻。

最后，空间的限定性。就戏剧上演的场合来看，朱有燉的庆赏剧多在藩府内上演，作为内廷礼乐文化的延伸，周藩王所作庆赏剧亦深合内廷庆赏剧之体也。同时史料记载周藩王曾向朝廷献剧，其家乐亦弹唱官戏。"周府旧有敕拨御乐……女乐亦弹唱官戏。宫中有席，女乐伺候；朝殿有席，指扮杂记、吹弹、七奏，不敢做戏。"③ 朱有燉家乐享有盛

---

① 朱有燉：《〈八仙庆寿〉自引》，蔡毅编著《中国古典戏曲序跋汇编》，齐鲁书社1989年版，第820页。
② 参见倪彩霞《道教仪式与戏剧表演形态研究》，广东高等教育出版社2005年版。
③ 无名氏：《如梦录》，中州古籍出版社1984年版，第88页。

名，不仅在内廷出演官戏，而且极有可能在内廷表演周藩王进献的庆赏剧。这些都决定了其庆赏剧必须符合宫廷乐文化的典范和规仪。

第二，朱有燉庆赏剧娱乐化特点。

朱有燉庆赏剧是为佐樽之设，因而体现出强烈的娱乐性，这种娱乐性可以从戏剧形式和审美形态两个方面来理解。

就戏剧形式而言，朱有燉庆赏剧中安排了大量的歌舞戏，轻歌曼舞的场面充分满足达官贵族的声色之娱。元代北杂剧严格遵循一人独唱的演唱体制，可是朱有燉曲作改变这一传统，积极吸收借鉴南曲演唱形式，推动了北杂剧体制的革新。就演唱的人物而言，其庆赏剧不再仅仅局限于旦或末一人，凡是场上人物，副末、冲末、净、各色旦角……根据剧情基本都可以唱。就演唱形式而言，可以是一人独唱、二人合唱、二人对唱、多人接唱、一人唱众人和等。就演唱体制而言，既有一个宫调套数由一人主唱，又有一个宫调套数由多人演唱完成，譬如《灵芝庆寿》中【双调】套数，末唱前三曲，五芝仙唱【沽美酒】等三曲，玉芝仙独唱【川拨棹】等四曲。在大力借鉴南曲演唱方式的同时，朱有燉甚至在《神仙会》中将南曲套数混入北曲中，造成北曲南化之滥觞。朱有燉在庆赏剧中革新演唱体制，"使其他角色也有表演的机会，其动人听闻的效果自然很大"。①

除了在演唱的形式上大力革新外，在音乐元素上，朱有燉庆赏剧也摄入不少道教音乐。譬如《蟠桃会》第三折四仙童四仙女唱舞【青天歌】八只曲子，现录部分曲子：

【青天歌】真仙聚会瑶池上，仙乐和鸣鸾凤降。鸾凤双飞下紫霞，仙鹤共舞仙童唱。

【幺】仙童唱歌歌太平，尝得蟠桃寿万龄。瑞霭祥光满天地，群仙会里论长生。……②

这八只曲子采取七言诗体形式，前曲末句和下一曲首句暗含相同的字词，形成一种回环有趣的格式。相传《青天歌》出自丘处机，其前

---

① 曾永义：《明杂剧概论》，学海出版社1979年版，第177页。
② 朱有燉：《蟠桃会》，吴梅辑《奢摩他室曲丛》第2集，商务印书馆1928年影印本，版内第6—7页。

四句也是这种回环格式。朱有燉偏爱此曲，在《八仙庆寿》第四折让四仙童四仙女又搬演此曲，可见该曲可以脱离剧情而独立存在，进一步说明其庆赏剧表演上的程式性。

对庆赏剧演唱体制的革新必然引起其他表演形式的变化。朱有燉庆赏剧最显著的特点在于剧中设有大量舞蹈场面。从舞蹈表演人数上来讲，其庆赏剧中有双人舞、五人舞、八人舞，最引人注目的是动辄十人的群舞，譬如《牡丹园》里的十牡丹仙队子起舞。从舞蹈表演成分上来讲，其庆赏剧中演员常常亦歌且舞，譬如《牡丹仙》第四折九花仙唱舞转调青山口、清江引。从舞蹈表演的程式化来看，其庆赏剧中既有让演员临场发挥的舞蹈。譬如《十长生》第二折十长生各献寿歌舞一回，此处并没有标明如何舞，应是由演员自由发挥；又有程式化的舞蹈。譬如《十长生》第四折四人舞鹧鸪科；《得驺虞》第四折百兽率舞队子同驺虞队子上，舞一折；《牡丹品》第四折，九花仙跳九般花队子；《赛娇容》第三折众花仙歌舞十七换头一折，第四折，七花仙唱舞天魔队曲一折……这些庆赏剧涉及大量舞蹈名称，显然是已经定型的舞蹈。其中最有名的当属天魔舞。文献记载，该舞蹈源自元宫廷，"以宫女三圣奴、妙乐奴、文殊奴等一十六人按舞，名为十六天魔……所奏乐用龙笛、头管、小鼓、筝、篆、琵琶、笙、胡琴、响板、拍板"。[1] 可见此曲原为佛曲，舞蹈亦为礼佛而设，但舞者装扮冶艳，音乐繁复，排场热闹，尤其受到皇宫贵族的喜爱。朱有燉不止一次地在诗中提到该舞，譬如《元宫词》中就有五首："十六天魔按舞时，宝妆缨络斗腰肢。""背番莲掌舞天魔，二人娇娃赛月娥。""队里惟夸三圣奴，清歌妙舞世间无。""按舞婵娟十六人，内园乐部每承恩。""月夜西宫听按筝，文殊指拨太分明。"[2]《元史》记载："时帝（元顺帝）怠于政事，荒于游宴"[3]，沉迷此舞。可见该舞已经褪去佛教音乐和舞蹈的宗教性，而成为宫廷宴游的佐兴之物。诚如曾永义所言这些歌舞戏"羽衣仙袂，丽容华颜，载歌载舞，于酒筵花前，最是赏心悦目"。[4]

---

[1] 宋濂：《元史》，中华书局1976年版，第918—919页。
[2] 傅乐淑：《元宫词百章笺注》，书目文献出版社1995年版，第30、31、59、61、67页。
[3] 宋濂：《元史》，中华书局1976年版，第918页。
[4] 曾永义：《明杂剧概论》，学海出版社1979年版，第174页。

第六章　佛道文化视野下明代藩王曲家及其剧作研究　189

在这些舞蹈动作中，同样有道教文化的烙印。首先表现在人物上场方式上。譬如《蟠桃会》《八仙庆寿》中四毛女打渔鼓简子上场，《神仙会》中末打渔鼓简板引八仙上场。渔鼓简子本是道情的伴奏，而道情是道徒用以化斋和宣教用的艺术形式。这些剧作中道家人物打渔鼓简子上场，或念诗或唱曲，不仅丰富了人物的肢体语言更使人物的舞台表演具有道风。

其次，其庆赏剧中人物动作的设计很多来自道教仪式。譬如《仙官庆会》第三折钟馗捉鬼时的细节动作，"【甜水令】我这里用手拖来，将脚蹉定，谁能搭救？……这一个权作胡床。"① 舞台提示科介为"末坐着唱""末蹉着唱""末双手捉鬼眼科"；还有虚耗小鬼被缚后"众队逐鬼场内转一遭打散下"等舞台动作显然与道教中特别是擅长斋醮科仪的正一教不无关系。

值得关注的是，朱有燉善作庆赏剧，且在庆赏剧中尽享歌舞之娱，不仅与宫廷王府的筵宴文化有关，也与所处的地理风物有关。据《如梦录》前言记载，当时汴中各王府、乡绅拥有"大梨园七八十班，小吹打二三十班"，同时明代开封为教坊乐伎汇集的重镇，在城内有富乐院，在街道有清唱局，在庙会上搭台唱戏的流动艺人。明代开封成为"中原弦索"的"檀坫"和北方"软舞"的中心②，在这种氛围中歌舞伎相互竞艺，不断提升歌舞水平又进一步刺激了包括藩王在内的观众对歌舞戏的需求。

就审美品格而言，朱有燉庆赏剧表现出雅与逸、俗与闹的复调审美特性。就前者而言，其庆赏剧在题材上引入文人雅事，譬如《牡丹仙》以欧阳修撰写《洛阳牡丹记》为故事底本敷演成剧。吴梅赞之"剧词妍雅饱满，自是盛世元音"③；在体裁上，朱有燉庆赏剧将诗词入曲，笔调极尽妍媸。譬如《海棠仙》第二折南极星以一首【鹧鸪天】词赞海棠仙。"雾鬓云鬟玉雪肌，眼波眉黛六铢衣。海棠颜色江梅韵，花里

---

① 朱有燉：《仙官庆会》，吴梅辑《奢摩他室曲丛》第 2 集，商务印书馆 1928 年影印本，版内第 6—7 页。
② 无名氏：《如梦录》，中州古籍出版社 1984 年版，第 3 页。
③ 吴梅：《瞿安读曲记》，《吴梅戏曲论文集》，中国戏剧出版社 1983 年版，第 411 页。

神仙品藻宜……"① 事实上，朱有燉有多首吟咏海棠诗词，这一笔法符合文人创作习惯；在表演上，朱有燉庆赏剧也呈现出明显的文人审美倾向。譬如《牡丹品》里笛箫旦吹箫吹笛各一折，琵琶旦弹琵琶一折。笛、箫、琵琶成为独立表演片段，体现出该剧在音乐审美上的雅化色彩；又《牡丹园》中剧作花费大量笔墨表现各牡丹仙子在琴、棋、书、画上的造诣，尽得诗人之趣也。

在表现文人雅趣的同时，剧作常借仙真之口摹写紫府洞天的美妙，表现出超凡脱俗的审美品格。譬如《灵芝庆寿》首折中神将唱道："【混江龙】遥望着蓬莱仙洞，五云楼阁日华东。晴霞百缕，瑞霭千重，目睹山河尘世内，身居霄汉玉壶中……"②

值得注意的是，朱有燉的庆赏剧并不是一味地典雅富丽，为了让剧作擅场，朱有燉常常在剧中点撒滑稽调笑的成分，使剧作呈现出俗与闹的特点。就剧作文本而言，朱有燉庆赏剧善用院本来调节气氛，譬如《吕洞宾花月神仙会》中即有"长寿仙献香添寿"院本③；就戏曲人物而言，一方面其庆赏剧中以俗人作为滑稽调笑的对象，譬如《得驺虞》中，吃了酒的村妇伴姑向里长保证自己会如"金瓶注酒""深涧鸣泉"般流利地在官府面前道出驺虞之事，结果到知州面前她却慌神了。再问她："你那金瓶注酒那去了？"她道："这两日秋热，把酒都酸了。""你那深涧鸣泉那去了？"她道："这两日秋旱，把泉眼干了。"其语言和情态令人绝倒。然而这种逗乐并不粗俗，伊维德指出："农妇伴姑被写成又愚蠢又丑又爱喝酒的女人，其夫乔三则是一个规矩的、行为有修养的农民"，"朱有燉很有技巧地把两个方面进行了调和：传统的赞颂被粗俗的幽默所抵消，理想画面为一些现实主义的笔触所淡化。"④ 可见俗而不鄙，中正雅和仍是朱有燉庆赏剧追求的审美效果。另一方面，朱有燉庆赏剧中的道教人物亦承担起诨戏表演，譬如《蟠桃会》第二折

---

① 朱有燉：《海棠仙》，王季烈校《孤本元明杂剧》第 2 册，中国戏剧出版社 1957 年版，版内第 3 页。
② 朱有燉：《灵芝庆寿》，王季烈校《孤本元明杂剧》第 2 册，中国戏剧出版社 1957 年版，版内第 2 页。
③ 参见赵晓红《从朱有墩杂剧看明初皇家戏剧的舞台艺术》，《戏剧艺术》2004 年第 4 期。
④ [荷] 伊维德：《朱有燉的杂剧》，张慧英译，北京大学出版社 2009 年版，第 58 页。

"又以东方朔偷桃为仙女侦察，略涉诙谐，亦复蕴藉。"① 就舞台效果而言，朱有燉庆赏剧特别重视冷热场调剂，譬如《仙官庆会》中化入道教科仪中驱鬼之仪式，"驱鬼排场至为热闹，四鬼、十六傩神，钟馗、神荼、郁垒，齐集献艺，其舞态动作，定多奇趣"。② 就音乐元素而言，朱有燉庆赏剧一方面注意摄入民间音乐，譬如《八仙庆寿》中小儿唱街市歌，《赛娇容》中梅香唱采茶歌，《海棠仙》第二折众梅香唱采茶歌，遍咏十二月名花，这些音乐多来自民间，唱词平易朴实，带有很强的民俗色彩；另一方面其庆赏剧对道教俗曲亦多有点染，譬如《八仙庆寿》中蓝采和以"踏踏歌"亮相，构成其人物身份的特殊标识。

（三）儒身与道衣：朱有燉庆赏剧的思想意蕴

朱有燉庆赏剧上表忠心，下赞民情，以曲宣教的儒治思想是主色调；与此同时，他又不得不假托神仙，借以养晦自全。其庆赏剧在空间维度上建构美好的仙国圣地，表达对永享天庭的向往，在时间维度上表现出对永生的渴望，因此剧作中充溢着大量修真保全之术。

第一，朱有燉剧作以儒立身的思想。

朱有燉身份特殊，作为一方名藩，其庆赏剧体现出天潢贵胄的雍熙之象。作为一名王臣，其庆赏剧同样体现出匡补教化的儒家思想。这首先体现在曲体意识上。

相较于诗词而言，曲一直被视为末技小道，不为台阁高士所正视。然而朱有燉一生创作钟情于曲，他认为："郑卫之声，乃其立意不正，声句淫泆，非其体格音响，比之雅颂有不同也。……体格虽与古之不同，其若可兴、可观、可群、可怨，其言志之述，未尝不同也。"③ 朱有燉高度肯定曲之地位与诗无异，同样具有兴观群怨的审美意义和社会意义。因此他感叹道："古诗亦曲也，今曲亦诗也，但不流于秾丽淫伤之意，又何损于诗曲之道哉！"朱有燉一生创作31部杂剧，其中12部庆赏剧充溢着羽衣仙袂、香花美人，然其辞不涉淫丽，妍雅饱满，自是盛世元音。从其庆赏剧的曲辞格调来看，朱有燉努力追求"雅正"之

---

① 吴梅：《瞿安读曲记》，《吴梅戏曲论文集》，中国戏剧出版社1983年版，第416页。
② 同上书，第407页。
③ 朱有燉：【北正宫·白鹤子】《咏秋景有引》，谢伯阳编《全明散曲》，齐鲁书社1993年版，第277页。

音，这正体现出以曲言教的正统意识。

虽其庆赏剧为庆贺佐樽之设，但在剧情中仍能看到这种匡补教化的儒家思想。譬如《仙官庆会》中，朱有燉借钟馗之口道出他对妖鬼之说的理解，"似那正人君子，忠孝节义之家，皆属阳类，岂得妖与鬼来，妖鬼氛殄之气，自不敢侵近他。又似那恶人小辈，不忠不孝，无礼无义之家，阳类倒变为阴类了。故有氛殄妖鬼之气"。朱有燉将阴阳屈伸之理与忠孝贤愚之说相结合，借玄理阐儒说的题旨昭然若揭。

如果说这种匡教意识源自文人的自觉，那么其庆赏剧中随处可见的表忠之辞则源自王臣的身份。譬如《得驺虞》《灵芝庆寿》这两部据实而作的庆赏剧，都是因国现祥瑞而作。史料记载，朱有燉的父亲朱橚于1404年捕获驺虞，并将之献给皇上朱棣。朱有燉据此于1408年创作《得驺虞》，剧中藩府典乐官道："前者钧州神后山中驺虞出现。鹤驾请临。王子护卫，亦皆随侍。"剧中不止一处提道：祯祥实非为藩府而现，"今便进献于朝，以尽忠诚之心，为臣子之职也"。可见朱有燉创作该剧意在向圣朝表臣子之忠心。又《灵芝庆寿》一剧朱有燉在引言中道："乃今正统四年春二月，有灵芝生于王宫中……因作传奇一帙，载歌载咏，以答荷社稷河嵩之恩眷，以庆喜盛世明时之嘉祯，以增延全阳老人之福寿耳。"① 由是观之，该剧一为皇廷庆喜祥瑞，二祝为己添福延寿。

朱有燉庆赏剧中的儒治思想还体现在关注现世，讴歌农桑。譬如《得驺虞》中四位钧州百姓上场念诗道："五谷收成雨露匀，万民乐业感皇恩。一川夏麦翻晴浪，十顷秋禾拥绿云。黄米酒，带蛆浑，东邻西舍醉醺醺。太平百姓无余事，饮尽田家老瓦盆。"用盛世太平的百姓口吻表达了对皇天后土的敬爱和感激。其庆赏剧中拟作百姓口吻的笔调很多，在形式上则体现为鼓腹讴歌的歌舞队子。譬如《灵芝庆寿》中"【鼓腹讴】日出而作理家缘，快活。（众和快活）日入而息安枕眠，快活。"其下又用【阿忽令】四支曲子歌颂四季农务，表现百姓鼓腹而歌的和乐场面既是对盛世太平的讴歌也是对皇廷统治的奉谀。其中也不乏一些辞情恳切之语，譬如《得驺虞》中，"【赚煞】云：也不愿高官重

---

① 蔡毅编著：《中国古典戏曲序跋汇编》，齐鲁书社1989年版，第844页。

爵，也不愿精银响钞，只愿得将俺一方民庶免差徭。"吴梅评道："深得盛世良民情状。"①

朱有燉虽然贵为皇族，富甲一方，但他对农桑有特殊情感。其《元宫词》第十五首载："殿旁种得青青豆，要识民生稼穑难。"② 这种体恤民生的意识还体现在《蚕妇行》《咏田家》等诗歌中，其中甚至可以看到朱有燉躬耕劳作的景象。"旋挑河水灌园瓜，更种几般常用菜，要识农家。"③ 朱有燉庆赏剧上表忠心，下赞民情，其以曲宣教的儒治思想是主要思想特征。

史称朱有燉勤学好古，留心翰墨，著述宏富。此外，他精通书法，造诣颇深。然而特殊的身份决定了他虽然怀有治世之心，但却不能真正治世。《如梦录》记载统治者为了去除周藩王气，拆毁周藩府形制。"毁银安殿所以去龙心，拆唱更楼所以去龙眼，定四角石所以制龙爪，推土做台所以尅，使龙不能飞腾。东华门不许开，谓之文官闭口；拆尊义门楼，谓之武将去头。"④ 透过这些细节不难发现，尽管朱有燉享尽富贵，但却生活在高压监控之中，于是寄情声色不失为一种全身远祸的策略，而道家文化成为粉饰其治世用心的最好外衣。

第二，朱有燉剧作"用玄作衣"的思想。

吴梅在《蟠桃会·跋》里道："王亦喜作游仙语，盖身既富贵，所冀者惟长生耳。"⑤ 希冀长生构成了朱有燉庆赏剧的最大诉求，这表现在以下三个方面。

首先，其庆赏剧在空间的维度上建构美好的仙国圣地，表达对永享天庭的向往。譬如在《蟠桃会》和《仙官庆会》等多部剧作中对瑶池仙境进行摹写。"【幺】调玉液琼浆饮。把霞绡雾縠穿。餐两瓯玉露青精膳。诵几篇玉简黄庭卷。写一章玉筋丹书篆。似俺这光辉凤羽导仙旛。抵多少云移雉尾开宫扇。"只有证道成仙的人才能赴瑶池之会，朱

---

① 吴梅：《瞿安读曲记》，《吴梅戏曲论文集》，中国戏剧出版社1983年版，第407页。
② 朱有燉：《元宫词》，傅乐淑《元宫词百章笺注》，书目文献出版社1995年版，第21页。
③ 朱有燉：《前调·自述》，饶宗颐、张璋纂《全明词》，中华书局2004年版，第237页。
④ 无名氏：《如梦录》，中州古籍出版社1984年版，第7—8页。
⑤ 蔡毅编著：《中国古典戏曲序跋汇编》，齐鲁书社1989年版，第851页。

有燉越是极力摹写瑶池之美，越是表明他希求长生的强烈心理。

除了以美轮美奂的笔触发出对紫府仙苑的无限遐想之外，朱有燉庆赏剧中还以自家庭院为表现对象，大有把藩府当紫府之势，表现出朱有燉藩王的神仙生活。朱有燉的父亲朱橚与朱棣同出一母，可谓至亲。所以当朱棣登基后立即恢复了朱橚的王位和藩地，而且对朱有燉亲厚有加，朱有燉的藩府也格外富贵。《如梦录》曾记载周藩府内的胜景，"内设茉莉等花百盆，对过高架飞桥，下有莲池，池内有采莲龙舟。四面俱是菡萏、芰菱、水红、菖蒲、赤绿芬芳、金鱼跃浪、锦鸳戏波、鸥鸭浮沉，水鸟飞鸣"。① 在如此雕栏画栋的府苑之内赏花庆寿，怎能没有仙真相贺呢？所以在很多赏花剧中可以看到众仙对藩府胜景的赞美。譬如《牡丹园》中十位牡丹仙"荷主人会栽培，滋养的树丰肥，保护的不折亏，能接换善分移"。"谢天仙赐予多娇媚，生长在名园大国，增美艳向三春，永合懽乐千年纪。"朱有燉模拟牡丹仙的口吻来表现自己府苑内花团锦簇的富贵生涯。他还在《蟠桃会》中化身藩府司殿之臣恭迎众仙，众天真大赞中州好形势，齐唱"保山河守藩千万纪"。

其次，在时间的维度上，其庆赏剧表达对永生的渴望。朱有燉12部杂剧庆赏剧可分为庆寿与赏花两类。就庆寿剧而言，有《得驺虞》《灵芝庆寿》《蟠桃会》《八仙庆寿》《仙官庆会》《十长生》《神仙会》七部，其中前两部为庆贺国现祯祥，是为国祚祈求万年寿；后五部为庆贺藩王寿诞，是为藩王祈求千秋岁。朱有燉在自己生辰作剧庆贺成为传统。譬如《蟠桃会》引中所述："自昔以来，人遇诞生之日，多有以词曲庆贺者。筵会之中，以效祝寿之忱。今年值初予度，偶记旧日所制【南吕宫】一曲，因续成传奇一本，付之歌。惟以资宴乐之嘉庆耳。"该剧以朱有燉旧曲为底本，敷演成剧，只为被之弦歌，以祝寿辰。

就赏花剧而言，朱有燉作有《牡丹品》《牡丹会》《牡丹园》《赛娇容》《海棠仙》五部剧作，这类赏花剧多取材于朱有燉奉藩遐时置酒赏花的活动。而在赏花剧的结尾不是花仙移种瑶池，位列仙班，就是西金母赐仙桃，增福延寿。可见其庆赏剧中众仙真不是为国延寿就是为

---

① 无名氏：《如梦录》，中州古籍出版社1984年版，第11页。

增福，再就是祈愿永享长生。一个"寿"字贯穿了 12 部庆赏剧的主题，在这个寿字背后可见朱有燉对长生久视的渴望。

最后，其庆赏剧大谈延年永寿之术。朱有燉在《神仙会》引言中道："予以为长生久视，延年永寿之术，莫踰于神仙之道。"① 朱有燉笃信神仙之术，在其庆赏剧中常常借仙真之口大谈修真妙道的玄机。譬如《蟠桃会》里东华木公道："凭修炼以延生者，在乎惜养精神气神之道也。炼精以养气，炼气以全神，炼神而永寿。"除了内丹术之外，朱有燉也颇懂红铅白汞之术，降龙伏虎之法。其庆赏剧几乎成了一本神奇秘本，史宝安在《十长生》序言道："所诠取坎填离，抽铅添汞，金公木母，黄婆媒介，允符玄旨，深合道妙，直可奉为仙经浅说，甚未可以剧学小道目之也。"②

朱有燉浸淫玄教，但道教并未真正地与其灵魂发生化合作用，他也并没有走上证道成仙之路。在其庆赏剧中道教人物和故事化成一道美丽的风景，不过装点了其富贵闲适的生活而已。

第四节 《元宫词》作者考辨献疑

学界对《元宫词》作者的讨论由来已久，其观点大抵有三：朱有燉作；朱橚作；朱睦㮮作。由于《元宫词》序题于永乐四年（1406 年），而《明史》记载朱睦㮮死于嘉靖十七年（1538 年），从时间上看朱睦㮮作《元宫词》可能性很小，因此讨论的焦点就落在朱橚与其子朱有燉身上。早在明代中后期，何乔远在《千顷堂书目》里就认定《元宫词》为定王朱橚作。由于何乔远是离《元宫词》所出时间最近者，故他的观点极有说服力，清代黄虞稷、张廷玉皆采此说。而明末清初大家钱谦益在《列朝诗集》乾集"周宪王"条目下认定《元宫词》乃宪王朱有燉作。另一位学术大家朱彝尊在《明诗综》《静志居诗话》中认定《元宫词》作者为朱橚，又在《日下旧闻》中析出若干《元宫词》诗注明出处为朱有燉的《诚斋新录》。朱彝尊对《元宫词》莫衷一

---

① 蔡毅编著：《中国古典戏曲序跋汇编》，齐鲁书社 1989 年版，第 843 页。
② 同上书，第 828 页。

是的态度同样发生在《四库全书》中。《四库全书总目提要》推测《元宫词》为朱橚作,亦在《四库全书·子部·政书类·通志之属·钦定续文献通考》卷一百九十六中肯定了这一点。但《四库全书·子部·类书类·御定渊鉴类函》卷三百四十一和《四库全书·子部·政书类·通志之属·钦定续文献通考》卷一百十九又提出《元宫词》乃朱有燉作。到清末嘉庆年间张海鹏在《借月山房汇钞》中肯定《元宫词》为朱有燉作。可见,关于《元宫词》作者的讨论在明清两代经历着从朱橚到朱有燉的转移。其中朱彝尊和纪昀等《四库全书》编撰者前后矛盾的说法增加了《元宫词》作者考订的难度。20世纪以来,对《元宫词》作者的讨论增多,争论焦点仍集中在朱橚和朱有燉身上。刘祯、王福利、黄凌云等学者主朱橚说①;傅乐淑、张春国等主朱有燉说②。其间傅乐淑从五方面考订《元宫词》为朱有燉作,成为后来学者立论的重要参照,因此有必要据此展开进一步讨论。

一 关于《元宫词》作者考辨的五点依据

第一,就朱有燉创作习惯而言,傅乐淑云:"周宪王作诗,十分贪多,有一咏百首的瘾。"结合朱有燉作有《诚斋牡丹百咏》《诚斋梅花百咏》《诚斋玉堂春百咏》,因此傅乐淑认定《元宫词》百章符合宪王创作习惯。

主朱有燉说者多从此说,但主朱橚说者立即提出驳论。反驳的声音主要来自两个方面:一则认为题咏百首的习惯非朱有燉独擅,明初诗坛特别是宗藩诗作中,百咏之作不在少数。黄凌云指出:"如唐成王朱弥钳'咏梅'一韵至百首;镇平王朱有燎《植花百咏》;宁献王孙朱奠培《拟古诗二百篇》。"因此"百咏"的诗作习惯或与时代风气有关,而非宪王独擅。二则认为宪王诗作庞杂,不能以三部百咏之作就断定其有百

---

① 参见刘祯《〈元宫词百首〉的作者》,《中国文学研究》1986年第2期;王福利《〈元宫词百章〉作者考辨》,《河池学院学报》2007年第3期;黄凌云、汪如润《〈元宫词〉非朱有燉所作考辨》,《文献》2009年第2期。文中凡引以上学者的观点和论文均出于此,不再另注。

② 参见傅乐淑《元宫词百章笺注》,书目文献出版社1995年版;张春国《元宫词百章作者考辨》,《艺术百家》2006年第2期。文中凡引以上学者的观点和论文均出于此,不再另注。

第六章　佛道文化视野下明代藩王曲家及其剧作研究　197

咏之癖。如王福利说："如《诚斋录》有诗三卷,《诚斋新录》也选诗颇多,并非动辄百咏可知。"

傅乐淑从宪王创作习惯入手的思路非常具有启发意义,然而"百咏之瘾"难以坐实,因此很容易被驳倒。但从另外一方面看,即便很容易证实百咏之作非朱有燉独擅,但也缺乏必要的佐证材料证明此乃朱橚的创作习惯。宪王或许非有百咏之癖,但不能忽略傅乐淑在这一点上给予的启发意义。事实上,由于朱有燉遗留了大量诗文曲作,因此可以从其创作个性入手,探讨《元宫词》与他的关系。囿于论文结构,关于这一点详见后文。

第二,从《元宫词》所表现出的艺术成就而言,傅乐淑云:"这一百章宫词是不甚成熟之作,口气有时稚气,如定王作,口吻当不同。这也符合周宪王的年岁,不满三十。"《元宫词》序题于永乐四年即1406年,那么朱橚(1361—1425年)在46岁完成此书,或者朱有燉(1379—1439年)在28岁时完成此书。从此说者认为《元宫词》乃朱有燉早年诗作。如同朱有燉的戏曲创作一样,其第一部杂剧《辰勾月》创作于永乐二年(1404年),那时他才26岁,朱有燉至中晚年才迎来杂剧创作高峰。这样的创作规律同样体现于其诗文创作中。28岁的朱有燉写就《元宫词》。而在宣德年间,即他晚年才迎来诗作高峰期,并刊刻《诚斋集》符合其创作规律。此说有一个疑点在于《诚斋录》和《诚斋新录》中明确标识写作时间的诗作并不多,因此难以断定青年时期的朱有燉诗文创作数量并依此评判其诗文水平。

由于傅乐淑并没有具体指出哪些诗作显得稚气,仅凭个人艺术标准断定《元宫词》出于青年时期的朱有燉缺乏实证。否定者则认为朱有燉是一位早熟的诗人,其早年离国之作显示出成熟的诗技,因此《元宫词》艺术水准不高的看法有失公允。黄凌云等认为《元宫词》序云:"余诗百篇,则能见之矣!遗之后人,以广多闻焉"的说法更似一位长者口吻,而不似二十多岁青年口吻。关于这一点可从另一角度来思考。明初宗藩多有建树,譬如朱权著述宏富,"经子、九流、星历、医卜、黄冶诸术皆具"[①],其在戏曲、医学、琴谱方面的贡献

---

① 钱谦益:《列朝诗集小传》乾集上,古典文学出版社1957年版,第7页。

令人瞩目。朱有燉倾其一生创作了大量的曲作，他在【北正宫白鹤子】《咏秋景有引》中道："乃叹古诗亦曲也，今曲亦诗也。""体格虽与古之不同，其若可兴、可观、可群、可怨，其言志之述，未尝不同也。"① 可见朱有燉有意拔除旧观念，通过其藩王身份提升曲之地位。同样朱橚作为天潢贵胄，倾力绘制一本用于饥馑之时的《救荒本草》，对我国植物学、医学、农学都发生了重要影响。可见明初一批名藩虽然远离政治，但在社会生活的其他方面都力图有所建树，传示后人。这既符合明初百废待兴的社会背景也符合藩王的身份和心理。从这一点上看，《元宫词》"遗之后人，以广多闻焉"的企图心或与藩王的社会地位和文化心理有关。

第三，从《元宫词》内容看，傅乐淑在《辞源》（正续编合编本）中查到"罟罟冠"条下引"夏云英诗"："要知各位恩深浅，只看珍珠罟罟冠。"此诗正出于《元宫词》第九十七首，傅乐淑认为这百首元宫词里至少有三首出自夏云英之手，而这首诗可以确定出自夏云英。这里有两个疑点：其一，《元宫词百章》不一定确有百首诗，譬如《诗经》又称"诗三百"，实有 305 首。所以《元宫词》有 103 首未尝不可，以百首为标准判定《元宫词》掺入三首夏云英的诗作缺乏实证；其二，《辞源》（正续编合编本）无从查见，但据《辞源》（1998 年修订版）"罟罟冠"条下无此诗。况且《辞源》编纂始于光绪三十四年（1908 年），而至清末关于《元宫词》作者的认定有朱橚或者朱有燉两种。若此诗果为夏云英所作，《辞源》编纂者应不是从《元宫词》中析出该诗，否则会认定为朱橚或朱有燉作。那么这首诗是否有可能出自夏云英之手呢？

据《历代妇女著作考》记载夏云英著有《端清阁诗》《女戒衍义》《法华经赞》《赞法华经二十八偈》。前两部与闺阁生活有关，后两部与修佛活动有关。由于《端清阁诗》是稀书，《明史·艺文志》、黄虞稷的《千顷堂书目》、朱睦㮮的《万卷堂书目》、王世禄《然脂集》中均有著录，惜其未见全部。朱有燉在《端清阁诗序》中云："遗其诗稿一小册，共六十九篇，余取观之，初则清新雅正，后则明

---

① 谢伯阳：《全明散曲》，齐鲁书社 1993 年版，第 277 页。

第六章　佛道文化视野下明代藩王曲家及其剧作研究　199

达了悟,真大雄氏所谓见性成佛之语也。"① 王福利谓"《端清阁诗》实乃其二十二岁'退房求为尼'以后所作"实不妥也。夏云英22岁因病退房求尼,24岁亡。两年间以抱病之躯如何能作69首诗?王福利认为"其所居阁名、其诗集命名皆与其信奉佛释有关,集中诗作与元宫词无涉"似也不妥。因为在夏氏生前,朱有燉尝作《题夏氏端清阁》,其中明确指明,"端清"二字因取"女诫正色端操清静自守之义"②。可见,"端清"二字实乃闺阁训义,与佛教无涉。虽然目前难见《端清阁诗》全貌,但在《中国地方志集成·山东府县志辑·民国重修莒志·艺文》里收录夏云英《立秋》《雨晴》《秋夜即事》三首诗③。现摘录如下:

秋风吹雨过南楼,一夜新凉是立秋。宝鸭香消沉火冷,侍儿闲自理箜篌。

——《立秋》

海棠初种竹新移,流水潺潺入小池。春雨乍晴风日好,一声啼鸟过花枝。

——《雨晴》

西风飒飒动罗帏,初夜焚香下玉墀。礼罢真如庭院静,银缸高照看围棋。

——《秋夜即事》

可见这三首诗的内容和情致仍旧是闺阁生活。夏氏一生笃信佛教,不难想见其诗句中流露出的禅意和端雅。随着病痛加剧夏氏最后转向青灯黄卷,是有大雄氏之语。因此《端清阁诗》里的69首诗歌应该有一个发展的过程,前面表现出清新雅正的闺阁情致,后面或多表现修佛体

---

① 朱有燉:《诚斋录》卷4,顾廷龙主编《续修四库全书·集部·别集类》,上海古籍出版社2002年版,第401—402页。
② 朱有燉:《题夏氏端清阁》,《诚斋录》卷一,顾廷龙主编《续修四库全书·集部·别集类》,上海古籍出版社2002年版,第125页。
③ 庄陔兰等纂:《民国重修莒志》,影印民国二十五年莒县新成印务局铅印本,第503页。

验。据此看来，不可立断《端清阁诗》与《元宫词》无涉。毕竟历代宫词好作闺吟，《元宫词》亦不例外。《端清阁诗》部分诗句与《元宫词》因表现对象相近而有相似的情致或有可能，这也为夏云英诗作掺入《元宫词》提供了一定可能性。

然而要考察《元宫词》有无可能羼入夏云英的诗歌有两点需要注意：第一个是时间问题。《元宫词》序题"永乐四年二月朔日"，即1406年二月初一。朱有燉作《故宫人夏氏墓志铭》中提及夏氏生于大明洪武二十八年（1395年）五月八日，卒于永乐十六年（1418年）六月十九日，享年二十四岁①。且夏氏临终前曾语宪王："妾自幼入宫，得奉巾栉于今十二年矣。"又朱有燉在《墓志铭》中云：夏氏"年十三以才德选入周府，为周世子宫人"。若以虚岁推算，夏氏当在永乐五年入宫。王福利认为："依《元宫词百章》原序所云永乐元年赐七十女妃计，时夏氏年仅九岁，至永乐四年元宫词百章刊刻时年方十二岁。而夏氏十三岁方才选为周府宫人，其时元宫词百章已刊刻印制，她又焉能作出此等诗文？"这是个重要的发现。这里需注意《元宫词》序题永乐四年，不一定是该集刊刻时间。事实上在明代刊书还是一件非常困难的事情②，虽然傅乐淑认定"序文写于永乐四年二月朔日（西历一四〇六年二月十九日），大概即印于永乐四年"。但此说还应存疑。因为资料记载朱有燉《诚斋集》乃"宣德时命长史郑义取新旧之作类成之"③，而这时的朱有燉已步入晚年。同样是诗作，为何独有《元宫词》会及时刊布？由于刊书时间一般晚于成书时间，所以并不能完全以永乐四年为《元宫词》刊刻时间。在写就《元宫词》与刊刻该集之间，有无可能增补夏氏诗作呢？这里还需考虑第二层原因，即傅乐淑提到朱有燉一生挚爱夏氏，有无可能取夏氏作品入诗集？

---

① 朱有燉：《诚斋录》卷4，顾廷龙主编《续修四库全书·集部·别集类》，上海古籍出版社2002年版，第439页。

② 一般来说在明代刊布书籍费时费资，极少及时刊刻。参见何坤翁《读序一得——明初书籍刊刻小识》，《学术交流》2006年第8期。

③ 吉敬斋：《诚斋录·诚斋集序》，顾廷龙主编《续修四库全书·集部·别集类》，上海古籍出版社2002年版，第93页。

第六章 佛道文化视野下明代藩王曲家及其剧作研究 201

朱有燉风流蕴藉，然一生无嗣，唯有和夏氏的这段感情让他久久不能忘怀。永乐十六年夏氏去世之后，他一口气作九首《挽诗》，情深之处令人鼻酸。此后他亦有多首诗作表达了对夏氏的无尽思念①，其词作【瑞龙吟】、【意难忘】《秋晓》、【菩萨蛮】《秋夜》、【鹧鸪天】《咏绣鞋》更是将满腔的思念之情付诸笔端。此外，朱有燉还亲自为夏氏作品题序，有《书夏氏赞法华经偈序》《端清阁诗序》。夏氏如此打动他的原因大概有三：一曰德高；二曰才绝；三曰色佳。关键是她温良忠厚，周宪王有难断之事与她商量，她皆能直言，周宪王视为良佐。这样一位不可多得的奇女子在朱有燉生命里留下深重的烙印，朱有燉在自己的诗作集中收录她的作品不无可能。若果如此，《元宫词》当然不是定王所作。

然而这里的关键性证据《辞源》（正续编合编本）无所见，无法查证"罟罟冠"条下是否引证了夏云英的诗。若仅凭朱有燉对夏氏的宠爱而判定二人合作《元宫词》，委实过于牵强。何况以宪王对夏氏之深情，应该非常珍惜夏氏的诗作，《端清阁诗序》里提道："今年六月，夏氏以偈别众，奄然而逝。哀恸之顷，遗其诗稿一小册，共六十九篇。……因寿诸梓，以见治世之音，清正忠厚。于世教岂无补哉？"②夏氏卒于永乐十六年，序中以"今年"谓之，可见序言作于当年，并且是在付梓前题写。宪王如此珍爱夏氏，即印其诗稿。又有何原因将其诗作窜入自己早年创作的《元宫词》呢？由于《端清阁诗》是稀书，无法通过比对查出《元宫词》中是否有夏氏作品，而这一切都有待关键性证据浮出水面。

第四，傅乐淑提出朱彝尊在《日下旧闻》卷三十二《宫室》里引用了三首《元宫词》诗作，并标注出于朱有燉《诚斋新录》，这证明《元宫词》为朱有燉作。王福利指出在《日下旧闻》里关于元代《宫

---

① 譬如，"我亦长歌学庄叟，何须惠子话便便"（《偶成·悼亡为夏氏作》）、"掩泪不堪伤往事，鼓盆歌罢忆庄周"（《秋夜有怀》）、"别离尘世礼金仙，又在光音第几天？"（《忆夏氏》）、"芳梦已离温玉枕，余香犹在织金罗"（《闺思》）、"回首蓬莱三万里，相思何处觅仙都"（《漫兴》）等。

② 朱有燉：《诚斋录》卷4，顾廷龙主编《续修四库全书·集部·别集类》，上海古籍出版社2002年版，第402页。

室》的卷三十、三十一、三十二中，标注出自《诚斋新录》的宫词达二十多首，这二十多首诗也都收入《元宫词》中，但在嘉靖十二年周藩府刻本《诚斋新录》里竟查不到这二十多首诗，故否认这条证据。这里需要进一步考证的是收录于《续修四库全书》的嘉靖十二年刻本《诚斋新录》版本问题。从名称上可以推测《诚斋新录》一定晚于《诚斋录》。而据《诚斋乐府》引云："予既拾掇拙作诗词类而成卷，名之《诚斋录》矣。复余时曲数十纸……便当与诗录同刊，以为梁园风月之清赏耳。予曰：唯。遂镂于梓，名之诚斋乐府云。宣德九年岁在甲寅长至日锦窠老人书。"① 可见《诚斋录》乃朱有燉诗词之作，与曲作《诚斋乐府》同刊于宣德年间。又据《古今词统》收入朱有燉【咏绣鞋】一词，其附录道："宪王有《诚斋录》七卷，成于宣德六年，其咏牡丹、梅花、玉堂春七言律各百首。"② 可见《诚斋录》最早成于宣德六年，有七卷。而现存《诚斋录》序题于嘉靖十二年，仅四卷。既然存在两个版本《诚斋录》是否意味着《诚斋新录》也不止一个版本呢？又据《千顷堂书目》记载："周宪王有燉《诚斋新录》三卷，又《诚斋集》三卷，牡丹、梅花、玉堂春各百咏，又《诚斋遗稿》一册。"③ 此处《诚斋新录》有三卷。而现存的《诚斋新录》仅一卷。可见现存一卷本《诚斋新录》并非唯一版本，以之校验与《元宫词》的关系亦不妥也。

第五，傅乐淑指出《元宫词》序署名"兰雪轩制"，而朱有燉尚有一出版物《东书堂楔贴》盖有兰雪轩的图章，此乃《元宫词》为朱有燉作的铁证。虽然这是傅乐淑凭记忆的物证，但仍不失为重要证据。王福利认为即使这一物证存在也不能认定此乃铁证。因为明代"亲藩贵重，刊书皆不题名"，与兰雪轩同时出现的"嵩高河清""藩维清暇"等图章并非朱有燉专用。而兰雪轩则有三种可能性：一是定王、宪王父子之书房；二是定王书房，宪王继之；三是定王书房为兰轩，宪王书房为雪轩，以兰雪轩标示，以志门庭。又黄凌云等指出《明人室名别称

---

① 朱有燉：《诚斋乐府》，宣德九年周藩原刻本。
② 卓人月：《古今词统》卷七，明崇祯刻本。
③ 黄虞稷：《千顷堂书目》，上海古籍出版社2001年版，第422页。

字号索引》载朱橚、朱有燉皆以"兰雪轩"为号，且父子以同一室名为别号者在明代并不鲜见。因此即使有"兰雪轩"图章为证，也不能断定该图章为宪王制。

肯定该物证者如张春国则详细考订"兰雪轩"在朱有燉的诗作、图贴印章，特别是杂剧《踏雪寻梅》《继母大贤》《神仙会》《海棠仙》中均有提及，又"朱有燉多在文学作品中表达自己的真实感受，特别是喜欢用实际的人、事、物作文学作品的题材。从他的创作习惯来看，'兰雪轩'应该是朱有燉的真实的室名或者别号"。由此讨论思路又回到傅乐淑所说的第一个点，即由内证入手考辨《元宫词》与朱有燉的关系。

朱有燉创作特点表现为以下方面：首先，从题材内容上讲，朱有燉创作数量多，表现对象庞杂，因此不可避免地出现题材上的重复。傅乐淑谓宪王有百咏之癖，与其说朱有燉擅长百咏之作的形式，不如说其特别钟情于吟咏花卉。譬如在《诚斋录》中对菊花的吟咏就有七言古体《咏菊长篇》、七言近体《咏鹤顶红菊花》《咏金孔雀菊》以及《菊谱赋》《菊花谱赋序》。对梅花吟咏之作有五言近体《梅花》《重咏梅花》、七言近体《冬日红梅》《月夜观梅》、五言绝句《红梅鹡鸰》《梅花翠鸟》、七言绝句《题折枝梅》《题梅》《戏作红梅一枝》《白梅鹡鸰》《黄梅白雀》《书韩夫人所画红梅图》《题梅竹山雀》《赏梅花席上赋》等。可见朱有燉不避繁复地对同一题材反复吟咏是其创作上的一大特点。因此如果《元宫词》为朱有燉所作，那么百首宫词的题材是否有可能在朱有燉其他作品中反复呈现呢？

《元宫词》序中提到："元起自沙漠，其宫廷事迹乃夷狄之风，无足观者。然要知一代之事，以记其实，亦可备史氏之采择焉。"可见《元宫词》作者有意拔除鄙视夷狄之旧观念，以治史的态度创作这百首宫词，因此宫词内容涉略甚广，从宫廷宴飨到节日风俗，从宫人服饰到王侯娱乐，无不细细道来，可谓一部活色生香的元代宫廷生活纪录片，无怪乎《元宫词》历来为元史研究者所重视。虽然《元宫词》表现范围很广，但这百首宫词在题材上亦有相对集中的表现对象。联系《元宫词》诗作内容与朱有燉的艺术创作，有三类题材值得注意。

第一，花卉题材。据统计在 103 首宫词中就有 13 首①与花卉有关的诗句，牡丹、杏花、梨花、荷花、金莲、杨花、海棠等各色花意象纷纷盛开笔端，好一派姹紫嫣红的景象。其中吟咏牡丹的诗作最多。根据傅乐淑笺注，元代宫廷极重牡丹花，工部官设法移植名本于宫中②。又元宫人以牡丹花送礼为元时韵事。看牡丹为游春之诗人雅集，无怪乎咏之不已。③ 赏玩牡丹不仅是元廷旧俗，事实上"牡丹"意象已经构成朱有燉艺术创作的重要灵感。朱有燉创作的四部赏花剧《牡丹园》《牡丹仙》《牡丹品》《赛娇容》均以牡丹为主角，而在《牡丹园》里姚黄、魏紫、寿安红、素鸾、姌娥娇、鞓红、宝楼台、紫云芳、玉天仙、醉春容等十位姿容绝丽的牡丹仙集体亮相，与《诚斋牡丹百咏》对各色牡丹的品评相映成趣。可见牡丹花意象成为朱有燉艺术创作中的一个显著特点。

第二，海东青题材。《元宫词》集中表现出元代贵族好观鹰，尤其酷爱海东青的风俗。海东青是我国历史上名鹰，体格娇小，凶猛异常，善捕食比自己还大的猎物，是历代统治者狩猎和把玩的宠物，也是进贡佳品。《元宫词》中有多首吟咏海东青的诗句。譬如"年年正旦将朝会，殿内先观玉海清"表现了元宫廷大宴时喜观海东青的习俗；"清晓九关严虎豹，辽阳先进白雕来"表现周边藩属国进献海东青的场景；"湖上驾鹅映水明，海清常是内官擎"表现了辽金元时期春水秋山制度④；"深秋放飞出郊行，选得驯驹内里乘。野雉满鞍如缀锦，马前珍重是黄鹰"表现海东青在秋狝中攻击猎物的情景；"金风苑树日光晨，内侍鹰坊出入频"则表现元代统治者专门建立鹰坊以供其观鹰之需。

---

① 譬如"合香殿外花如锦，不是看花不敢来""东风吹绽牡丹芽，漠漠轻阴护碧纱""纳钵北来天气冷，只宜栽种牡丹花""两岸垂杨千百尺，荷花深处戏龙舟""深宫春暖日初长，花气浑如百和香""芳容不肯留春驻，几阵东风落海棠""小楼春残杏花寒，象鼎烟销宝篆残""绮窗昨夜东风暖，一树梨花对雨开""金莲处处有花开，斜插云鬟笑满腮""大都三月柳初黄，内苑群花渐有香""清晓内官呼采，各官分赐牡丹丛""怕见双双莺燕语，杨花满院不钩帘""谷雨天时尚薄寒，梨花开谢杏花残。内园张盍三宫宴，细乐喧阗赏牡丹。"
② 傅乐淑：《元宫词百章笺注》，书目文献出版社 1995 年版，第 7 页。
③ 同上书，第 113 页。
④ 参见都兴智《金代皇帝的"春水秋山"》，《北方文物》1998 年第 3 期。

朱有燉自谓生平最爱是观鹰，为此他创作了大量作品。譬如《诚斋录》里关于海东青的作品就有《多神俊》《重咏多神俊鹘》《俊鹘擒鹅诗》《好鹰癖歌》《白海青二首》《题白海青朝日图》《中秋尽鹘值河东进一鸦鹘》《题俊鹘擒鹅诗》《题俊鹘擒鹅图》《海东青赋》《海东青后赋》等，《诚斋新录》里也收入《题白海青诗二首》和散曲《咏白海青》等。甚至在朱有燉去世前的最后一部剧作中仍然可以看到海东青的身影。杂剧《灵芝庆寿》第一折中嵩山神座下神将说："因中国雍和，天下太平……海东青远来于尉氏。"① 第二折中东华君问中国曾有白海青？仙女答道："宣德八年春正月，河南尉氏县，得白海青一联，曾进贡于朝。"②

第三，天魔舞题材。《元宫词》表现了元代宫廷好天魔舞的风俗。文献记载，该舞蹈源自元宫廷，"以宫女三圣奴、妙乐奴、文殊奴等一十六人按舞，名为十六天魔……所奏乐用龙笛、头管、小鼓、筝、蓁、琵琶、笙、胡琴、响板、拍板。"③ 此曲原为佛曲，舞蹈亦为礼佛而设，但舞者妆扮冶艳，音乐繁复，排场热闹，尤其受到皇宫贵族的喜爱。《元史》记载："时帝（元顺帝）怠于政事，荒于游宴"④，沉迷此舞。可见该舞已经褪去佛教音乐和舞蹈的宗教性，成为宫廷宴游的佐兴之物。《元宫词》中有五首诗表现天魔舞⑤，正是对元廷这一礼俗的记录。曾永义道：这些歌舞戏"羽衣仙袂，丽容华颜，载歌载舞，于酒筵花前，最是赏心悦目"。⑥ 所以对于擅场的朱有燉而言，天魔舞成为其重要的戏曲舞台表现元素。譬如《赛娇容》第四折，七花仙唱舞天魔队曲一折，《小桃红》第四折【沉醉东风】下，花旦五人舞十六天魔队舞一折。除了以天魔舞来丰富舞台表演手段之外，在

---

① 朱有燉：《灵芝庆寿》，王季烈编《孤本元明杂剧》第2册，中国戏剧出版社1957年版，版内第1页。
② 同上书，版内第5页。
③ 宋濂：《元史》，中华书局1976年版，第918—919页。
④ 同上书，第918页。
⑤ 分别为："十六天魔按舞时，宝妆璎珞斗腰肢"；"背番莲掌舞天魔，二人娇娃赛月娥"；"队里惟夸三圣奴，清歌妙舞世间无"；"按舞婵娟十六人，内园乐部每承恩"；"月夜西宫听按筝，文殊指拨太分明。"
⑥ 曾永义：《明杂剧概论》，学海出版社1979年版，第174页。

《小桃红》中天魔舞还承担起结构全篇的作用。该剧开篇二圣因在飞仙会中听天魔音乐,迷失正道,遂降人间。历练一番复观天魔舞而迷途知返,果正朝元。祁彪佳列之为雅品道:"作手能开辟者,自于寻常科白翻出新彩。"①

总之,朱有燉不避繁复地吟咏同一对象是其创作上的一大特点。牡丹花、海东青、天魔舞题材在《元宫词》和朱有燉其他作品中反复呈现,或为《元宫词》作者考辨提供一定佐证。

其次,从创作手法上看,朱有燉擅长就地取材,表现现实生活。朱有燉习惯为其诗文曲作题序,交代创作原委,其大量题记反映出朱有燉善于以纪实的手法表现现实生活,表现于戏曲创作中则有三。

一则是据社会上的新闻故事拟构剧作。譬如《乔断鬼》的故事就是源自一则文人索画而亡的社会新闻,朱有燉借之批评儒者"区区于玩物丧志,流而不止,死而不厌。遗笑后世,亦可为士君子之戒焉。"②《半夜朝元》是根据京兆妓女小天香丧夫后坚心修道,最终得道成仙的故事改编。《团圆梦》和《香囊怨》则是有感于军妻死节于其夫的新闻拟构成剧。

二则是根据朱有燉自家生活编写剧作。譬如《牡丹仙》就是源于朱有燉所植数百株牡丹在谷雨时分盛开,遂借欧阳公作记之意编制剧作称赏牡丹;《海棠仙》则源于正统三年春,朱有燉命人从太行山移植三十株海棠于苑内,清明时节盛开,遂作剧是为佐觞赏花;又《灵芝庆寿》源于正统四年二月春,有灵芝生长于王宫佛堂之东,故作剧庆此祥瑞。

三则是将家族中重要事件写入剧作。譬如《明史》记载永乐元年正月朱有燉的父亲朱橚获诏,归其旧封地开封,朱橚献颂九章及佾舞。"明年来朝,献驺虞。帝悦,宴赐甚厚。"③朱有燉据此创作《得驺虞》,表现藩王对皇帝的忠顺之心。1439年在另一剧作《灵芝庆寿》中

---

① 祁彪佳:《远山堂剧品》,《中国古典戏曲论著集成》六,中国戏剧出版社1959年版,第147页。
② 朱有燉:《邹判官乔断鬼传奇引》,《邹判官乔断鬼》,吴梅辑《奢摩他室曲丛》第2集,商务印书馆1928年影印本,版内第1页。
③ 张廷玉:《明史》,中华书局1974年版,第3566页。

复提"永乐二年秋八月,钧州神后山生驺虞,进贡于朝廷,曾受重赏来"。① 再次表明对皇帝的忠顺。

二 从朱有燉创作个性辨《元宫词》作者

《元宫词》中有大量表现花卉的诗作或与朱有燉擅长就地取材,表现自家生活的创作手法不无关系。史料记载周藩府内四时花卉繁多,四季如春。"龙窝园内尽是木香、木樨、松、柏、月季、宝相等花,编成墙垣,茨松结成楼宇,荼蘼、木香搭就亭棚,塔松森天,锦柏满园,松狮、柏鹤、遇风吹动,张口展翅,活泼如生,万紫千红,种种不缺……"② 这些生活实景成为朱有燉艺术创作的灵感来源。同时朱有燉大量的诗词曲文都表现了其暇时赏花的富贵生活。一个典型的例子是宣德七年即1432年,朱有燉正妃阁前牡丹并蒂花开,朱有燉引以为奇。他曾作诗数篇,据几长歌。又命红儿执檀板,挥南吕乐府一章,为席间佐樽之乐,复写合欢牡丹一幅并书乐府。若干年后朱有燉复将此细节引入《灵芝庆寿》一剧中③。也许正是因为朱有燉善于表现自家赏花生活,所以《元宫词》和其他诗作一样,有大量吟咏花卉之作。

同样《元宫词》热衷表现海东青也可在朱有燉的现实生活中找到根源。朱有燉曾两次捕获海东青,这一点被保留在他专门为此所作的两篇赋中。在《海东青赋》和《海东青后赋》里朱有燉明确指出:"永乐十五年仲冬,黄河之北封丘之野,得海东青。"永乐十五年即1417年仲冬时节,周王郊猎,意外获得一异禽,"观其羽毛刚劲,颜色苍洁,……产于东洋女真之国,其名海青"。④ 朱有燉第二次获得海东青是宣德八年即1433年,"岁在癸丑,孟春十有七日,河南开封府尉氏县东北郑店堡,得白海东青一联",朱有燉为之歌曰:"海东鸷禽

---

① 朱有燉:《灵芝庆寿》,王季烈校《孤本元明杂剧》第2册,中国戏剧出版社1957年版,第4页。
② 无名氏:《如梦录》,中州古籍出版社1984年版,第11页。
③ 剧中提到宣德年间,连理木生于后苑亭,合欢花开于天香圃等细节。
④ 朱有燉:《诚斋录》卷4,顾廷龙主编《续修四库全书·集部·别集类》,上海古籍出版社2002年版,第402页。

名海青，羽毛如玉温且明。……透望五云拜神京，星驰驿骑献彤庭。"① 白海青乃海东青中上品，是年校尉获得白海青后立即送给藩王朱有燉，而朱有燉又立刻献之朝廷。在其散套《咏白海青》题记中也再次提到这一经历。在《白海青二首》中朱有燉道："清晓驿中星使到，锦绦恩赐自神京。"可见，朱有燉献上白海青后朝廷亦有嘉奖。

　　除了书之笔端，被之弦歌外，朱有燉还对海东青摹画玩赏。史料记载朱有燉精通书法，造诣颇深，其"《东书堂集古法帖》，历代重之"。②《海东青后赋》题记云："永乐十五年仲冬，河北得海东青。余既作赋书之于图。暇日复绘其形。乘兴而为斯后赋。"③ 可见永乐十五年捕获海东青之后，朱有燉为之描摹画像，并且题书其上。朱有燉还有两幅关于海东青的画，从其题诗《题俊鹘擒鹅图》和《题白海青朝日图》可知画作内容一则为海东青擒鹅，一则为白海青朝日，前者表现海东青作为猎鹰善擒鹅的习性，后者则似专为进贡海东青而作。也许正因为朱有燉酷爱海东青，所以才在《元宫词》和诸多诗文曲赋中对之吟咏不已。

　　就天魔舞而言，作为戏曲大家的朱有燉钟情于这种元廷流行的表演形式，或与宫廷的筵宴文化有关。史料记载朱有燉家乐享有盛名，不仅在内廷出演官戏，而且极有可能献入内廷。"周府旧有敕拨御乐……女乐亦弹唱官戏。宫中有席，女乐伺候；朝殿有席，指扮杂记、吹弹、七奏，不敢做戏。"④ 此外，周藩府热衷这种舞蹈表演形式也与所处的地理风物有关。据《如梦录》前言记载，当时汴中各王府、乡绅拥有"大梨园七八十班，小吹打二三十班"，同时明代开封为教坊乐伎汇集的重镇，在城内有富乐院，在街道有清唱局，还有在庙会上搭台唱戏的流动艺人。明代开封成为"中原弦索"的"檀坫"和北方"软舞"的中心，在这种氛围中歌舞伎相互竞艺，不断提升歌舞水平又进一步刺激

---

① 朱有燉：《诚斋新录》卷4，顾廷龙主编《续修四库全书·集部·别集类》，上海古籍出版社2002年版，第469页。
② 钱谦益：《列朝诗集小传》乾集下，古典文学出版社1957年版，第8页。
③ 朱有燉：《诚斋录》卷4，顾廷龙主编《续修四库全书·集部·别集类》，上海古籍出版社2002年版，第423页。
④ 无名氏：《如梦录》，中州古籍出版社1984年版，第88页。

了包括藩王在内的观众对歌舞戏的需求。朱有燉非常重视天魔舞这种表现形式亦是出于这种受众心理。

除了用多种艺术形式表现和记录现实生活事件以外，朱有燉还擅长将现实生活中的场景搬到艺术作品中。譬如朱有燉杂剧《神仙会》里副末云："问你副净的，办个甚色？"净云："哎哎，哎哎！我办个富乐院里乐探官员。"① 又杂剧《复落娼》里正旦扮茶三婆上云："老身是这富乐院门前卖茶的白婆儿。"② 《仙官庆会》里虚耗小鬼云："上圣可怜见。俺本不会唱，只为要去富乐院里虚耗那子弟客商每钱，学了这个小曲儿。"③ 朱有燉三部杂剧都提到"富乐院"，而富乐院实际上就是开封城内的一家乐伎院。据《如梦录》记载：富乐院"内有白眉神等庙三四所，各家盖造居住，钦拨二十七户，随驾伺候奏乐。其中多有出奇美色妓女，善诙谐、谈谑、抚操丝弦，……无所不精通。每日王孙公子、文人墨士，坐轿乘马，买俏追欢，月无虚日"。④

因此当朱有燉作"兰雪轩前自在神，丹丘山下访玄真"（《诚斋梅花百咏》）、"兰雪轩前幻出神，莫夸西洛古时真"（《诚斋牡丹百咏》）等诗句时，或许可以认为实际上是他将自己熟知的生活场景——兰雪轩搬进艺术作品中。再加之《诚斋牡丹百咏》《诚斋梅花百咏》《诚斋玉堂春百咏》都盖有"兰雪轩"印章，且朱有燉的《兰亭图》中有两贴分别有"永乐十五年闰五月十八日书于兰雪轩"和"永乐十五年闰五月九日兰雪轩书"的落款，种种细节都指向《元宫词》序里提到"兰雪轩"乃朱有燉非常熟悉的生活场所。这一点亦为《元宫词》乃朱有燉所作提供证据。

最后，从作品语言形式上看，《元宫词》和朱有燉其他艺术作品在题材内容和创作手法上都具有一定的交集，而某些作品在遣词造句上也具有一定的近似性。譬如七言近体诗《悟道吟》有"慈悲为雨法为航，

---

① 朱有燉：《神仙会》，王季烈编《孤本元明杂剧》第2册，中国戏剧出版社1957年版，版内第4页。
② 朱有燉：《复落娼》，吴梅辑《奢摩他室曲丛》第2集，商务印书馆1928年影印本，版内第10页。
③ 朱有燉：《仙官庆会》，吴梅辑《奢摩他室曲丛》第2集，商务印书馆1928年影印本，版内第7页。
④ 无名氏：《如梦录》，中州古籍出版社1984年版，第49页。

心是莲花性是香"一句，又其杂剧《悟真如》里开篇外扮罗汉上场诗云："慈悲为雨法为航，心是莲花性是香。透得虚空三万丈，红炉一点雪飞扬。"① 朱有燉虽是直接将《悟道吟》里的诗句移到杂剧中作为人物上场诗，但并不显得突兀，反而与人物的罗汉身份相符合，可谓妙用。

通过梳理和比对，《元宫词》与朱有燉其他诗文在表现牡丹花、海东青和天魔舞时，其遣词用句上有相近处，列表如下：

	《元宫词》	《诚斋录》《诚斋新录》
吟咏牡丹的诗句	"**东风吹绽**牡丹芽，漠漠轻阴护**碧纱**"	"清露暖云滋丽景，**碧纱**油幕隔劳尘""**东风**连日每惊神，**吹绽**红芳即露真"
	"**谷雨**天时尚薄寒……细乐喧阗赏牡丹"	"藩府清闲多乐意，年年**谷雨**赏芳春"
吟咏海东青的诗句	"湖上驾鹅映水明，海青常是**内官**擎""野雉满鞍如缬锦，**马前珍重**是黄鹰。"	"**马前珍重内人**擎""劲翮凝霜尽不成，**马前**多是**内官**擎"
	诸方贡物殿前排，召得**鹰坊**近露台。清晓九关严虎豹，辽阳先进**白雕**来	"**鹰坊**下直人皆问，谁贡河东**白海青**""日暮六街尘滚滚，马前横抱**白鹅**归"
吟咏天魔舞的诗句	"**文殊**指拨太分明""妙乐**文殊**锦最新"	"幸得**文殊**来相问，都无一语是谈玄"
	"**缠头**例是宫中赏，妙乐文殊锦最新"	"新赐**缠头**三百锦，几多娇艳总开竞"

《元宫词》中表现牡丹花的诗句有"东风吹绽牡丹芽，漠漠轻阴护碧纱。"朱有燉《诚斋牡丹百咏》中有"清露暖云滋丽景，碧纱油幕隔劳尘。""东风连日每惊神，吹绽红芳即露真。"其中"碧纱""东风""吹绽"等用语具有高度的一致性。又《元宫词》第九十九首，"谷雨

---

① 朱有燉：《悟真如》，吴梅辑《奢摩他室曲丛》第2集，商务印书馆1928年影印本，版内第1页。

天时尚薄寒，梨花开谢杏花残。内园张盏三宫宴，细乐喧阗赏牡丹。"表现元宫谷雨时分赏玩牡丹花之场面，在《诚斋牡丹百咏》中亦有"藩府清闲多乐意，年年谷雨赏芳春"，同样表现谷雨赏花的情景。

《元宫词》中表现海东青的诗句如"湖上驾鹅映水明，海青常是内官擎""野雉满鞍如缀锦，马前珍重是黄鹰"等。又朱有燉有"马前珍重内人擎"（《多神俊》）、"劲翻凝霜尽不成，马前多是内官擎"（《拟唐宫词》）等诗句，其中"马前珍重""内官擎"等用语分别化入不同的诗句中。又《元宫词》中又有"诸方贡物殿前排，召得鹰坊近露台。清晓九关严虎豹，辽阳先进白雕来"等诗句。朱有燉《拟唐宫词》里亦有"鹰坊下直人皆问，谁贡河东白海青""日暮六街尘滚滚，马前横抱白鹅归"等诗句，其中"鹰坊""白雕""白海青"等用语高度相似。

此外，《元宫词》表现天魔舞的诗句中似乎格外关注文殊奴，有"文殊指拨太分明"和"妙乐文殊锦最新"等诗句。而朱有燉诗作"幸得文殊来相问，都无一语是谈玄"（《病中答人相问》），其中文殊恐怕并非指文殊菩萨，而是指代天魔舞乐人，这似乎也说明了朱有燉对文殊奴的偏爱。又《元宫词》中"缠头例是宫中赏，妙乐文殊锦最新"的诗句，在朱有燉的"新赐缠头三百锦，几多娇艳总开竞"（《四时辞·咏吹弹歌舞四轴》）中也能找到某些影子。

从题材内容上看，朱有燉喜欢不避繁复地吟咏同一对象；从创作手法上看，朱有燉擅长就地取材，将现实生活融入创作；从语言形式上看，朱有燉诗文与《元宫词》在词句表达上具近似性，这些都为《元宫词》作者的考订提供些许思路。但不可否认的是，在明代吟咏牡丹花、表现海东青、描写天魔舞的作品都非常多，这三者并非朱有燉所独擅，文中所提到的"内证"亦非铁证。在现有资料条件下看，不能排除《元宫词》为朱有燉所作的可能性。

主要参考文献

一　文献类

蔡毅编著：《中国古典戏曲序跋汇编》，齐鲁书社1989年版。

陈美学编：《汤显祖研究文献目录》，学生书局1996年版。

陈沂：《拘虚集》，约园刊本。

陈士强编：《大藏经总目提要·经藏》，上海古籍出版社2007年版。

达观：《紫柏老人集》，文殊文化有限公司1988年版。

《道藏》，文物出版社、上海书店、天津古籍出版社1988年版。

董康编：《曲海总目提要》，人民文学出版社1959年版。

杜洁祥主编：《中国佛寺史志汇刊》，明文书局1980年版。

傅惜华编：《明代传奇全目》，人民文学出版社1959年版。

傅惜华编：《明代杂剧全目》，作家出版社1958年版。

傅惜华编：《元人杂剧全目》，作家出版社1957年版。

傅乐淑：《元宫词百章笺注》，书目文献出版社1995年版。

古本戏曲丛刊委员会编：《古本戏曲丛刊》（四集），商务印书馆1958年版。

郭英德编著：《明清传奇综录》，河北教育出版社1997年版。

憨山大师：《憨山老人梦游集》（上、下），北京图书馆出版社2005年版。

河北省民族宗教事务所编：《大正新修大藏经》，河北金智慧文化传播有限公司2005年版。

胡道静等选辑：《道藏要籍选刊》，上海古籍出版社1989年版。

胡道静等主编：《藏外道书》，巴蜀书社1994年版。

胡孚琛主编：《中华道教大辞典》，中国社会科学出版社1995年版。

黄虞稷：《千顷堂书目》，上海古籍出版社2001年版。

康海：《曲海总目提要》，人民文学出版社1958年版。

蓝吉富主编：《大藏经补编》，华宇出版社1986年版。

蓝吉富主编：《禅宗全书》，文殊文化有限公司1989年版。

李叔还编纂：《道教大辞典》，浙江古籍出版社1987年版。

李修生编：《古本戏曲剧目提要》，文化艺术出版社1997年版。

莲池大师：《竹窗随笔》，北京图书馆出版社2005年版。

毛晋编：《六十种曲》，中华书局1959年版。

毛效同编：《汤显祖研究资料汇编》，上海古籍出版社1986年版。

《明实录》，"中央研究院"历史语言研究所校印，1962年版。

蕅益大师：《灵峰宗论》，北京图书馆出版社2005年版。

祁彪佳：《祁彪佳集》，中华书局1960年版。

《千家诗》，张立敏注，中华书局2009年版。

任继愈主编：《佛教大辞典》，江苏古籍出版社2002年版。

任继愈主编：《宗教大辞典》，上海辞书出版社1998年版。

沈璟：《沈璟集》，徐朔方辑校，上海古籍出版社1991年版。

沈泰编：《盛明杂剧》，民国十四年董氏诵芬室刻本。

释觉岸、释幻轮：《释氏稽古略·释氏稽古略续集》，江苏广陵古籍刻印社1992年版。

四部禁毁书丛刊编委会编：《四部禁毁书丛刊》，北京出版社2000年版。

宋濂：《元史》，中华书局1976年版。

汤显祖：《南柯梦记》，人民文学出版社1981年版。

汤显祖：《牡丹亭》，吴书荫校点，辽宁教育出版社1997年版。

汤显祖：《牡丹亭》，徐朔方、杨笑梅校注，人民文学出版社1963年版。

汤显祖：《汤显祖全集》，徐朔方笺校，北京古籍出版社1999年版。

汤显祖：《汤显祖诗文集》，徐朔方笺校，上海古籍出版社1982年版。

汤显祖：《汤显祖戏曲集》，钱南扬注，上海古籍出版社2010年版。

汤显祖：《玉茗堂四种曲》，臧懋循改定，清乾隆二十六年书业堂重修本。

万斯同等：《明史》（《续修四库全书》本），上海古籍出版社 2002 年版。

王鸿绪：《明史稿》，文海出版社 1962 年版。

王季烈编：《孤本元明杂剧》，中国戏剧出版社 1957 年版。

王季思主编：《全元戏曲》，人民文学出版社 1999 年版。

王季思主编：《中国十大古典喜剧集》，上海文艺出版社 1982 年版。

王利器：《元明清三代禁毁小说戏曲史料》，上海古籍出版社 1981 版。

王秋桂主编：《善本戏曲丛刊》（1—6 辑），学生书局 1984—1987 年影印版。

隗芾、吴毓华编：《古典戏曲美学资料集》，文化艺术出版社 1992 年版。

《文渊阁四库全书》（光盘版），上海人民出版社、迪志文化出版有限公司 1999 年版。

吴梅编：《奢摩他室曲丛》，商务印书馆影印排印本 1928 年版。

谢伯阳编：《全明散曲》，齐鲁书社 1994 年版。

徐扶明编著：《牡丹亭研究资料考释》，上海古籍出版社 1987 年版。

顾廷龙主编：《续修四库全书》，上海古籍出版社 2002 年版。

查继佐：《罪惟录》，浙江古籍出版社 1986 年版。

张奉书：《道光新都县志》，道光二十四年尊经阁版。

张继禹主编：《中华道藏》，华夏出版社 2004 年版。

张君房编：《云笈七籤》，中华书局 2003 年版。

张廷玉等：《明史》，中华书局 1974 年标点本。

赵景深、张增元编：《方志著录元明清曲家传略》，中华书局 1987 年版。

庄陔兰等纂：《民国重修莒志》，影印民国二十五年莒县新成印务局铅印本。

庄一拂编：《古典戏曲存目汇考》，上海古籍出版社 1982 年版。

中国大百科全书总编辑委员会：《中国大百科全书·戏曲曲艺卷》，中国大百科全书出版社 1983 年版。

中国戏曲研究院编：《中国古典戏曲论著集成》，中国戏剧出版社 1982

年版。

中国《中华大藏经》编辑局主编:《中华大藏经》,中华书局 1997 年版。

袾宏:《莲池大师全集》,上海古籍出版社 2011 年版。

朱有燉:《诚斋乐府》,翁敏华点校,上海古籍出版社 1989 年版。

紫柏大师:《紫柏老人集》,北京图书馆出版社 2005 年版。

二 著作类

[英] 爱德华·泰勒:《原始文化》,连树声译,上海文艺出版社 1992 年版。

[日] 八木泽元:《明代剧作家研究》,罗锦堂译,中新书局 1977 年版。

[德] 鲍姆嘉滕:《美学》,简明、王旭晓译,文化艺术出版社 1987 年版。

陈柏泉主编:《江西出土墓志选编》,江西教育出版社 1991 年版。

陈桓:《明季滇黔佛教考》,中华书局 1962 年版。

陈鼓应:《庄子今注今译》,中华书局 1983 年版。

陈永革:《明代佛教思想研究》,宗教文化出版社 2007 年版。

陈与郊:《隅园集》,明万历四十六年至天启元年,赐绯堂刻本。

程芸:《汤显祖与晚明戏曲的嬗变》,中华书局 2006 年版。

都穆:《都公谈纂》,清抄本。

恩格斯:《马克思恩格斯选集》,人民出版社 1972 年版。

樊树志:《晚明史》,复旦大学出版社 2004 年版。

龚国光:《江西戏曲文化史》,江西人民出版社 2003 年版。

龚鹏程:《晚明思潮》,商务印书馆 2008 年版。

郭朋:《明清佛教》,福建人民出版社 1982 年版。

郭朋:《宋元佛教》,福建人民出版社 1981 年版。

郭英德:《明清传奇戏曲文体研究》,商务印书馆 2004 年版。

郭英德:《世俗的祭礼——中国戏曲的宗教精神》,国际文化出版公司 1988 年版。

韩非子:《韩非子新校注》,陈奇猷校注,上海古籍出版社 2000 年版。

洪兴祖:《楚辞补注》,中华书局 1983 年版。

华玮、王瑷玲主编：《明清戏曲国际讨论会论文集》，达雯印刷有限公司 1998 年版。

［日］荒木见悟：《佛教与儒教》，杜勤等译，中州古籍出版社 2005 年版。

皇甫录：《皇明纪略》，王云五主编《丛书集成》初编，商务印书馆 1936 年版。

黄文锡、吴凤雏：《汤显祖传》，中国戏剧出版社 1986 年版。

黄兆汉：《道教与文学》，学生书局 1994 年版。

黄卓越：《佛教与晚明文学思潮》，东方出版社 1997 年版。

黄芝冈：《汤显祖编年评传》，中国戏剧出版社 1992 年版。

黄宗羲：《黄梨洲文集》，中华书局 1959 年版。

黄宗羲：《黄宗羲全集》，浙江古籍出版社 1992 年版。

侯传文：《佛教的文学性解读》，中华书局 2004 年版。

侯外庐：《论汤显祖剧作四种》，中国戏剧出版社 1962 年版。

江灿腾：《晚明佛教改革史》，广西师范大学出版社 2006 年版。

江西省文学艺术研究所编：《汤显祖研究论文集》，中国戏剧出版社 1984 年版。

蒋述卓：《宗教艺术论》，文化艺术出版社 2005 年版。

康保成：《中国古代戏剧形态与佛教》，东方出版中心 2004 年版。

李小林：《万历官修本朝正史研究》，南开大学出版社 1999 年版。

李诩：《戒庵老人漫笔》，中华书局 1982 年版。

李渔：《闲情偶寄》，中华书局 2014 年版。

李真瑜：《明代宫廷戏剧史》，紫禁城出版社 2010 年版。

刘若愚：《酌中志》，北京古籍出版社 1994 年版。

刘桢：《中国目连文化》，巴蜀书社 1997 年版。

凌翼云：《目连戏与佛教》，广东高等教育出版社 1998 年版。

卢前：《明清戏曲史》，商务印书馆 1935 年版。

陆萼庭：《昆剧演出史稿》，上海教育出版社 2006 年版。

罗锦堂：《明代剧作家考略》，龙门书局 1966 年版。

［德］马克斯·韦伯：《儒教与道教》，王容芬译，商务印书馆 1995 年版。

马晓宏:《天·神·人:中国传统文化中的造神运动》,国际文化出版公司1988年版。

孟祥荣:《真趣与性灵——三袁与公安派研究》,中国文联出版社2000年版。

[美]N.沃尔斯托夫:《艺术与宗教》,沈建平等译,工人出版社1988年版。

南怀瑾:《中国道教发展史略述》,老古文化事业公司1988年版。

倪彩霞:《道教仪式与戏剧表演形态研究》,广东高等教育出版社2005年版。

聂付生:《晚明文人的文化传播研究》,中国戏剧出版社2007年版。

聂石樵主编:《古代文学中人物形象论稿》,北京师范大学出版社2000年版。

宁宗一等:《明代戏剧研究概述》,天津教育出版社1992年版。

潘桂明:《中国居士佛教史》,中国社会科学出版社2000年版。

祁彪佳:《远山堂明曲品剧品校录》,黄裳校录,古典文学出版社1957年版。

钱谦益:《列朝诗集小传》,古典文学出版社1957年版。

钱谦益:《牧斋有学集》,上海书店1996年版。

[德]乔·威·弗·黑格尔:《美学》,朱光潜译,商务印书馆1981年版。

卿希泰主编:《中国道教史》,四川人民出版社1988年版。

卿希泰、唐大潮:《道教史》,中国社会科学出版社1994年版。

[日]青木正儿:《中国近世戏曲史》,王古鲁译,商务印书馆1936年版。

容志毅:《中国炼丹术考略》,上海三联书店1998年版。

任继愈主编:《中国道教史》,上海人民出版社1990年版。

任继愈主编:《中国佛教史》,中国社会科学出版社1981年版。

邵曾祺:《元明北杂剧考略》,中州古籍出版社1985年版。

沈德符:《万历野获编》,中华书局1959年版。

[美]M.E.斯皮罗:《文化与人性》,徐俊等译,社会科学文献出版社1999年版。

孙昌武：《佛教与中国文学》，上海人民出版社1988年版。
孙楷第：《戏曲小说书录解题》，人民文学出版社1990年版。
孙楷第：《也是园古今杂剧考》，中华书局1965年版。
陶宗仪：《南村辍耕录》，中华书局1997年版。
［罗］泰纳谢·亚：《文化与宗教》，张伟达等译，中国社会科学出版社1984年版。
［日］田仲一成：《中国的宗教与戏剧》，上海古籍出版社1992年版。
王岗：《浪漫情感与宗教精神——晚明文学与文学思潮》，西南师范大学出版社1995年版。
王国维：《宋元戏曲史》，上海古籍出版社2000年版。
王国维：《王国维戏曲论文集》，中国戏剧出版社1984年版。
吴梅：《吴梅全集》，王卫民编校，河北教育出版社2000年版。
吴梅：《吴梅戏曲论文集》，中国戏剧出版社1985年版。
吴梅：《中国戏曲概论》，中国人民大学出版社2004年版。
无名氏：《如梦录》，中州古籍出版社1984年版。
谢重光、白文固：《中国僧官制度史》，青海人民出版社1990年版。
徐朔方：《论汤显祖及其他》，上海古籍出版社1983年版。
徐朔方：《汤显祖年谱》［修订本］，上海古籍出版社1980年版。
徐朔方：《汤显祖评传》，南京大学出版社1993年版。
徐朔方：《晚明曲家年谱》，浙江古籍出版社1993年版。
徐子方：《明杂剧史》，中华书局2003年版。
徐兆仁：《仙道正传》，中国人民大学出版社1992年版。
薛艺兵：《神圣的娱乐：中国民间祭祀仪式及其音乐的人类学研究》，宗教文化出版社2003年版。
姚品文：《宁王朱权》，艺术与人文科学出版社2002年版。
杨光文、甘绍成：《青词碧箫：道教文学艺术》，四川人民出版社1994年版。
杨建波：《道教文学史论稿》，武汉出版社2001年版。
杨立志：《武当文化概论》，社会科学文献出版社2008年版。
叶长海：《曲学与戏剧学》，上海古籍出版社1999年版。
［荷］伊维德：《朱有燉的杂剧》，张慧英译，北京大学出版社2009

年版。

余秋雨：《戏剧理论史稿》，上海文艺出版社1983年版。

余秋雨：《中国戏剧文化史述》，上海文艺出版社1984年版。

［英］詹姆斯·乔治·弗雷泽：《金枝：巫术与宗教之研究》，徐育新等译，大众文艺出版社1998年版。

詹石窗：《道教与戏剧》，厦门大学出版社2004年版。

张庚、郭汉成：《中国戏曲通史》，中国戏剧出版社1992年版。

张三丰：《张三丰太极炼丹秘诀》，中西书局1934年版。

赵景深：《方志著录元明清曲家传略》，中华书局1987年版。

赵景深：《读曲小记》，中华书局1959年版。

赵士林：《心学与美学》，中国社会科学出版社1992年版。

赵轶峰：《明代国家宗教管理制度与政策研究》，中国社会科学出版社2008年版。

郑传寅：《传统文化与古典戏曲》，湖南人民出版社2004年版。

郑传寅：《中国戏曲文化概论》，武汉大学出版社1998年版。

郑传寅：《古代戏曲与东方文化》，武汉大学出版社2007年版。

郑培凯：《汤显祖与晚明文化》，允晨文化实业股份有限公司1995年版。

郑振铎：《插图本中国文学史》，作家出版社1957年版。

周明初：《晚明士人心态研究》，东方出版社1997年版。

周齐：《明代佛教与政治文化》，人民出版社2005年版。

周贻白：《中国戏曲发展史纲要》，上海古籍出版社1979年版。

周育德：《汤显祖论稿》，文化艺术出版社1991年版。

周育德：《中国戏曲与中国宗教》，中国戏剧出版社1990年版。

周育德、邹元江主编：《汤显祖新论》，中国戏剧出版社2004年版。

朱万曙：《明代戏曲评点研究》，安徽教育出版社2002年版。

朱万曙：《沈璟评传》，中国戏剧出版社1992年版。

卓人月：《古今词统》，明崇祯刻本。

曾永义：《明杂剧概论》，学海出版社1979年版。

曾永义：《俗文学概论》，三民书局股份有限公司2003年版。

邹元江：《汤显祖的情与梦》，南京出版社1998年版。

左东岭：《明代心学与诗学》，学苑出版社 1997 年版。
左东岭：《王学与中晚明士人心态》，人民文学出版社 2000 年版。

三　论文类

［日］长松纯子：《明代内府本研究》，博士学位论文，中山大学，2009 年。
陈文华：《江西新建明朱权墓发掘》，《考古》1962 年第 4 期。
陈永革：《晚明佛学的复兴与困境》，博士学位论文，南京大学，1997 年。
陈玉女：《明代瑜伽教僧的专职化及其经忏活动》，《新世纪宗教研究》2004 年第 1 期。
程芸：《20 世纪后半叶汤显祖、沈璟研究述评》，《戏曲研究》第 58 辑。
程芸：《"道学"与汤显祖的文体选择》，《武汉大学学报》2006 年第 5 期。
程芸：《关于汤显祖研究的"对话批评"》，《戏曲艺术》2001 年第 2 期。
程芸：《〈临川四梦〉与元杂剧的文体因缘》，《文学遗产》2006 年第 6 期。
程芸：《汤显祖与明清词坛》，《武汉大学学报》2001 年第 5 期。
程芸：《也谈汤显祖戏曲与昆腔的关系》，《文艺研究》2002 年第 1 期。
程芸：《有无之际——"汤沈之争"与晚明戏曲主潮刍议》，《戏剧》2001 年第 4 期。
崔洛明：《汤显祖的江西意识及其吴文人的矛盾》，《戏剧艺术》2001 年第 1 期。
都兴智：《金代皇帝的"春水秋山"》，《北方文物》1998 年第 3 期。
高志忠：《明代宦官演戏剧目暨内府本作者考略》，《暨南学报》（哲学社会科学版）2012 年第 5 期。
苟波：《"神仙道化剧"中的仙踪道影》，《道教研究》1998 年第 4 期。
何坤翁：《读序一得——明初书籍刊刻小识》，《学术交流》2006 年第 8 期。
何孝荣：《明代南京寺院研究》，博士学位论文，南开大学，1998 年。
黄天冀：《戏曲史上的"汤沈之争"》，《学术研究》1980 年第 6 期。

黄仕忠：《明代戏曲的发展和汤沈之争》，《文学遗产》1989年第6期。
黄文实：《〈太和正音谱〉曲论部分与曲谱非作于同时》，《文学遗产》1989年第6期。
蒋海怒：《晚明民间道教研究》，博士学位论文，南京大学，2004年。
赖慧玲：《明传奇中宗教角色研究》，博士学位论文，台湾东海大学，1999年。
李菁博、许兴、程炜：《花神文化与花朝节传统的兴衰与保护》，《北京林业大学学报》（社会科学版）2012年第3期。
李艳：《明清道教与戏剧研究》，博士学位论文，四川大学，2004年。
李宗为：《〈南柯太守传〉的题材来源与主题思想——与路工同志商榷》，《苏州大学学报》1985年第3期。
林智莉：《明代宗教戏曲研究》，博士学位论文，台湾政治大学，2006年。
廖奔：《万历剧坛三家论——徐渭、汤显祖、沈璟》，《河北学刊》1995年第1期。
刘淑丽：《元杂剧宗教精神的阐释与消解》，《艺术百家》2001年第3期。
刘易：《屠隆研究》，博士学位论文，华东师范大学，2008年。
洛地：《〈太和正音谱〉写作年代质疑》，《江西社会科学》1989年第2期。
［美］麦卡琳：《北杂剧中的鬼魂形象》，博士学位论文，加州大学伯克利分校，1998年。
毛小雨：《虚幻与现实之间——元杂剧"神佛道化剧"论稿》，博士学位论文，中国艺术研究院，2001年。
聂付生：《晚明文化传播与晚明文人研究》，博士后报告，复旦大学，2003年。
邵曾祺：《论吴江派和汤沈之争》，《中华文史论丛》1979年第2辑。
沈敏：《明代"神仙剧"研究》，博士学位论文，武汉大学，2005年。
史延：《明代戏曲史上的一场儒法斗争》，《文艺研究》1976年第1期。
孙悟湖：《元代宗教文化的特点》，《中央民族大学学报》2001年第6期。

魏佐国：《朱权崇道刍议》，《南方文物》2005 年第 4 期。

吴新苗：《屠隆研究》，博士学位论文，首都师范大学，2006 年。

夏写时：《朱权评传》，《戏剧艺术》1988 年第 1 期。

徐朔方：《〈牡丹亭〉和昆腔》，《文艺研究》2000 年第 3 期。

杨毅：《宗教与戏剧的文化交融——元杂剧宗教精神的全面解读》，博士学位论文，福建师范大学，2005 年。

杨忠：《汤显祖心目中的情与理——汤氏"以情抗理"说辩证》，《中国典籍与文化》1993 年第 3 期。

姚品文：《〈太和正音谱〉写作年代及"影写洪武刻本"问题》，《文学遗产》1994 年第 5 期。

姚品文：《学者朱权——纪念朱权诞辰 630 周年逝世 560 周年》，《江西师范大学学报》（哲学社会科学版）2008 年第 5 期。

叶明花、蒋力生：《朱权〈救命索〉内丹思想初探》，《中国道教》2010 年第 4 期。

詹石窗：《元代道教戏剧的象征性》，《中国典籍与文化》1994 年第 1 期。

张彬：《晚明佛教伦理思想研究》，博士学位论文，南京大学，2001 年。

张影、韦春喜：《论明教坊与内府编演本杂剧》，《戏剧文学》2006 年第 4 期。

张玉芹：《论道教对中国古代戏剧的影响》，《东岳论坛》1995 年第 4 期。

赵素文：《〈鱼儿佛〉杂剧改编者寓山居士为祁彪佳考辨》，《绍兴文理学院学报》2001 年 4 月。

赵伟：《狂禅思潮与晚明文学》，博士学位论文，南开大学，2004 年。

赵晓红：《朱有燉生平正误》，《文学遗产》2005 年第 1 期。

郑莉、邹代兰：《浅谈明宫廷演剧机构——钟鼓司和教坊司》，《四川戏剧》2008 年第 1 期。

郑传寅：《古代戏曲中的宗教剧及其特点》，《中国文化研究》2007 年第 4 期。

郑传寅：《〈牡丹亭〉与宗教智慧》，《武汉大学学报》2008 年第 6 期。

郑传寅：《精神的渗透与功能的混融——宗教与戏曲的深层结构》，《戏曲艺术》2004年第4期。

郑传寅：《人生如梦：戏曲与梦幻的勾连》，《戏剧文学》1990年第1期。

郑传寅：《人欲横流：戏曲与宗教的悖逆》（上、下），《四川戏剧》1990年第3、4期。

郑传寅：《儒家文化的历史地位及其对古典戏曲的影响》，《戏曲艺术》2003年第4期。

郑传寅：《形神二元论与古典戏曲的传神特点》，《汕头大学学报》2004年第3期。

郑传寅：《以梦释戏的理论意义与美学价值》，《戏曲研究》2004年第2期。

朱万曙：《论朱权的戏曲创作与理论贡献》，《安徽大学学报》（哲学社会科学版）2000年第4期。

曾召南：《试论明宁献王朱权的道教思想》，《道教研究》1998年第4期。

邹元江：《简析徐良傅对汤显祖思想的重要影响》，《湖南大学学报》2001年第4期。

邹元江：《明清思想启蒙的两难抉择——以汤显祖为研究个案》，《华中师范大学学报》2002年第2期。

邹元江：《汤显祖的"意识境界"刍议》，《武汉大学学报》2000年第5期。

邹元江：《汤显祖灵根睿源论》，《衡阳师范学院学报》2003年第2期。

邹元江：《汤显祖情至论对儒家思想的扬弃》，《东南大学学报》2006年第1期。

邹元江：《汤显祖以情抗"理"是宋明理学之"理"吗？——达观"接引"汤显祖的一段公案刍议》，《中州学刊》2002年第2期。

邹元江：《我们该如何纪念汤显祖？——汤显祖诞辰450周年与徐朔方教授对话》，《戏剧艺术》2000年第3期。

左东岭：《阳明心学与汤显祖的言情说》，《文艺研究》2000年第3期。